Der
Garten zu Beloeil

nebst einer kritischen

Uebersicht der meisten Gärten Europens.

Erster Theil.

Aus dem Französischen

des Herrn Fürsten de Ligne

übersetzt, und mit einigen Anmerkungen und einer Vorrede begleitet von

W. G. Becker.

Dresden, 1799.
In der Waltherschen Hofbuchhandlung.

Die Deutsche Bibliothek - CIP-Einheitsaufnahme
De Ligne, Prince Charles-Joseph:
Der Garten zu Beloeil nebst einer kritischen Uebersicht der meisten Gärten Europens.
Gesamtherstellung: Alfa-Druck GmbH, Levinstraße 9a, 37079 Göttingen
Reprint der Ausgabe Dresden: Walther 1799.
Hrsg. von Uwe Kettmann und Uwe Quilitzsch.
Mit einem Nachwort von Ludwig Trauzettel.
Wörlitz: Kettmann-Verlag 1995
ISBN 3-930696-00-2

Der
Garten zu Beloeil
nebst einer kritischen Uebersicht der meisten Gärten Europens

aus dem Französischen
des Herrn Fürsten de Ligne
übersetzt, und mit einigen Anmerkungen
und einer Vorrede begleitet von
W. G. Becker,
Dresden 1799 in der Waltherschen
Hofbuchhandlung,
sowie mit neuerlichen Nachbemerkungen
und einem Register versehen von
Ludwig Trauzettel,
und in Wörlitz 1995 vom
Kettmann-Verlag
mit Abbildungen ausgestattet und erneut
herausgegeben.

Vorrede des Verfassers.

Dieses Werk, von dem schon zwo Auflagen vergriffen sind, verliert und gewinnt zugleich an seinem Werthe. Ich weiß nicht, ob die Gärten, die ich in England seit zwanzig, in Frankreich seit acht, und im Norden seit sieben Jahren nicht gesehen habe, noch die nämliche Beschaffenheit haben. Ich weiß nicht, ob meine eigene Gärten noch in dem Zustande sind, wie ich sie vor einem Jahre verlassen habe. Ich beschreibe sie, wie sie in dem Augenblicke waren, wo unsere Armeen meine Ländereien, mein Gouvernement und mein Regiment verlassen haben. Ich schrieb in glücklichen Zeiten, wo die Erde noch nicht mit Verbrechen besudelt war, wo noch kein Blut, keine Thränen von uns geflossen waren. Ich zeichnete Namen hin, die ich auszusprechen nicht mehr Kraft habe. Man sieht, daß alles eine andere Gestalt hat. Aber für die Absicht des Werks, die dahin gehet, Beispiele und Rathschläge zu geben, ist das einerlei: es sind nicht Berichte eines Reisenden, die es enthält; es sind Vorschriften eines Gartenkünstlers.

A Monſieur l'Abbé DE LILLE.

O vous que je vois peu, mais que je lis ſouvent,
De l'art touchant des vers le plus bel ornement,
Apôtre de Cérès, Archidiacre de Flore,
Favori de Pomone, et d'autres Dieux encore,
Archevêque du Pinde, Abbé de l'Hélicon,
Grand-Prêtre, Chapelain, Confeſſeur d'Apollon:
O Poëte charmant que ſans ceſſe j'admire!
A mon petit ouvrage, à moi daignez ſourire.
Sur vous dès qu'il fut fait, je jettai mon coup-d'oeil.
Je voudrois vous montrer moi-même mon Beloeil,
Où nos amis communs vous meneront, j'espère.
Et de même qu'à Rome on vit jadis la terre
S'empreſſer de produire aux heros laboureurs,
Votre preſence ſeule embellira mes fleurs.
Ainſi que le Soleil, par votre Poëſie,
Au ſol le plus ingrat, vous donneriez la vie;
La Nature s'anime à vos coups de pinceau.
L'exemple et le précepte, aidés par l'harmonie,

Etendront la lumiere et le vrai goût du beau.
Nouveau Dieu des jardins! ſans effrayer ces Dames,
Vous ſavez, comme l'autre, en échauffer les ames.
Vous qui l'êtes bien plus que celui des payens,
Acceptez-en le nom, pour l'honneur des Chrétiens.
L'autre faiſoit grand peur aux bergers, aux bergeres;
Elles vous aimeroient, et ne vous craindroient gueres.
Vos moyens ſont plus doux. Cependant de l'ancien
N'allez pas attirer ſur vous la jalouſie.
Laiſſez-là votre eſprit: il ſe ſert peu du ſien,
Sachant que d'en avoir nuit ſouvent dans la vie:
Et s'il ne vous fait pas ſon premier Jardinier,
Faites en ſorte, au moins, d'être ſon Aumônier.

Ueber=

Ueberblick von Beloeil.

Anfangs wird man nicht wissen, was dieser Titel bedeuten soll. Beloeil ist ein alter Name, ein altes Dorf, das meine Urväter so genannt haben; und da dieses Werk, das ich aus Neigung für Beloeil, welches mir von Tag zu Tage lieber wird, unternommen habe, von keinem großen Belange ist, so mag dieser Titel wohl so viel werth seyn als ein anderer. Bald ist es eine Beschreibung meiner eigenen Gärten und meiner Land- und Jagdhäuser; bald ist es eine Beurtheilung der Gärten verschiedener Nationen; bald ist es wirkliche Darstellung, zuweilen Roman, bald ländliches Gemälde. Ich mag das Schäferartige noch lieber in einem Buche, als in der Liebe dulden. Bisweilen läßt sich meine Einbildungskraft durch einen Gegenstand zu Ausschweifungen verleiten; die Dichtung reißt mich hin; der Gärtner vergißt sich. Vielleicht finden sich Spuren von Philosophie und Vernunft darin, öfters auch wohl Dinge, in welchen kein gesunder Menschenverstand ist. Kurz, es mag das Bona et mala etc. des Martial darauf passen.

Es giebt nur einen guten und einen schlechten Geschmack. So giebt es auch nur eine einzige Musik. Schon längst wollte mir es nicht gefallen, wenn man sagte: das ist Französisch, das ist Italienisch. Sprecht doch lieber: das ist gut! dachte ich dann immer. Freilich könnte ich auch so von meinen Gärten reden; aber ich sehe wohl ein, daß einmal eine Art von Uebereinkunft hierin Statt findet. Einfachheit, Natur und Regellosigkeit gehören den Engländern, so wie die geraden Linien, durchbrechenden Richtungen und großen Parthien den Franzosen. Ohne zu entscheiden, welche Musik die bessere, und welche Gärten die schöneren sind, halte ich vielmehr dafür, daß man sich nach Lage und Umständen zu richten habe. Jupiter muß sich nicht lange an einem Laute belustigen, und Versailles muß kein Covent-Garten seyn.

Als ich anfieng dieses Werkchen niederzuschreiben, wußte ich noch nicht, wie ich mich aus diesem Handel herausziehen würde.

Es

Es gieng mir wie dem Pater Büffier. Da sind allerlei Dinge, die ich nicht verstehe, sagte er, ich muß ein Buch darüber schreiben.

Der Ruhm meines Beloeil gebühret meinem Vater. Er verdient eben so viel Lob dafür, als wenn er ein episches Gedicht verfertiget hätte. Alles, was darinnen groß, erhaben und edel ist, gehöret ihm zu. Seine Darstellung großer Gedanken ließ mir bloß noch anmuthige und interessante auszuführen übrig. Großheit und Größe ermüden übrigens fast immer. Ich wenigstens ziehe ein Lied von Anakreon der Iliade, und den Ritter Boufflers dem Dictionaire encyclopédique vor. Ich gebe mich gern zufrieden, daß ich keine Aeneide schaffen kann: ein Gedichtchen von einigen Strophen und ein kleines Lustgebüsche machen mir weit mehr Vergnügen.

Beloeil.

Nie gewährt der Aufenthalt auf dem Lande mehr Annehmlichkeit, als wenn man Waldungen, Wiesen und Gewässer täglich unter seiner Hand neue Gestalten gewinnen sieht. Zufrieden mit der Uebereinstimmung der großen Verhältnisse, die ich in den Anlagen meiner Gärten fand, hielt ich es indessen nicht für nachtheilig, hie und da etwas darin zu verändern: ich suchte mir vielmehr ein Verdienst in einer andern Gattung zu erwerben. Ich begann mit Herabstimmung der zu lästigen Größe, ließ eine Menge von Gebäuden, die mir nicht gefielen, niederreißen, einen ungeheuren Graben schmäler ziehen, ein Stück von einem Teiche ausfüllen, durch neue Pflanzungen lichte Parthien in die älteren bringen, und mancherlei kleine Regellosigkeiten darin veranstalten, ohne dabey ins Aengstliche zu fallen. Auf diese Weise zeichnete ich mir eine neue Laufbahn und verfolgte sie. Hundert Arbeiter brachten gar bald den Beweis zu Stande, daß ich Recht gehabt hatte.

Es giebt viele Bassins darin, deren eines mit einer Balustrade von Marmor, und ein anderes mit einem leichten eisernen, zum Theil vergoldeten, kleinen Gitter umgeben

ist:

ist: hohe, kühle und vortrefliche Heckengebüsche, die weder lästig, noch gekünstelt sind, und die ich bloß einigen Gartenparthien zur Einfassung gelassen habe: Berceaux nach italienischer Art, magische Berceaux, und noch andere von großem und edlem Verhältnisse: ein sehr anmuthiges Cloître um eine Wasserparthie, Rasen-Sallons, Blumenkörbe, ein Rosenwäldchen in Quincunxen gepflanzt, und überall die schönsten, lebendigsten, reinsten und hellsten Gewässer von der Welt, die alle wieder unter einander verbunden sind. Alle Wege sind grün und dringen in den Wald, welcher dicht an meinem Garten liegt.*) Zweyhundert Morgen Landes machen den Umfang dieses französischen Bezirks aus. Eine Wasserparthie, welche zwanzig Morgen enthält, scheidet es in zwei gleiche Theile, die mit Canälen umgeben sind, von welchen einige Arme mehrere male in meinem Walde zum Vorschein kommen, wo sie als Flüsse erscheinen und eine kleine Parthie

*) Ich habe überall wagen dürfen, Rasen anzulegen. Meine Schaafe sind meine Gärtner: sie erhalten ihn wie geschoren, oder schaffen ihn vielmehr in einen Teppich von grünem Sammet um.

thie umschließen, die Gehege für Hirsche, wilde Schweine und Rehe enthält, deren zu sehr sich anhäufende Menge in meine Waldungen gelassen wird, die fünf Stunden lang und hie und da fünf Stunden breit sind. Am Ende dieser Wasserparthie, wenn man über eine Drehbrücke gekommen ist, die über einen jener umgebenden Canäle führt, stößt man auf eine patte d'oie, welche den Charakter dieses Waldes bestimmt, dessen mittelster Fahrweg 120 Fuß breit ist. Ich übergehe die sternartigen Plätze, die großen Rundungen, die ungemein schönen und beträchtlichen Anlagen und die vortrefflichen Quincunxe von Eichen und Buchen, die man von Entfernung zu Entfernung darin antrifft, um Hirsch und Hunde hindurch streichen zu sehen.

Doch ich komme nun auf meinen Garten zurück. Zwanzig Morgen machen den Gemüßgarten aus, welcher mit Mauern umgeben ist, die mit den schönsten Spalieren bekleidet sind. Es befinden sich darin vier Bassins mit Springwassern. In der Mitte steht der Tempel der Pomona, um Obst darin zu genießen. Die Treibhäuser, ein Melonen-

und

und ein Feigengarten verdienen, wie man sagt, viele Lobsprüche. Alles dieß ist fertig. Im künftigen Jahre soll folgendes bewerkstelliget werden. In dem Gebäude, welches die Gewächshäuser enthält und von angenehmer Bauart ist, sollen in der Mitte der fünf kleinen Pavillons, deren übersteigende Höhe die lange Einförmigkeit derselben, da sie eine Länge von 700 Fuß haben, unterbricht, Bassins von weissem Marmor nebst einem Springwasser angebracht werden, um sowohl Augen, als Früchte, welche sehr zeitig in Ueberfluß vorhanden sind, dadurch zu erfrischen.

Am Ende der Gewächshäuser soll eine Wohnung für den Winter eingerichtet werden, die von selbigem den größten Vortheil ziehen wird. Sie werden ihr zu einer Gallerie dienen, um mitten unter Fröſten spazieren gehen zu können. Zwei Spiegelwände werden sie unendlich verlängern. Ein Vorzimmer und eine kleine Abtheilung des Gewächshauses mit den köstlichsten Blumen, werden im Frühling einen angenehmen Aufenthalt abgeben, bis die Sonne endlich zur Natur im Freien einladet. Das Inwendige ge wird bogenartig werden, und gegen Mittag Fenster, gegen Mitternacht aber Spiegelgläser bekommen. Geht man von diesem kleinen hammerförmigen Gebäude an das andere Ende der Gewächshäuser, so findet man die Wohnung des Gärtners, ganz im holländischen Geschmack gebauet. Zu seinem Vergnügen wird er einen Garten nach seiner Landesart mit häßlichen Figuren, vergoldeten Männerchen und gläsernen Fontainen bekommen, um den schlechten Geschmack davon zu zeigen; denn diese ganze Anspielung ist nur Schäkerei. Der übrige Theil des Gartens, der im Angesicht des Gewächshauses liegt, ist Baumschule, und soll mit Netzen überzogen werden, um eine große Menge von Vögeln, die ich nicht unglücklich zu machen gedenke, darin beisammen zu halten. Sie sollen ihr Haus der Wohnung des Gärtners gegenüber nebst einem Wintersaal erhalten, worin diese kleinen betrogenen Tonkünstler ihre Liebschaften, die Göttin des Frühlings und den Frühling selbst besingen werden. Dieses wird die Musik der Flora seyn, der man in der Mitte eines ihr geweihten kleinen Gartens einen Altar errichten wird: und dieser Garten wird mitten in der Pflanzschule

der

der vortreflichsten Blumen liegen, woraus die Körbe, die englischen Gärten, der heilige Hain, der Garten der Hesperiden und meine Inseln versorgt werden sollen. Nicht weit davon wird gegenüber ein Triumphbogen, der den Garten begrenzen wird, zu stehen kommen, und an dem Canal gegen Morgen ein großes Gewölbe (voûte), welches sein Gegenstück am Canal gegen Abend erhalten wird, und zu einem kleinen Hafen für zwei kleine Gondeln dienen soll. Uebrigens sollen vier Bänke, Berceaux, sich herumziehende Wasser und eine Menge von Mittelchen dabei angebracht werden, um traurige Leute, denen etwa einfallen möchte, sich daselbst ernsthaften Betrachtungen zu überlassen, bald da, bald dort zu besprützen.

Ich habe schon eine beträchtliche Marine beysammen. Man kann auf meinem grossen See, der mit allen Canälen, Wasserpartien und Flüssen, worüber Zugbrücken, leichte Dreh- und andere Arten von Brücken gehen, in Verbindung steht, überall herum segeln. Meine Galeeren sind mit Wimpeln geziert und mit kleinen Matrosen bemannt, die

die in meine Liverei gekleidet sind. Da es zu geziert, und zu regelmäßig oder unregelmäßig wäre, wenn ich eine Insel auf demselben haben wollte, so habe ich den Gedanken gefaßt, eine Fregatte von dreyßig Kanonen darin bauen zu lassen. Man wird freilich nicht begreifen, wie sie da hat hineinkommen können. Es wird scheinen, als ob sie da vor Anker läge; aber sie wird auf dem Grunde des Sees aufsitzen. Auf kleinen Gondeln, deren ich in großer Menge habe, wird man zu ihr hinfahren und an schönen Sommerabenden daselbst speisen. Solche kleine Wasserfahrten mit Musik bei Mondenschein sind sehr angenehm.

Nun komme ich auf denjenigen Theil, welcher mich zuletzt beschäftiget hat, und wirklich vollendet ist. Für mich ist er der interessanteste, weil er mit mehr oder minder ländlichem Ton an meine Wohnzimmer stößt, und wenigstens vierzig Morgen in sich faßt, die alle von meiner Schöpfung sind. Ich habe nämlich hinter der Mauer der Glashäuser und des Küchengartens, nach Morgen zu, ein tartarisches Dorf gebauet, weil die

die Schäferhütten und Schaafställe, wegen der kleinen Vorsprünge von dicken Bäumen, die eine Gallerie formiren, in diesem wilden Style sind, und weil sich daselbst ein Milchhaus in Gestalt einer Moschee befindet, welche die Kirche des Dörfchens vorstellt. Die zwei kleinen Thürmchen an derselben dienen zu Taubenhältern. Es ist bekannt, daß von diesen Säulen oder Thürmchen die Muselmänner durch Ausrufer zum Gebet gerufen werden.

Der Rasenteppich von vier und zwanzig Morgen, auf welchem dieses Dorf liegt, ist ganz eben, außer da, wo er sich unmerklich zu den Ufern des Flusses, der ihn bespület, hinabneigt. Meine Einwohner leben bei Tage in den Waldungen und auf den Wiesen; sie gehen und kommen unter Ertönung ihrer Musik. Ihre Anzahl beläuft sich auf sieben bis acht hundert Personen. Die Heerden von Schaafen sind so stark als andere Arten von Heerden. Ich erwartete auch noch sehr schöne Schweizerkühe. Des Abends würden sie dargeboten haben, was Cybele in Ueberfluß hatte, den Hirten ihre Geliebten oder ihre Weiber. Diese ließ ich im Singen und im Spielen verschiedener Instrumente unterrichten, denn klare und fröhliche Stimmen muß man aufmuntern; und sind sie dann von den Gesängen des Dorfs ermüdet, so sollen sich, während sie ausruhen, Dudelsäcke, Arten von Hörnern, Sackpfeifen und lange Flöten hören lassen, so wie die Tyroler sie haben. Diese Schäfer und Schäferinnen sollen eine Uniform erhalten, die der Schönheit und Einfachheit der Natur, deren Oberpriester sie sind, würdig ist. Die Stiere werden ein furchtbares Ansehen haben, und die jungen Zöglinge meiner Meierei werden mit einander an dem Ufer des Flusses spielen.

Um die lange Strecke der parallelen Richtung der Hütten auf eine unregelmäßige Art zu unterbrechen, ist eine Eisgrube angebracht, die eine vortrefliche Wirkung thut; ferner eine Art von Schirmdach, welches zwanzig Pfeiler von rohen Steinen tragen, unter welchem die Heerden einen Schutzort finden; dann einen tartarischen Begräbnißplatz, mit einer Art von marmornen Grenzsteinen, die den Tartarn statt der Urnen sind, und auf denen sich oben ein mehr oder minder vergol-

deter

deter Turban befindet, welches alles jedoch keinesweges in einer Linie liegt; und endlich ein Brunnen nach türkischer Art, dergleichen ich in der Gegend von Belgrad an den Heerstraßen gesehen habe. Da der Graben gegen Morgen ein gänzliches Aha formirt, so kann man diesen Brunnen auch auf dem freien Lande von der andern Seite des Hauptwegs wahrnehmen. Am Ende der schönen Rasenparthie, gegen die Fasanerie zu, giebt es auf dreißig kleine weisse, zierliche und leichte Säulen, die vier verschiedene rothe Dächer tragen, und einen offenen Sallon mit einem Peristyl über der Wölbung, durch welche der Fluß aus dem Walde kömmt. Dieses Haus ist dem Murza, das heißt, dem Herrn der Colonie bestimmt, und soll die Wohnung des christlichen Aufsehers meines muselmännischen Dorfes werden.

In den Anlagen gegen Morgen giebt es lichte Parthien, und in den Mauern des Küchengartens Oeffnungen, damit man durch den französischen Garten hindurch bis an das Dorf, und gegen Abend die Fläche sehen könne. Der tartarische Park bekömmt dadurch scheinbar einen weit grössern Umfang. Da ich gern etwas Lebendiges sehen will, so soll der Leere, die mir meine Heerden auf meiner grünen Ebene bei Tage lassen würden, auf folgende Art abgeholfen werden. Ich liebe die Thiere eben so sehr, als ich die Thyren hasse. Ich werde daher mancherlei Thiere anschaffen, als sehr schöne Damhirsche, Schaafe aus der Barbarei, morgenländische Ziegen, fremde und sogar wilde Thiere, die bei uns zahm gemacht worden sind, Schaafe mit herabhängender Wolle, und Pferde mit weissen Mähnen, die bis zur Erde herabfallen, dergleichen ich im nördlichen Europa gesehen habe. So soll auch eine Gattung, die bei uns, sehr mit Unrecht, in Mißkredit gekommen ist, mit zu dieser Colonie gehören. Der Name ist zwar nicht modisch, und scheint etwas unedles zu haben: ich meine den Esel. Ich mag seine Art von Witz, seine boshafte List, seine Vernunft, seine Halsstarrigkeit nicht übel leiden; und ich werde deren mehrere halten, sobald ich Philosophen genug finde, die, frei von Ehrgeiz, mit mir leben wollen, die mir hohe Aemter, Ehrenstellen und Gunstbezeigungen aufopfern, und lieber auf meinen Rasenparthien ausruhen,

hen, als in einer Canzlei und in einem Lehnstuhle sitzen. Alles das soll in zwei Jahren bewerkstelliget werden.

Vermittelst eines gewählteren Tons wird sich die Dorfparthie und die tartarische Meierei durch einen unmerklichen Abhang zu einem ziemlich hohen, natürlichen und wahrscheinlichen Berge erheben, der meine Gärten aller Nationen beherrschen wird, und auf welchem die Säule von Marathon errichtet werden soll. Anstatt der zehen tausend Griechen, deren Namen darauf standen, werden sich die Namen Cäsar, Hannibal, Alexander, Epaminondas, Xenophon, Scipio, Moritz, Friedrich, Heinrich von Nassau, der große Teufel und Lamoral de Ligne, Farnese, Conde', Türenne, Luxembourg, Catinat, Gustav Adolph, Carl XII, Montecuculi, Ludwig von Baden, Eugen, Lascy,*) Friedrich der Große und Laudohn auf selbiger befinden.

---

*) Ob er gleich zur Ehre unsers Jahrhunderts noch ruhmvoll unter den Lebendidigen wandelt.

Hier in dieser Gegend fängt nun das Gemälde des menschlichen Lebens an, welches schon seit mehreren Jahren vollendet ist. Kommt und wandelt hier, stolze Philosophen, die ihr alles kennet, außer euch selbst. Ich verachte eure prunkvolle Bahn. Die meinige ist lieblicher, wahrer, und wird mich angenehmer zum Ziele leiten. Kommt her, ihr Geizhälse, ihr Ehrsüchtige, ihr thörichte Lehrer des menschlichen Geschlechts, ihr Moralisten, die ihr nur Strenge für Andere prediget; ihr hochmüthige Gelehrte und falsche Gesetzgeber, ihr Hofleute und Weltmenschen, kommt und wandelt in meinen Lustgebüschen.*)

Den Anfang macht ein Berceau, wiewohl es einem Wortspiele ähnlich sieht; denn es stellt die Wiege der Kindheit vor. Sie ist durch kleine Schranken vom Jünglingsalter geschieden, wo schmale Wege beginnen, die mit Rosen und Lilien eingefaßt und mit wei-

*) Man sieht wohl, daß es damals noch keine Ungeheuer gab, und daß der Tadel, wenn man sich ihm zu überlassen geneigt war, nur äußern Schein und Mißbräuche betraf.

weichem Rasen von lieblichem Grün belegt sind, der zu einer Betstelle leitet, welche die Statue des Amors, von weissem Marmor, umgiebt. Hier ist, wenn man will, Altar, Opfer und Opfergabe zugleich. Ein kleiner Weg, mit Weinstöcken eingefaßt, führt zu einem alten Silen, der mit Weinlaub bekränzt ist, und einen Becher hält, welchen er mit Frohsinn darreicht. Ich fühle, daß man dabei gar wohl einen Augenblick verweilen kann, ohne daß Folgen daraus entspringen. Von da führt der nämliche Weg, der auf den Pfad der Liebe stößt, in ein dichtes Dunkel, wo sich die Götter der Freude und des Scherzes befinden, die ebenfalls von weissem Marmor sind. Ein ernsterer, von schwarzem Marmor, zeigt den einzigen Weg, der durch das Dunkel führt, wo sich eine Ruine in halbem Cirkel befindet. Es sind zwölf marmorne Säulen, dreifach über einander gestellt, die, ohne eben zu beträchtlich für diesen kleinen Bezirk zu seyn, von einem der anmuthigsten kleinen Bäder des Alterthums eine Idee geben. Die übrigen angenehmeren Scherze zeigen den Weg zum Cabinet des Philosophen. Dieß ist ein grüner Sallon oder Platz, auf welchem sich ein Bach über den Schmelz der Blumen, oder über Goldsand und Silberkiesel dahin windet. Zwei oder drei kleine Brücken von weissem Marmor dienen zu gleicher Zeit zu Sitzen. Unter einem Berceau von Winterrosen befindet sich die Statue des Herrn von Voltaire. *)

Weiter

*) Ja hier, göttlicher Voltaire, bringe ich dir meine Opfergabe dar. Ob du gleich nur die Schaafe liebtest, die dein eigen waren, so kommen doch die meinigen hieher, die Blumen abzuweiden, womit ich, und meine Untergebenen mit mir, voll Ehrfurcht und zu deinen Füßen, den Boden besäe, auf welchem dein Bild stehet. Wir segnen denjenigen, welcher dem einen Verstand und dem andern Brod giebt. Aber nur dem Verfasser der Briefe am Genfersee und über den Ackerbau, dem Apostel der Toleranz und der Wohlthätigkeit, dem Landgutsbesitzer, dem Anbauer von Ferney, bringe ich hier meine kleine Opfergabe dar. Gälte solch ein Unternehmen dem Schöpfer der Henriade und so mancher Meisterstücke aller Art, so würden meine Reichthümer nicht hinreichen, ihm einen Tempel zu errichten; denn er müßte von Gold und Lazurstein seyn. Den Göttern des Hei-

Weiter hin, am Ende einer unregelmäs-sigen Allee, behorcht der ehrliche La Fontaine alle Thiere meiner zahlreichen Meierei, und ertappt ihren Unverstand auf der That. Ich rufe den seinigen an, um Witz zu haben. Laß mich reden, sage ich zu ihm, wie deine Menagerie, dein Vogelhaus und dein Taubenschlag. Tröste mich, begeistere mich, beschütze mich, erhabner und einfacher La Fontaine. Moliere steht in einem Winkel, belacht alles, und macht mich selbst zu lachen. Ich denke an die herrliche Stelle: vous êtes orfevre, Mr. Josse? und diese macht ihn des kleinen Glücks würdig, welches ich ihm dadurch, daß ich ihn hieher gestellt, bereitet habe. Bevor man aber in diesen Wohnplatz der drei größten Philosophen tritt, erblickt man zur Linken die Statue desjenigen Philosophen, der eigentlich keiner ist, — des unglücklichen, beredsamen und wunderbaren Jean Jacques. Sie ist von

Heidenthums würde ich dazu ihre prahlerischen Sinnbilder entreißen; und sie würden dann Wahrheit enthalten. An deinen Geburtstagen würde ich mich durch feierliche Spiele, die der schönsten Zeiten Griechenlands würdig wären, zu Grunde richten.

Bronze, wegen des schwarzen Gesichtskreises seines Geistes; das kleine Gehölze, wo sie steht, ist etwas wild, und rund umher befinden sich Brombeergesträuche und Steine, durch die man sich zu ihr hindurch winden muß; und zur Pönitenz für seine Paradoxen und seine finstre Laune habe ich ihn an die Pforte dieses Salons der Philosophie gestellt. Aus diesem gehet man nun auf blumigen Wegen zu einem Cabinet des Todes, das mit Cypressen, Myrthen und Lorbeerbäumen umgeben ist. Hier befindet sich ein Grabmal von weissem Marmor, wobey ich, bevor ich es bauete, meine Maasregeln so nahm, daß ich hier ganz gemächlich seyn kann, wenn ich etwa meine Tage zu Beloeil beschließen sollte. Denn eben so träge nach meinem Tode, als bei meinem Leben, will ich, daß man mich da lasse, wo sich meine Augen dem Licht öffneten. Ehe ich aber bis zu dieser letzten Freistätte gelange, habe ich noch ein langes Parallelogramm voll Sommer- und Winterrosen, Vergißmeinnicht und Immortellen vor mir.

Bei jenem Scheidewege, an welchem die Genien der Freude stehen, und wo, wie ich

ich schon gesagt habe, zwei Wege zusammen treffen, giebt es noch einen dritten zur Linken, der, je höher er führt, desto schwieriger und gefährlicher wird — allein nur scheinbar. Man findet hier die Statue des Plutus, vergoldet und geschmacklos, wie ein Finanzmann seyn muß. Weiter hin steht auf einem ziemlich hohen Bogen die Statue der Fortuna. Alles das ist vollendet; blos zur Rechten, ehe man bis dahin kömmt, ist die Höhle des Neides noch nicht fertig, die gerade so werden soll, wie Ovid sie beschreibt. Bloß die Hofnung betrüglicher Gunstbezeigungen dieser beiden Hauptgötzen ist es, welche zu dieser Reise ermuntert, welcher sich kleine Felsen, Steine und unwegsame Parthien in den Weg stellen. Von dem Bogen der Fortuna steigt man schnell in das nämliche Cabinet des Todes hinab, zu welchem ich durch Blumenwege geleitet habe; aber anstatt die Urne und das Grabmal zu finden, welches die Philosophie erwartet, sieht man den Abgrund des Nichts, welcher durch einen kleinen Schlund vorgestellt ist, in welchen derjenige hinabstürzt, der die Abentheuer einer in die Augen fallenden Rolle den Reizen und leichten Pfaden zu einem angenehmen

men und stillen Leben vorgezogen hat. Alles das ist schon vollendet. Folgendes würde in einem halben Jahre zu Stande gekommen seyn.

Dieser kleine Abgrund, der schon itzt, gegen den philosophischen Garten zu, mit schwarzem Felsen bekleidet wird, dient zum vermeinten Graben von einem vermeinten Garten eines vermeinten Gouverneurs von einem vermeinten Fort. Auf einer andern Seite ist ein kleines Gemälde, das ich mir nach den Versen des Abbe' de Lille erlaubt habe; es schildert das spielende Kind, wo seine Väter kämpften. Um unter den Brücken im Grunde und auf der Wiese, die, ohne ländlich zu seyn, sehr malerisch sind, Mannichfaltigkeit hervorzubringen, soll die Brücke, die zu den philosophischen Scenen führt, halb Brücke und halb Thor werden. An die Ecke der beiden Canäle gegen Abend und Mitternacht, soll ein Wachhaus kommen, das gleichsam aus den Winkeln der Bastionen heraustrit; und dieses Schilderhaus soll ein Saal werden, worin man sich, wenn diese Hälfte der Brücke in die Höhe gezogen wird, nicht eben gegen seine Feinde, wohl aber gegen

gen seine Freunde vertheidigen kann. Ich kann für alle langweilige Menschen leicht unsichtbar werden, und mich wider die Langeweile verschanzen. Ich habe dieses Gemälde dadurch verlängert, daß ich einen von den drei Pavillons, welche die Orangerie formiren, damit verbunden. Dieser soll auf der Seite, wo er dem großen Garten zum Gesichtspuncte dient, in gothischem Geschmack behandelt werden, welches sich sehr füglich thun läßt, und nach der Seite des Wachhauses zu, ein ziemlich schwarzes und antikes Ansehn bekommen, ohne jedoch baufällig zu erscheinen. Der zweite Pavillon, welcher der mittlern Allee zum Prospect dient, wird im ägyptischen Geschmack seyn; und der dritte, in welchen das Theater kommen soll, wird der Flora gewidmet werden, und hat die Aussicht auf ihre Insel und ihr Bad, wodurch dieser Bezirk sehr verschönert wird. Die gemalten Rosen und Blumengehänge, die Allegorien und Inscriptionen werden seinen Charakter und seine Bestimmung kund thun.

Der wahre Tempel der Flora befindet sich auf einer Insel von Rasen und Blumen, deren Ansichten von allen Seiten zierlich gerundet sind. Man findet auf derselben ein Bassin von Marmor, und drum herum eine Colonnade von dem nämlichen Marmor, den ich in meinen Ländereien habe. Unten ist sie mit einer Balustrade umgeben. Das Wasser springt in Gestalt einer Garbe vierzig Fuß hoch, theilt sich im Fallen und verliert sich zwischen diesen Säulen. Da es oben, in einem runden Dach, nach Art der türkischen Zelte, an einen blechernen Deckel anstößt, so rauscht es beim Herabfallen wie ein Gewitterregen, und sowohl Blumen als Luft werden, selbst in der größten Hitze, dadurch erfrischt. Ich lasse dieß Springwasser nur bei solchen Gelegenheiten spielen. Ich habe noch ein anderes, was weniger Geräusch verursacht, weniger tobt, und dieß springt beständig. Das Getöse würde mich hindern, ruhig auf den vier marmornen Bänken zu sitzen, wo ich, wenn ich des Morgens aufgestanden bin, halb nackend zu lesen pflege, um mich vor lästigen Menschen, und selbst vor solchen Leuten zu retten, die mich in Geschäften sprechen wollen. Das Bassin, von dem ich geredet habe, ist ein Bad nach russischer Art; es sind verschiedene Stiegen von Marmor darin, so daß man sich so weit baden kann, als man Lust hat. Es ist auch mit Vorhängen versehen, die artig und geschmackvoll aufgeschürzt sind, damit badende Damen vor der Neugier loser Vögel gesichert seyn können.

Der Canal, welcher die Wasserparthie formirt, in welcher sich diese Insel befindet, geht mit demjenigen, der sich in einer breiten, hohen und wasserreichen Cascade in diese Wasserparthie ergießt, in gerader Richtung fort, und bildet dann eine Halbinsel, wo der Tempel der Diana, in welchem meine Jäger und meine Hunde wohnen sollen, und auch der Tempel des Mars hinkömmt, der eine Art von erzostgothischem Thurm mit dreieckigten Spitzen werden soll, wo ich meine alten Gewehre und einige alte militarische Seltenheiten aufbewahren will, — betrübende Ueberbleibsel unserer unruhigen Zeiten, in welchen es doch Ehre und schöne Handlungen gab, wenn es schon damals noch an Philosophie, gutem Geschmack und schöner Gartenkunst gebrach. Leider! bauete man damals noch keine Tempel; aber man machte sich

sich ihrer durch Tapferkeit und Vasallentreue würdig. Doch wir wollen uns von diesem Gedanken abwenden und uns dem Genuß überlassen. Man sieht das Wasser der Cascade von den obern Parthien, die sie hervorbringen, zwischen großen Steinen herabfliessen, über welche man hinüber gehen kann, wenn man Lust hat, den Spielen der Landleute beizuwohnen. Der Platz, wo sie gehalten werden, ist mit Bänken und Boskets von hohen Bäumen umgeben, damit die Eltern den Thaten der jungen Bursche, den Possen der Kinder und den kleinen Schalkheiten der Mädchen, die sich nun nach Liebhabern oder Männern umzusehen anfangen, gemächlich zusehen können.

Der obere Canal, welcher die Reitbahn umgiebt, wird nahe bei zwei großen Bäumen, die so alt sind als das Land selbst, beständig durch eine kleine Cascade erfrischt, welche das Wasser aller übrigen Canäle daselbst erneuert. Sie entsteht aus dem Abfall einer Fontaine, die sich im ersten der drei Höfe befindet, und das ganze Schloß, die Bäder, die Wirthschaftsgebäude und den Stall mit Wasser versorgt. Eiserne Gitter und steinerne Balustraden umschließen und scheiden

diese

diese drei Höfe, und überall sind Brücken vorhanden, welche alle diese Inseln mit einander verbinden, auf denen die ansehnlichen Wohngebäude des Schlosses liegen, das sechs und vierzig Zimmer mit Zubehör enthält, worunter ein Dutzend prächtig genug sind, welche durch zwölf Cabinetter, die in den vier Thürmen angebracht sind, äußerst anmuthig und bequem werden.

Ich hatte gerade vor den drei Sälen denjenigen Theil vor Augen, der unter allen am kältesten und regelmäßigsten ausgeführt war: ein Wasser-Parterre ohne Wirkung, ein Blumen-Parterre ohne Rasen, Hecken mit Spiegeleinfassnng, welche die Grenzen des Aeußern bezeichneten. Man höre, wie ich mich dabei genommen habe. Als ich in den Türkenkrieg zog, entwarf ich selbst auf einem Tische von fünf und zwanzig Fuß Länge, einen Plan in Relief mit Thonerde und kleinen Baumzweigen. Nachdem ich hierauf Beloeil in fünf Jahren nicht gesehen hatte, fand ich diesen ganzen traurigen Theil meines Gartens gegen Abend in die reizendste Wiese verwandelt, durch pyramidenartige Erhöhungen mit Blumen unterbrochen, und ein Flüßchen, welches das lachendste aller Thäler durchstreicht. Ich habe dem Erdreich Bewegung gegeben, aber nur für die Augen, nicht für die Beine; denn ich mag weder mich, noch Andere ermüden. Aber zum Besten meines sehr beträchtlichen Wasserfalls, mußte ich nothwendig die Parthie ins Enge ziehen; und es ist mir, mittelst eines unmerklichen Hohlwegs, der, ehe er bis zur Uferfläche hinabsteigt, mit Bouquets von den kostbarsten Gehölzen und auf einer Seite mit einem Wäldchen von Orangenbäumen, die ich mit den Kübeln habe eingraben lassen, vollkommen gelungen. Ueber diesem Wasserfall habe ich in Form eines Tempels, ich weiß nicht welcher Gottheit zu Ehren — denn man kann ihn widmen, wem man will — eine prächtige Ruine ganz von Marmor gebaut, deren wohlerhaltene Säulen, anstatt, wie alle Ruinen, die ich kenne, ein unangenehmes Schauspiel darzubieten, die reichhaltigsten Ideen gewähren. In dem Heiligthume selbst stehen vier Pfeiler von dem schönsten genuesischen Marmor, die in Arabesken-Geschmack gearbeitet sind. Marmorstücke, die den Gesimsen entstürzt zu seyn scheinen,

nen, dienen zu Sitzen. Durch diesen ziemlich geräumigen, mit Marmor gepflasterten Saal geht ein kleiner Canal, ebenfalls von Marmor, der die Gewässer des obern Bachs in drei großen Fällen ohngefähr zwanzig Fuß hoch mit der größten Schnelligkeit durch die Säulen des Eingangs oder des seyn sollenden Peristils hinabstürzt.

Es ist gewiß nicht ein einziges Marmorstück darunter, das ich nicht zehenmal gewendet habe, um versichert zu seyn, daß jedes Wirkung thun würde; und man meint, es sei mir gelungen. Wenn man diesen Bach, welcher noch im Vorbeigehen die Roseninsel formirt, weiter verfolgt, so findet man am linken Ufer einen Obelisk, welchen die Freundschaft der Tapferkeit gewidmet hat. Kann ich etwas dafür, wenn Carl der Gegenstand davon ist? Kann ich dafür, daß er sich im Kriege ausgezeichnet hat? Kann ich dafür, daß ich einem so vollkommenen Geschöpfe das Leben gegeben habe? Der Vater verschwindet, der Mensch bleibt, und der Held ist mit Ruhm gekrönt. Beschuldige man mich also nicht der Partheilichkeit, sondern des

Stolzes! Ich begreife, daß man das kann. *)

Dieser Obelisk ist ebenfalls von Marmor und fünf und vierzig Fuß hoch. Auf der einen Seite steht mit goldenen Buchstaben: à mon cher Charles pour Sabacz et Ismael; auf der andern: Nec te, Juvenis memorande, silebo, aus dem Virgil; und auf der dritten: Sein Ruhm macht meinen Stolz, seine Freundschaft mein Glück. Ein marmorner Fußsteig führt aus dem heiligen Haine auf den schönen Rasenplatz, wo er steht. Ich habe diesen Rasenteppich über die Gewässer des Schloßgrabens mittelst zweier Halbinseln und einiger wirklichen Inseln beinahe bis an die Thürme ausgebreitet. Diese Inseln sind die Schwaneninsel, die Enteninsel und die Gänseinsel, wo auf einem kleinen Rasenhügel eine Art von Thron mit vier kleinen Marmorsäulen steht; eine schwim-

*) Großer Gott! wie sehr bin ich dafür bestraft worden! Ich habe nicht die Kraft, in diesem Artikel etwas zu ändern. Man wird an einem andern Orte finden, was ich noch hinzuzusetzen willens war.

schwimmende Insel, eine chinesische Insel und noch eine andere, auf der sich ein sonderbares Gebäude befindet, welches im Erdgeschoß Bienenhaus, im ersten Stock Vogelhaus, im zweiten Taubenhaus und im dritten für Störche eingerichtet ist. Ich unterbreche auf diese Art eine zu beträchtliche Masse Wasser, und bringe dadurch meinen Naturgarten oder meine Wiese, wie ich ihn bescheiden nenne, den Fenstern der drei großen Säle näher. Um die Faßade, die etwas zu nackt war, zu unterbrechen, habe ich in der Mitte einen breiten Balcon anbringen lassen, der auf zwei starken Säulen ruht, in welchen zwei Treppen sind, die zu einer chinesischen Barke hinabführen, die ihr Behältniß unter dem Balcon hat, uud zu der Insel führt, wo ein dickbäuchiger Chineser einen großen Parasol hält, unter welchem man auf Vasen von Porzellan sitzt. Die zwölf Ecken dieser mit Vlieschen gepflasterten Insel, einige Arten von Mastbäumen mit rosenfarbenen und gelben Flaggen, ein Leuchtthurm und einige Blendscheiben oder Prallichter machen eine vortrefliche und reiche Wirkung. Ich erleuchte alles, selbst das Thal; alle Nächte brennen vier Terrinen um Carls Obelisk, zwei Blendscheiben bei dem Tempel, und eine andere bei der Büste des Feldmarschall Lacy, die, wie natürlich, von Marmor und Granatbäumen umgeben ist, welche mit ihren Kübeln um sie herum eingegraben sind. Das kleine Orangewäldchen, welches sich amphitheatralisch erhebt, dient dem Ganzen zur Haltung. Der Witz solcher Leute, die eigentlich keinen haben, und die Kritik, eine kleine untergeordnete, nur von Leuten angebetete Gottheit, die das Unglück haben, das Glück und selbst die Verirrungen des Enthusiasmus nie zu empfinden, haben bisweilen etwas zu erinnern und zu verbessern. Man hat mich zuweilen bis auf die Namen und Spaziergänge meiner Allegorie getadelt. Die Spaziergänger, die nicht gern sehen, wenn man ihnen etwas zu denken giebt, dürfen sie ja nur geradezu für Boskets und Fußsteige zwischen Gesträuchen und Blumen nehmen. Ich habe eine Oeffnung angebracht, um etwas sehr schmales recht breit erscheinen zu lassen, nämlich auf dem Felde eine Pyramide in den Augenpunct zu bringen, welche vermuthen läßt, daß der philosophische Garten bis dahin reiche. Noch eine Oeffnung zur Linken auf den Gnidischen

Tem-

Tempel, und eine andere auf das Mausoleum des Adonis, machen aus diesen drei geheimnißvollen Gartenstücken, die man wahrnimmt, ohne sich denselben nähern zu können, ein beträchtliches Ganze.

Launische Tadelsucht ist das Siegel der Mittelmäßigkeit. Vielleicht wird man viele von diesen kleinen Parthien für geringsügig halten. Die Ursache davon ist, weil man, um das Genie zu spielen, gern alles ungereimt findet. Nur dann können dergleichen Werke ein solches Urtheil verdienen, wenn sie unschicklich angebracht sind; stehen sie aber am rechten Orte, so können sie allerdings von interessanter Bedeutung für die Seele seyn. Es würde mir sehr leicht gewesen seyn, zu dieser Art von geistigen Ausschweifung in jenen kleinen allegorischen, mythologischen oder moralischen Gärten einen größern Maasstab zu wählen, und ihr meinen ganzen tartarischen Park aufzuopfern: aber anstatt Jemanden, der sich umsehen will, einen ganzen Tag darin aufzuhalten, habe ich ihn nur in einem kleinen Raume belustigen wollen, wozu indessen immer ein

 paar

paar Stunden erfordert werden. Man wird vielleicht sagen: warum hast du so viel Dinge auf einander gehäuft? Ich werde darauf antworten, daß ich dasjenige nicht so nahe bei meinem Hause haben will, was ich aussen vor meinem Dorfe im Freien finden würde. Um das Vergnügen zu haben, natürlich zu seyn, ist man arm und unbedeutend. Meine Absicht ist, daß diese Gärten, die ich jedoch keine englischen Gärten nennen will, weil es darin nichts Grausendes, weder Berge, noch Abgründe giebt, geschmückt und meublirt seien wie ein Saal. Ich liebe nicht, wenn man Gebäude auf Gebäude häuft: die meinigen sind von einander entfernt; und in diesem ganzen Raume, der ziemlich reich und kostspielig behandelt ist, machen die Brücken, Büsten und artigen Gedanken und Anspielungen weder Verworrenheit, noch zu viel Ansprüche.

In dieser Gegend, und zwar gegen den tartarischen Park zu, trift man, statt in das Gemälde des menschlichen Lebens hinein zu gehen, auf eine philosophische Scene, die noch zu dem Garten gehört, der diesen Namen führt.

führt. Auf einem kleinen lichten Platze, der mit Bäumen umgeben ist, erblickt man am Ufer des Flusses den Porticus des Tempels der Wahrheit, in sehr ernsthaftem Styl, von großen Quaderstücken, ohne daß die fünf Ordnungen zu seiner Verzierung etwas beigetragen haben. Er ist edel und einfach. Es stößt eine kleine Hütte an denselben, und gegenüber befindet sich noch eine andere, deren Thüre die Pforte des Tempels der Täuschung ist, welcher von dem neuen Metall verfertiget worden, das dem Silber gleicht, und worin Stücke von Spiegeln eingewachsen scheinen. Mitten zwischen diesen beiden Wohnungen, die einen großen moralischen Sinn darbieten, befindet sich die Wohnung des Philosophen. Die Bedeutung dieser Anordnung ist, daß man zwischen der Trockenheit der zu rauhen Wahrheit und den glänzenden Lügen der Täuschung den Mittelweg halten, und sich ein wenig der einen und der andern bedienen müsse, wenn man glücklich seyn will. Die beiden andern kleinen Hütten werden meublirt werden, wie man für gut finden wird; aber die Hütte des Weisen wird blos ein vortrefliches Bette, zwei Strohstühle, einen Tisch, ein Schreibzeug und ein einziges Buch, die Fabeln des La Fontaine, bekommen. Zur höchsten Annehmlichkeit hat die Hütte des Weisen das Haus des Murza gerade im Gesicht, und liegt an dem Fluß, der von da in die Ruine tritt, und bey Ath in die Dendre fließt. Durch Vereinigung aller der Quellen, die ich in meinem Forste auf eine Stunde weit vom Schlosse gefunden, habe ich ihm eine so beträchtliche Masse Wasser verschafft, das für meine niedlichen Gondeln überall schiffbar ist.

Wenn man sich um den ruinirten Tempel hinum wendet, so schließen die Baummassen zur Linken (so wie die zur Rechten den philosophischen Garten umgeben,) das Mausoleum des Adonis in eine Blumeninsel ein, deren Wahl gleichsam vermuthen läßt, als wenn sie noch mit seinem Blute gefärbt wären. Von da geht man zu einer andern Scene, wo sich der Gnidische Tempel von weissem Marmor befindet, nahe bei dem Flusse Cephissus, der, wie man weiß, die Schäferin nöthiget, den Kuß zu bewilligen, den sie versprochen hatte. Nicht weit davon, doch abgesondert genug, ist noch eine dritte Scene, ne, welche in einem Garten voll lauter Mohn den Tempel des Morpheus umgiebt. Es ist ein bedeckter Saal, inwendig gemalt, wie ein offener Saal: in der Mitte steht eine schöne Statue des trägsten oder vielmehr des wollüstigsten aller Götter, der von den genossenen Freuden ermüdet ist. Man findet darin eine Menge Divans in Kreisen umher, auf welchen ein und zwanzig Ermüdete auf einmal den Rest ihrer Kräfte bei unschuldigen Spielen vollends verlieren, oder sich neue Kräfte sammlen können. Ueber den Gnidischen Tempel mache ich mir einige Bedenklichkeit. Er steht in einem so kleinen Bezirk, dem auch seine acht Säulen vollkommen angemessen sind, daß er vielmehr als ein Putzgemach der Göttin erscheint. Der Ort, wo er sich befindet, ist ein artiger Baumgarten, den ich dem Montesquieu gewidmet habe, dessen Büste ihn ziert. Hätte ich der Göttin der Zärtlichkeit einen größern Bezirk einräumen können, so würde ich Cypern, Cythere, Paphos und Amathunt nur haben verdunkeln wollen. Paros und Carrara würden ihre Marmorbrüche für mich erschöpft haben. Ich würde mich in Peristilien und Basreliefs ruinirt haben, und aus diesem

Tem-

Tempel, wo man der Göttin ganz nackt opferte, nicht mehr haben heraustreten dürfen. Amor würde das übel genommen haben; er würde einen eben so schönen Tempel verlangt haben, als seine Mutter hätte. Kleiner Gott, hätte ich dann zu ihm gesagt, du hast einen, der weit mehr werth ist; er steht in meinem Herzen. Ein solcher Tempel kostet zwar nicht viel, aber er ist deiner Göttlichkeit angemessener.

In einer jener Hecken-Umschließungen, von denen ich oben geredet habe, ist ein kleiner Garten befindlich, welcher der Garten Christinens heißt. Bedankt euch bei mir, Besitzer oder Anleger französischer Gärten. Ich lehre euch der Anglomanie Troß zu bieten. Aber ihr vertheidiget euch so schlecht, daß ihr geschlagen zu werden verdient. Saget demnach: der englische Geschmack ist vortreflich in einem kleinen Bezirke, den man gern möchte groß scheinen lassen. Die Uebertreibung der Urheber so wunderlichen Zeugs wird bald so weit gehen, daß man einen Buckel einem zierlichen Wuchse vorziehen wird. Gebt acht, wie ich mich dabei nehme, um euern freilich etwas langweiligen Geschmack zu beleben,

leben, und den Spaziergängern, die sonst alles mit einem Blick übersehen, und dann gleich wieder zum Schloß zurückkehren, etwas Anziehendes zu geben. In einer Anlage von Gehölzen (massif) zur Linken habe ich zwei Quellen gefunden; diese habe ich zum Steigen bringen, mit Marmor bekleiden, und ihre reichlichen Gewässer durch Cascaden in ein Bassin leiten lassen, das ebenfalls von Marmor ist. Ich bin den Krümmungen des Abflusses dieser kleinen Flüßchen mittelst eines Wegs längs an dem Bache gefolgt, der durch drei kleine Sallons der Boskets, die drum nicht minder französisch bleiben, hindurch fließt, und sich dann noch, gleich einem Waldbach, durch eine Grotte in meinen Canal gegen Morgen ergießt. Dieser ganze Weg geht in einem dichten Gehölze fort, wo sich ein kleines Gebäude mit ländlichen Säulen befindet, um sich vor Regen schützen zu können; und so kömmt man durch den regelmäßigen Theil, ohne zu wissen wie. Ein hohler Weg, der beinahe einer Höhle gleicht, und eine Art von natürlichem Berceau, in Gestalt eines Corridor, das nicht bemerkt wird, leiten durch einen andern Theil, und machen den ganzen Spaziergang ländlich,

lich, einsam und englisch, wenn man ihn so nennen will. Die drei Sallons, von welchen der eine ein kleines Schutzdach in Form eines Erdschwamms hat, sind durch kleine Schranken formirt, die auf eine seltsame und mannichfaltige Weise angestrichen sind. In den Hecken sind zwei Eingänge, durch die man hineinkömmt; und eine marmorne Säule, in der Mitte des obern, vierzig Fuß im Durchmesser haltenden Bassins, auf welche die Büste der Gottheit des Boskets gestellt ist, ziert diese kostbare Fontaine. Da ich die durchgebrochenen Gänge (percés) nicht immer verstecken konnte, so habe ich das Mittel ergriffen, von meinem Bache einige kleine Wässerchen unter verschiedenen und ungewöhnlichen Gestalten hinein zu leiten. In dem einen befindet sich ein Flüßchen in Zikzak; in einem andern drei Wasserstreifen und vier Rasenstreifen; in dem dritten Bänder von Wasser und Blumen; und in dem vierten eine Schiffer, durch Rinnen formirt, welche breiter sind, als was man sonst unter dieser Benennung kennt. Ich habe dieser ganzen Kinderei durch kleine Wege von Ziegelsteinen, deren rothe Farbe von dem Wasser und dem Rasen vortreflich absticht, einen hol-

holländischen Ton gegeben. In den drei andern Massifs dieser Heckenumschließung (coffre de charmille) giebt es Fußsteige, davon einer auf eine kleine Erhöhung führt, von der man den ganzen Garten übersieht, ohne gesehen zu werden, und ein anderer leitet zu einem kleinen ordentlichen Gebäude, das niedlich ausgemalt und meublirt ist.

Der Heckenverschluß, ein Bruder desjenigen, von dem ich eben geredet habe, (um mich des reizenden Ausdrucks des Abbe' de Lille zu bedienen,) faßt Damhirsche in sich, und ein kleines Haus, das eben so artig und reinlich ist als diese Thierchen. In den verschiedentlich entworfenen Planen der beiden Gartenparthien, die durch meinen großen See von einander geschieden sind, giebt es Boskets, davon keines dem andern gleicht, und jedes seine Bestimmung hat. Das eine soll allem dem, was ich in der Welt am meisten liebe, gewidmet werden; ein anderes meinen Soldaten; wieder ein anderes meinen Bauern; noch ein anderes meinen Arbeitern, und so ferner. Sie sollen durch Attribute und verschiedene Arten von Verzierungen und

In-

Inschriften bezeichnet werden. Andere, wie die Boskets der Seelenruhe, der Wollust, der Trägheit, der Coquetterie, der Gleichgültigkeit und der Eifersucht, sollen auf verschiedene Weise charakterisirt, und mit einem Zauber behandelt werden, wie sie es verdienen; und diese letztern werden leider! vielleicht nur zu viele Besuche erhalten. Mir genügen andere, und es wird mich freuen, wenn man das Vergnügen, welches ich bei Anlegung derselben empfunden habe, mit mir zu theilen vermag.

Es soll auch ein kleiner düsterer Spaziergang daselbst angebracht werden, wo alle diejenigen, welche aus diesen Boskets kommen, zusammentreffen. Traurige Schwärmer werden hier ihren kleinen Bekümmernissen, die zuweilen Vergnügen machen, und denen man oft ohne Widerstand nachgeben muß, ganz überlassen seyn. Wer hat nicht Widerwärtigkeiten, Hindernisse, Verwandte, böse Menschen, Verdrießlichkeiten, Mißverständnisse, schlimme Vorfälle und Neid gekannt oder erfahren? Fröliche Schwärmer werden vielleicht auf Versöhnungen, Hoffnunnungen, was weiß ichs? vielleicht auch auf Veränderungen denken.

Ein Boskett wird dem Virgil, ein anderes dem Ovid, Horaz und meinen Freunden gewidmet. Möchte letzteres doch ein wenig geräumig seyn dürfen! Aber leider! mag ich es nicht wagen, ihm einen großen Umfang zu geben. In dieses soll das Haus des Sokrates kommen.

Es gereicht mir, glaube ich, zu einer Art von Verdienst, daß ich Vorübergehende und Nachbarn zu meinem Vergnügen beitragen lasse. Man kann alles sehen, was vorgeht, ohne selbst gesehen werden. Ich habe mein ganzes Dorf in meine Gärten gezogen, die ich durch ein unaufhörlich bewegliches Gemälde belebt habe. Dieses Dorf ist durchaus weiß angestrichen. Es hat ein munteres Ansehen und Mannichfaltigkeit, ist reinlich und bevölkert. Ich kann das städtische Ansehen nicht leiden, und lasse es an den Häusern, die ich darin von Zeit zu Zeit baue, immer vermeiden. Die Straße, welche die Wasserparthie der Insel der Flora umgiebt, nimmt sich vortreflich aus in dem hohen Gehölze, das ich sehr dicht gepflanzt habe, damit die Vorübergehenden, ob sie gleich selbst gesehen werden, doch nicht wahrnehmen können, was darin vorgeht.

Je mehr man Menschen sieht, desto mehr lernt man ihrer zum Unglück kennen. Je mehr man sich von ihnen entfernt, und in seinem Herzen zwar Nachsicht gegen Alle, aber doch Zuneigung nur gegen Wenige hegt, desto mehr hängt man sich an Thiere. Ausser einigen Lieblingen, die ich habe, als unter andern einer gewissen Hirschkuh, die mir nachläuft, wenn ich ausreite, und die mich in einem Fahrzeuge begleitet, wenn ich schwimme, besitze ich eine erstaunliche Menge andere, die sich mir nähern, wenn ich sie nach türkischer Art rufe, das heißt, in die Hände klatsche. Ohngefähr zweihundert Gänse, Schwane, Enten und andere Wasservögel pflanzen unaufhörlich ihre Familien in den Graben des Schlosses fort.

Wenn

Wenn man noch einmal auf das Ganze zurückblickt, so wird man den Stufengang der natürlichen, künstlichen, geschmückten, allegorischen und pittoresken Gärten, so wie der tartarischen, türkischen, griechischen, ägyptischen, chinesischen, gothischen und ländlichen Gebäude, gar leicht bemerken. Ich hoffe, daß mir wahre Diener des Gottes des Geschmacks, da ich das Verdienst der französischen Gärten, die ich fand, weder konnte noch wollte sinken lassen, vielleicht ein eigenthümliches zugestehen werden.

Man belustige sich nun, belehre sich, bewundere, nehme Antheil, denke und schwebe in Entzücken! Möge Beloeil noch der Nachkommenschaft das Glück und die Annehmlichkeit erneuern, die ich hier genieße! Mögen die Leute, die mir nicht gleichen, sich bessern, oder vor Aerger bersten, daß es jemanden giebt, der vollkommen glücklich sich fühlt. Mögen aber auch diejenigen, die mir gleichen, selbst dann noch, wenn ich nicht mehr seyn werde, die Glückseligkeit des Urhebers und Besitzers dieser ruhigen Gärten theilen!

Anmerkung des Verfassers.

Ich kann nicht umhin, dasjenige zu rechtfertigen, was ich gemacht habe, sollte ich auch etwas Gutes von mir selbst sagen müssen. Ich habe gesucht, nichts ohne hinlängliche Beurtheilung zu thun. Da ich die geraden Linien auf den großen Bezirksflächen gelassen habe, so mußte ich meine Naturgärten und ihre Umschließungen blos gegen die Grenzen meines Bezirks hinausschieben, welches aber auch dadurch noch weit beträchtlicher zu seyn scheint.

Die Idee von meiner tartarischen Colonie ist nicht ausgedacht und hat einigen Anspruch auf Möglichkeit. Man kann dabei denken, der Fluß habe einen schönen griechischen marmornen Tempel, ein Ueberbleibsel aus dem Alterthume, wirklich zerstört, und man habe nun, um ein Ueberbleibsel seines Vordertheils zu erhalten und das Wasser zu theilen, diese Masse von Säulen wieder aufgestellt und mit einander vereiniget, durch welche nun das Wasser in drei Cascaden hinabstürze.

Die übrigen Gebäude, die im Styl verschiedener Nationen gebaut sind, haben, im doppelten Sinn des Worts, wenig Consequenz. Sie stehen auch nur da, um irgend eine Wirkung in Rücksicht auf Colorit oder Verzierung zu machen.

Wenn etwa Kritiker, die den artigen Vers des Abbe' de Lille, welcher über die Zusammendrängung aller vier Welttheile in einem Garten spottet, zu ernsthaft und zu buchstäblich nehmen wollen, auch meine geliebte chinesische Insel, wo ich unter dem Schutze des Parasols, den mein großer Mandarin hält, mitten unter meinem Wasservolke lebte, unschicklich finden sollten: so vergebe man mir dieselbe zu Gunsten des schönen Roths an den Balustraden, zu Gunsten der kleinen Brücke und der dreifachen Schranken mit goldenen Aepfeln über einander, zu Gunsten des Schiffchens und der beiden Gitter oben und unten am Balcon. Alles das macht eine reiche Wirkung, findet sich nirgends, und sticht von den beiden weissen Brücken, von dem Rasen, dem Wasser und dem Porcellan ganz vortrefflich ab. Will man drum die Täuschung erregen, als sei man in in China, wenn man in Winkeln und auf Ecken alten Lack angebracht oder japanische Potpourri's auf Camine gestellt hat?

Will man es aber schlechterdings nicht gelten lassen, nun so glaube man, es sei alles das, was den Augen Vergnügen und den Künsten Ehre macht, aus fremden Ländern zusammengetragen worden.

Soll man denn, um recht natürlich zu seyn, so weit gehen, daß man in seinem Garten ein so unbedeutendes Gebäude aufstelle, wie die gewöhnlichen europäischen Gebäude sind, die man vielmehr niederreißen sollte, wenn man dergleichen vorfände?

Hierin muß die Logik der Wirkung der Malerei, der Bildhauerkunst, der Architektur u. s. w. nachstehen. Alles das, was man mit Vergnügen für Täuschung oder Anspielung erkennt, soll nun einmal kein Ansehen von Wahrheit haben. Fehlt es aber an interessanten Gegenden, lebt man in einem flachen Lande, wo kein Fluß ist, und auch sonst keine zufälligen Gegenstände anzutreffen sind, die man mit benutzen könnte: nun dann muß man sich nach eigenem Gefallen etwas schönes hervorzubrinbringen und sich dabei so gut zu helfen suchen, als man kann.

Wenn ich die Mauern vom Küchengarten ausnehme, an welchen sich mein tartarisches Dorf anlehnt, so sind meine Gärten von allen Seiten frei; aber auch in diesen Mauern sind fünf Oeffnungen angebracht, um Hirten und Schaafe vorüber ziehen zu sehen. Canäle für den Garten, und rautenförmig angelegte lebendige Hecken für die vier oder fünf Parks — das ist alles, was ich habe. Da ist kein künstlicher Berg; kein Felsen. Bin ich in Gärten, wo ich die Beine aufheben muß, so zucke ich die Achseln darüber. Um fremde Lustwandler, die etwa wider die französischen Gärten, die sie mit einem Blick übersehen können, eingenommen werden möchten, doch nicht zu ermüden, stehen immer zwei Dromedare mit einer Kalesche zu sechs Personen und ein Wurstwagen mit vier Pferden bereit, um sie hin zu fahren, welches auch vom Küchengarten, von den Melonen- und Feigengärten, von den Glashäusern und der Meierei gilt. Die Räder sind breit, und thun dem Rasen, der die Wege überzieht, keinen Schaden.

den. Die Wagen befinden sich bei der Brücke, welche das Regelmäßige vom Unregelmäßigen scheidet. Beide Theile stehen für Jedermann offen. Um aber ruhig für mich zu seyn, habe ich im erstern zwei, und im andern drei Gärten unterm Schlüssel. Ihr geheimnißvolles Ansehen erweckt Neugier, und während man sich etwa darüber ein wenig Neid erlaubt, wird schon das Erbieten zum Hineinführen gethan; es müßte denn irgend eine Ursache von stiller, nachdenkender oder ergötzlicher Eingezogenheit die verschlossenen Eingänge gesperrt halten. In Zukunft werde ich noch einen anlegen, wie ich deren im Orient gesehen habe: er soll in die Parthie kommen, welche das Cloître heißt.

In dem einen der beiden Natur-Cabinetter werde ich aus der Wasserparthie, die sich in der Mitte dieses Gartenstücks befindet, einen Canal zu einem marmornen Bassin leiten, welches in einem türkischen Kiosk mit Divans umgeben ist; und zum Gegenstück soll in dem andern Cabinet ein anderer kleiner Canal gezogen werden, damit derjenige, von dem ich eben geredet habe, einen Bruder erhalte. Um

das

das Bassin, was ich in dem letztern anlegen werde, sollen niedliche Wohnungen nach türkischer Art für allerhand seltene, schönfarbige und kostbare Wasservögel zu stehen kommen.

Es ist mir mehr als irgend einem andern zu sagen erlaubt: Ich entscheide nicht zwischen Kent und le Notre. Und um zu beweisen, daß mein Verstand für keinen Parthei nimmt, obgleich mein Herz sich mehr für das Unregelmäßige gestimmt fühlt, so will ich frei gestehen, daß die Fremden, die nach Beloeil kommen, von meinen französischen Anlagen dergestalt angezogen werden, daß sie kaum aufhören können, die herrliche Entwicklung der Werke meines Vaters zu bewundern, um alsdann in den meinigen zu träumen; denn man zwingt die Leute nicht zum Denken, und das ist auch nicht die Sache des großen Haufens.

Die Gegenden.

Ich könnte auch die Fasanerie, in welche man aus dem Küchengarten gelangt, für einen besondern Garten, oder wenigstens mit zum Garten rechnen, denn sie ist mit artigen kleinen Gängen durchschnitten, die alle von einem Stern auslaufen, von welchen zwei lange und schmale in schattiger Wölbung zu zwei verzierten Fontainen führen, die sich ihrer klaren Gewässer durch vier bis fünf kleine natürliche Cascaden in den Fluß entledigen, welcher die Fasanerie durchstreicht. Zur Linken der Fasanerie stürzen sich drei andere Quellen in denselben, die dem Scheine nach aus einem kleinen, artigen, künstlichen Felsen entspringen. Der Hauptweg, welcher vom Schlosse gerade auf den Thurm von Valenciennes zu läuft, und, wie ich bereits erwähnt habe, eine Breite von 120 Fuß hat, ist eine zusammenhängende und ebene Rasenfläche, und würde, wenn er nicht eine Stunde lang wäre, eher eine Wiese als eine Allee genannt werden können. In dieser Entfernung wird der Park zur Rechten und Linken durch einen Pavillon begrenzt, die mit denen im Vorhofe des Schlosses von gleichem Styl sind. Weiter hin durchläuft diese Allee die ebenste und fruchtbarste Fläche, und endiget sich, zwei Stunden von Beloeil, in der Landschaft Mont crapaud. Dort soll ein kleines

Schloß

Schloß von einem Stockwerke mit vier Thürmen erbauet werden, welches den Namen Klein-Beloeil führen und einer Faßade des wahren Beloeil gleichen wird. Auf funfzehn Stunden weit, über eine Waldzunge hinweg, die zur Rechten mit der von Conde' zusammen stößt, wird man daselbst die schönste Aussicht von der Welt haben. Auf dem halben Wege, mitten in einem schönen Gartenstück, befindet sich eine große Wasserparthie von acht Morgen Landes, welche den Namen Reigersee führt. Das Heckengehölze kann ebenfalls noch als ein Gartenstück angesehen wrrden. Die Parthie bildet eine Art von Stern, der durch zwei Wege damit in Verbindung gebracht und mit einem andern zirkelförmigen umgeben ist, welcher in der Mitte der Ebene einen vollkommnen Medaillon bildet. Die ungeheuren Buchen, welche sich hier befinden, gleichen Marmorsäulen, die sich über grünendes und dicklaubiges Buschholz erheben.

Ein anderer Weg, der wie ein Band aussieht, womit man einen Medaillon befestiget, läuft von da gegen Abend nach einem ansehn-

ansehnlichen Gehäge hin, welches Bridou heißt. Hier soll die Fabel des Aristäus ausgeführt werden. Ich will eine Bienen-Colonie und in der Mitte einen gläsernen Pavillon, in Form eines Bienenkorbs anlegen, an welchem sechs bis acht Reihen Bienenstöcke von Stroh mit artigen kleinen Balustraden oben spitzig zulaufen sollen. Die Straßen sollen mit Buchweizen und Riebsen und mit allen den Blumen bekleidet werden, welche die Bienen vorzüglich lieben, und die zugleich ihrer Farbe und ihres Geruchs wegen Jedermann gefallen müssen. Zwischen diesen Strassen, die sich, wenn man sie aus dem Mittelpuncte verfolgt, immer weiter von einander entfernen, sollen Wiesen bleiben, wo aufs neue eine Stutterei errichtet werden soll, die schon ehemals vorhanden war, und vortrefliche Pferde geliefert hat. Die kleine Wasserparthie, die sich daselbst befindet, wird ihnen zur Tränke dienen. Uebrigens werden vier Stallgebäude oder Wohnungen für diejenigen, welche die Aufsicht darüber erhalten, in gleicher Entfernung auf allen vier Ansichten des Gehäges zu stehen kommen, wodurch das Ganze ein angenehmes und bevölkertes Ansehen gewinnen wird.

Eine

Eine halbe Stunde weiter vereiniget ein ähnliches Band diese beiden Parthien bei einem allerliebsten Plätzchen, das einen Pavillon erhalten wird. Die Aussicht ist hier vortreflich. Nicht weit davon giebt es viele Schuppen für das Wild. Sie sind durch Wiesendämme von einander geschieden, auf die man sich hinstellt, wenn man das kleine Wild einfangen will, dergleichen sich hier in Ueberfluß befindet. Die Unregelmäßigkeit dieses Bezirks trägt noch mehr zur Annehmlichkeit desselben bei. Doch wir wollen nun den Garten ein wenig verlassen, und uns in den Park und ins Freiere begeben.

Unter den dreißig bis vierzig vorzüglichsten Quincunxen, von denen ich schon einmal im Vorbeigehen geredet habe, will ich blos den ziemlich wilden Missisippi und die Elysischen Gefilde nennen, welche diesen Namen mit Recht führen. Ich könnte auch drei wohl gelegene Jagdhäuser anführen, die ich aber angenehmer bauen will. So könnte ich noch auf zwanzig schöne Sammelpläze für die Jagd und Jäger berühren, die sehr regelmäßig und verziert sind; denn ich pflege gern den Wäl-

dern

dern die Zierde und Regelmäßigkeit zu geben, die ich Belieben trage den Gärten zu entziehen.

Der Mittelpunct des Waldes ist beinahe der höchste Berg im ganzen Lande. Ob er gleich hoch genug ist, so gelangt man doch über ziemlich sanfte Lehnen auf seine Höhe. Das Ganze führt den Namen la Happa. Man erblickt auf demselben zwölf Städte, sechs Abteien und eine unermeßliche Landschaft. Was wird man nicht erst entdecken, wenn der Thurm, den ich hier erbauen will, vollendet seyn wird. Er soll eine Höhe von 150 Fuß erhalten. Die Terrasse wird nur auf der Morgenseite steil und bekleidet werden. Zwei und funfzig Wege laufen hier zusammen. Dieser Thurm wird zu einem Leuchtthurm dienen, der alle Abende erleuchtet werden soll. In einem so unermeßlichen Luftraume und im Mittelpuncte sich so weit erstreckender Alleen würde eine Pyramide, dergleichen ich anfangs zu bauen gesonnen war, eine wahre ägyptische Pyramide haben seyn müssen.

Ein Tempel, wenn ich dergleichen hätte unternehmen wollen, würde mich vollends zu Grunde gerichtet haben. Um ihn, vermöge seiner Lage, der Diana oder den Hamadryaden, denen ich ihn hätte widmen müssen, würdig zu machen, hätte er den Tempel zu Ephesus übertreffen müssen, und ich würde ein größerer Thor gewesen seyn als Herostratus, dem seine Narrheit wenigstens nichts kostete.

Dieser sonderbare Thurm von einer architektonischen Ordnung, die mir allein zugehört, die weder gothisch (filigram wäre zu kleinlich,) noch modern (was gar zu einfach,) noch chinesisch (was gar zu gemein und abgedroschen ist,) genannt werden kann, wird mit der Wildniß der Waldung recht gut zusammen stimmen. Er soll zierlich, aber ungewöhnlich, und dabei auch nützlich werden. Unten soll er einen offenen Salon, wo Pferde und Jagdhunde zum Wechsel bereit gehalten werden, und oben drüber einen andern Salon erhalten, aus welchem man die Jagd vorüberziehen sehen und sich der schönen Aussicht erfreuen kann. Eßlustige sollen daselbst

Nah-

Nahrungsmittel und Ermüdete Ruhebetten finden. Sowohl die einen, als die andern, können daselbst das Schicksal des Hirsches abwarten, das gewöhnlich in einem See entschieden wird, der mehr als sechzig Morgen Landes in sich begreift, und das Meer von Estambruges heißt.

Um ihn recht vortheilhaft erscheinen zu lassen, habe ich ihn mit mehr als sechzig Gruppen oder Klumps von Gebüsch umgeben, welche dieser ganzen Heide, die nur mit hohen Bäumen bepflanzt ist, das Ansehen eines Gartens geben. Und damit alles dieß noch lieblicher werde und sich besser mit einander verbinde, habe ich fünf Inseln mit niedrigem Gesträuch anbringen lassen, damit die Aussicht nicht unterbrochen werde.

Liebhaber von Louterbourgs Gemälden können auch ein Hallaly in den Weihern einer alten Papiermühle wünschen, wo herrliche Pflanzungen und hohe Bäume, Hügel und vollkommene Contraste von Fernen, Nähen, Anmuth und Dürre, Rasen, Wasser und Bauerhütten die schönste Landschaft ausmachen, die ich je gesehen habe.

Eine

Eine halbe Stunde von da, gegen Morgen, mitten in Holzungen, wovon jedoch ein Theil eine der schönsten Aussichten von der Welt zu genießen gestattet, die ein förmliches Amphitheater von Städten, Klöstern, Schlössern, Dörfern und Brennereien darbietet, findet man ein Schloß, das seit siebenhundert Jahren bekannt ist, und Baudour heißt, vormals aber Bois d'ours (Bärenwald) hieß, weil es viel Bäre da gab. Ich habe ihm inwendig sein altväterisches und ehrwürdiges Ansehen gelassen, das halb nach Jagdlust, halb nach Ritterschaft schmeckt; so wie die großen Camine, an welchen meine Väter, wenn sie von Bekämpfung eines Ebers oder eines bundbrüchigen Ritters heimkehrten, sich mit ihrer ganzen Familie wärmten. Auch einen Saal mit außerordentlichen Hirschgeweihen habe ich gelassen; imgleichen einen andern ungeheuern Saal, der mit Maulthierdecken und Sammet meublirt ist, worin man noch einige Spuren von Gold und Silber wahrnimmt, und drei alte Kanape's, auf welchen sich meine Großmütter ganz sicherlich einander ihre Hexen- und Gespenstergeschichten erzählt haben. Die Mauerzinnen habe ich abtragen und die Graben aus-

 fül-

füllen lassen, ausgenommen auf der Mittagsseite, wo ich Weinstöcke gepflanzt habe. Um der Faßade Regelmäßigkeit zu geben, mußte ich mich freilich nach den vorspringenden Ecken zur Linken richten; was ich zur Rechten gebaut, ist eben so: das Ganze stellt Hannibals erste Schlachtordnung bei Cannä dar. Das Dach ist platt. Die Verzierungen bestehen in mancherlei Jagd-Trophäen, und in Trophäen des Ruhms, der Liebe und der Weinlese. Alles das ist in Fresco gemalt; eine andere Seite ist grün angestrichen, so wie die beiden Pavillons am Eingange, die Geländer, die chinesischen Laternen und die Rampen, welche den Hof umgeben. Der innere Hof ist im chinesischen Geschmack, auf der einen Seite, nach Porcellanart, blau und weiß, auf der andern Seite in nachgeahmtem ägyptischen Marmor. Er ist zugleich Garten und Vogelhaus. Ein Porticus von Gitterwerk giebt der andern Faßade ein einförmiges Ansehen. Man findet Säulen, die rosenfarb, und andere die gelb angestrichen sind. Noch harlekinmäßiger ist die Treppe. Das Dach von den Stallgebäuden ist eine wahre Pallette von Farben. Uebrigens enthält dieses Haus, dem ich jeden Ton von

An-

Anmaßung habe benehmen wollen, viel Wunderliches, Uebertriebenes und sogar Thörichtes; für den wahren Zweck desselben, der immer die Jagd bleibt, hat es aber gewiß sehr viel Annehmlichkeiten, denn die Hirsche, Eber und Wölfe kommen bis unter die Fenster dieses lustigen und sonderbaren Hauses.

Auf die Mauer verschiedener kleiner Bauten habe ich alle Schlösser meiner übrigen Ländereien malen lassen. Zwei davon sind in sehr gutem Zustande, und sechs liegen in Ruinen. Mit Vergnügen denkt man in dieser friedlichen und ländlichen Wohnung an die Unruhen unserer Vorfahren, die sich in den ihrigen einander so schlecht anzugreifen und so übel zu vertheidigen wußten. Man segnet, wenn man diese mörderischen Thürme, diese Schießscharten und diese Ueberbleibsel von Wällen sieht, die Resultate der weisen Politik einiger Könige und einiger großen Staatsmänner, die man keineswegs, wie man geglaubt, der Philosophie zu danken hat. Auch findet man auf meinen Mauern nicht mehr jene pomphaften und phantastischen Wahlsprüche, sondern eine gutgewählte Musik mit bekanntem leicht abzusingendem Text über das Glück des Landlebens.

Durchaus findet man darin schöne Verzierungen von treflichem Schnitzwerk in Eichenholz, so wie von Gemälden, die einige alte Herren von Baudour, die von ihnen gebändigten Ungeheuer ihrer Forste und den Jagdruhm dieser guten Leute zu Gegenständen haben. Ich dulde des letztern Daseyn, weil er minder schrecklich ist, als das, was an ihren Ruhm im Kriege erinnert.

Ich will eine Reihe von Gebäuden, ebenfalls ohne Dach und ohne Stockwerk bauen lassen, welche die Schuppen und die Meierei mit dem Wirthshause, das am Eingange des Waldes steht, in Verbindung bringen sollen. Diese werden für meine kleinen Bauerknaben und Bauermädchen zu einem einfachen und dorfmäßigen Erziehungs- und Arbeitshause dienen. Dieß giebt zugleich auf eine halbe Viertelstunde weit einen bedeckten Gang, mittelst dessen man sogleich in die Schatten der Waldung gelangen kann. Klei-

ne

ne Corridors werden, von dem äußersten Ende des Schlosses bis dahin, durch die Gallerie der Schuppen und der Stallgebäude hindurch, die Gemeinschaft unterhalten.

Einige hundert Schritte gegen Abend steht, ohne die Aussicht zu hindern, die man von dem Thore des Schlosses aus entdeckt, ein Thurm, der so aussieht als wenn er eben so alt wäre als die Welt selbst. Ich habe ihn in einem lächerlichen, gothischen und sonderbaren Geschmack bauen lassen. Es geht äußerlich eine Treppe um denselben herum, die zu zwei chinesischen Belvederen führt, welche über einander angelegt sind, und einen herrlichen und majestätischen Anblick über den Wald, einige Quincunxe von hohen Bäumen und drei Dorfschaften hin, bis an den Horizont von Mons und Conde' gewähren.

Eine halbe Stunde weiter liegt die Wohnung eines Einsiedlers, den ich in einem Alter von hundert und drei Jahren habe sterben sehen, und dessen Gedächtniß ich habe feiern wollen. Sein Grab ist mit Rasen gedeckt,

deckt, ein großer Stein enthält seine Geschichte, und eine Capelle, die ich in einen kleinen Saal verwandelt habe, zeigt die Bäre und Adler, welche ehemals in diesen Waldungen hauseten, die man den Kohlenforst nannte, an der Wand gemalt. Uebrigens findet man daselbst einen alten Thurm; eine Eisgrube von außen, die es aber inwendig nur zum Scherz ist, weil sie einen kleinen Spiegelsaal formirt; eine ziemlich hohe Cascade, welche die Gewässer der breiten Graben in einen Bach entlediget, an dessen Krümmungen sich ein kleiner Weg hinschlängelt; zwei große Thore in Ruinen, die ganz so aussehen, als wenn sie Trümmer von einer alten Festung wären, und eine Aufziehbrücke von einfacher und ungewöhnlicher Mechanik. Alles dieß macht diese kleine Parthie umher sehr angenehm und interessant.

Gegen Norden ist die sogenannte rothe Quelle, die von dem rothen Sande, über welchen sie hinfließt, den Namen hat, und außerdem auch mineralisch ist. Bei einem anmuthigen Feste, im besten Geschmack, zu welchem ein artiger Einfall die Veranlassung

sung gab, und Frohsinn und Ueberraschung die Hand boten, stellte man, ohne daß ich etwas davon wußte, meine Büste auf einen Altar, der mit Blumengehängen geziert war. Was damals eine Sache des Augenblicks war, ist ein dauerhaftes Denkmal von Zierde geworden. Mehrere kleine Cascaden und ein schmaler, oft steiler Weg führen zur Fontaine-Ange zurück, wo sich auf einer antiken Säule die niedliche Büste der Gottheit befindet, welche Namen und Gestalt davon hatte. Dieser Platz ist bei großer Hitze eine sehr angenehme und vollkommene Freistätte, weil die Quelle, die beiden großen Steine, welche sie beinahe einschließen, und die Bänke mit uralten Bäumen überdeckt sind, durch welche die Strahlen der Sonne nicht hindurch zu dringen vermögen. Längs diesem Wege, der bis zum Schlosse geht, geben verschiedene Brücken, welche zu Bänken dienen, einige kleine Wasserfälle und das liebliche Rauschen des Bachs, mitten in diesem waldichten Dickicht, dem ganzen Walde einen einfachen und zierlichen Ton, so daß er weit eher ein englischer Garten genannt werden könnte, als alle diejenigen, welche man itzt täglich in

Frankreich und selbst in England mit großen Kosten anlegt.

Bis auf die Feierlichkeiten, unabhängig von der bei der Fontaine-Rouge, und bis auf die vorübergehenden Vergnügungen, hat man daselbst alles dauerhaft zu machen gesucht. Auch giebt es in dieser Gegend einen Tempel der Flora, der in dem kleinen Teiche, in welchen er mit Denksprüchen, Lampen und Blumengehängen hingestellt worden, und dessen Frischheit dieser lieblichen Göttin angemessen war, sich doppelt darstellt. Bouquets oder vielmehr Blüthenbäume überdeckten die artige Rotunde desselben, deren zwölf Säulen aus Rosen, Jesmin und Geißblatt bestanden. Dieser Tempel ist noch anderer Verzierungen fähig, und kann nach Wunsch verwandelt werden. Man findet da auch noch andere Ueberbleibsel von wilden Lustbarkeiten, ein Berceau, ein Vestibül und einen Sallon von Bäumen in einer ziemlich wilden Parthie des Waldes. Statt der ehemaligen Bäre und heutigen Eber findet man kleine Mädchen darin, welche singen und arbeiten; und der Holzhauer und die Sammlerin des dürren

ren Holzes finden darin decorirte Quellen und überall Rasenbänke. Ich glaube, sie ruhen dabei aus; sicher aber ist, daß ich sie daselbst habe ihren Durst löschen sehen.

Die Thiere sogar, die Bewohner dieses Jagdgebietes, finden Wasserparthien, die blos dazu angelegt sind, daß sie daselbst wieder Kräfte sammlen können, oder nach langer Verfolgung selbige ganz verlieren müssen. Dergleichen wilde Bäder finden sich, in gleichen Entfernungen, in der Heide, in den Gebüschen und in den Quincunxen. Eines davon hat eine Einfassung von rohen Steinen, an der man eine Art von symmetrischer Unregelmäßigkeit wahrnimmt. Andere solche Einfassungen sind mit Moos überkleidet oder stellen Ruinen vor; und auf solche Weise habe ich überall abgewechselt. Dasjenige, was am Wege nach der Hütte liegt, von der ich eben reden werde, ist nach Art kleiner Inseln mit einigen starken Bäumen und etwas kleinem Gebüsch verziert.

Diese Hütte, die von da ohngefähr zwei Büchsenschüsse entfernt liegt, ist ziemlich seltsam. Sie ist mit Moos bedeckt und mit starken Bäumen umgeben, welche, ob sie gleich einen Theil ihres Baues ausmachen, dennoch Laub und Schatten hervorbringen. Jedes Fenster, deren es vier darin giebt, so wie die Thüre, stößt auf große ausgehauene Gänge, welche bis an dieselben hinreichen. Die Decoration ist in einem seltsamen rustiken Geschmack. Sie ist aus Kieselsteinen errichtet, und Niemand kann wahrnehmen, wie dieselben mit einander verbunden sind. Inwendig ist ein kleiner Spiegelsaal mit recht guten Einfassungen von Bildhauerarbeit und artigen nur wenig vorragenden Pilastern, so daß sich die Aussichten von allen Seiten darin spiegeln. Die Canape's, die wie Kasten gestaltet sind, dienen beim Frühstücken und sind an Jagdtagen sehr nützlich, weil hier oft ein Sammelplatz ist, oder wenn das auch nicht der Fall ist, die Jagd doch fast immer hier vorbei zieht.

Am Ende einer von diesen zwölf Sternalleen, auf der Heide, welche Monsineau heißt, die ganz mit Fichten und Tannen bepflanzt ist, befindet sich eine Erhöhung, auf welcher

welcher ich ein Jagd- und Jägerhaus in einem so rustiken Style gebauet habe, daß es davon das wilde Schloß genannt wird. Es ist rund. Pfeiler unterbrechen und tragen das Gebäude, welches aus rohen Steinen besteht. Die Aussicht davon ist außerordentlich mannichfaltig. Auf der einen Seite übersieht man eine schöne gut angebaute Fläche, welche von zwei Heerstraßen durchkreuzt wird, auf denen es immer von Reisenden wimmelt, und auf den übrigen Seiten eine unermeßliche Heide, die von flußartigen Canälen durchschnitten ist, welche dazu dienen, das Erdreich auszutrocknen, und mittelst des Wassers mit der Wüste, den großen Waldungen, die sie umgeben, und mehrern kleinen Hügeln, die ich habe aufwerfen lassen, einen angenehmen Contrast zu bilden. Letztere habe ich mit Bäumen, wie sie diesem undankbaren Boden zukommen, bepflanzen, und damit dieselben nicht vom Rothwild an ihrem Wachsthum gehindert werden, mit Canälen umziehen lassen. Besonders von dem wilden Schlosse nehmen sich alle diese Anlagen sehr malerisch aus. Die Heerden des Dorfs erhöhen diese angenehme Aussicht noch mehr. Man erblickt da einen Berghem, einen Claude de Lorrain und einen Salvator Rosa zugleich, und zuweilen auch wohl einen Wouwermanns.

Alles das heißt nur zu den Augen gesprochen. Laßt uns nun auch zur Seele reden. Der Mittel dazu sind nur zwei: Liebe und Ehre. Möchten die Inschriften der geweihten Plätzchen überall an die heiligen Worte von Tancreds Wahlspruch erinnern!

Verlasset die Hirsche, Eber und Wölfe. Verlasset ihre Bäder für die Bäder des Cäsars. Sie bestehen in einer Fontaine mit Cascaden, Säulen, einem Triumphbogen, einigen alten Gittern und sehr alten Steinen, die hier zusammengetragen worden. Da alle diese Spuren des Alters dem Platze ein zu ernsthaftes Ansehn gaben, so habe ich ihm durch erhöhete Rasensitze, die gut unterhalten werden, durch mancherlei Arten von Bänken, einen runden Tisch u. s. w. unter dichtbelaubten Bäumen ein jugendliches Ansehen zu geben gesucht.

Es hieße Cäsars Namen entweihen, wenn nicht jeder Schritt in meinen Ländereien an seine Tapferkeit und den Widerstand unserer Nation erinnerte. Nahe bei jener Quelle liegen in meinem Forste zwei Dörfer, Estambruges und Quevaucamp, deren eines von den Römern Stagnum bruti, und das andere Campus equorum genannt wurden. Vielleicht ist Cäsar selbst nach einem ihm sehr theuer gewordenen Triumphe hier gewesen; vielleicht hat er hier auf seinen Lorbeern geruht, und sich ganz seiner Galanterie mit den Schäferinnen seiner Zeit überlassen; denn er besaß deren so viel als Muth. Ich hänge diesem Gedanken um so leichter nach, da eine Viertelstunde davon ein Dorf liegt, welches Haute-Rage heißt, von einer sehr alten Schlacht her, wo die Verwundeten so erbittert auf einander waren, daß sie sich mit ihren verstümmelten und fast ganz zerstückten Gliedmaßen noch zu einander hinschleppten, um sich das bischen Leben vollends zu rauben, was ohnedieß bald verlöschen mußte. Auf Lateinisch hieß dieß alta rabies. Man könnte deren kaum zu viel haben. Die Seele erhebt sich bei der Erinnerung an diese schönen Züge der Geschichte und so großer Charakrakter, die vormals weit besser vorgetragen wurden als itzt.

Schön ists, die der Ruhe und Stille geweihten Schattengänge, so wie die den süßen Empfindungen glücklicher Liebe geheiligten Plätzchen zu verlassen und sich ganz dem Enthusiasmus des Muths zu ergeben. Wehe der unnatürlichen Philosophie, die eine weichliche Gleichgültigkeit einflößt, die Bemühung und Mittel, Bewunderung zu verdienen, dadurch unterdrückt, daß sie selbige denenjenigen verweigert, welche sie wirklich verdienen.

Die Einbildungskraft, diese anmuthige Pallette unsers Geistes, muß in ihm das sinnreiche Farben-Clavecin des Pater Castel darbieten. Möchten doch diese Farben lauter Nüancen der unaufhörlich in ihrer Frischheit erhaltenen Seele seyn. Möchten doch Thränen des Muths, die man dem Andenken einer schönen Handlung widmet, in Thränen der Wollust übergehen. Ihr Stutzer itziger Zeiten, ihr unempfindlichen Gecken, kalte Parodisten, armselige organisirte Wesen,

sen, analysirende und zerstörende Philosophomanen,*) ihr glaubt vielleicht, daß Thränen vermieden werden können, und lacht lieber. Ich lache weit mehr als ihr, weil ich diese glücklichen Thränen, von denen ich rede, vergießen kann; und das Lachen, das so sehr Mode geworden ist, von dem man immer auf eine so traurige Weise spricht, ist nichts als eine augenblickliche Verzuckung, die obendrein sehr oft erzwungen ist. Aber kennt ihr das Lachen der Seele? Kommt und sucht sie in meinen Inseln der Herzen, welche von zwei kleinen Bächen eingeschlossen sind, die aus den Bädern des Cäsars und aus der Quelle eines alten Schlosses entstehen, von dem man noch die Form und die befestigte Ringmauer sieht. Fußsteige längs an diesen Bächen hin, die eine Menge Wasserfälle bilden, führen einen angenehmen Weg zwischen den Dämmen mehrerer Teiche, zu diesen

*) Man hatte damals das Wort Philosophist noch nicht gemacht. Ich habe dieses geschaffen; und ich sah die Reihe von Uebeln, welche die Starkgeisterei in Religion, Sitten, Gesetzen, Rechten, Pflichten u. s. w. hervorbringen mußten, schon lange voraus.

sen sehr abwechselnden Inseln, die jedoch alle wie Herzen gestaltet, wohl bepflanzt und von einander abweichend sind. Man findet hier eilf sehr ungewöhnliche Brücken, eine Erhöhung und einen kleinen Tempel auf der Spitze, der mit Inschriften geziert ist; grosse Bäume, welche dieses ganze Erdstück mit dem übrigen Walde verbinden; einige Reihen weisser Gehölze, die eine silberartige Einfassung machen, einen Obelisk über dem Brunnen des alten Schlosses; einen halb verzierten, halb ländlichen Baldachin auf dem Platze eines alten Thurms, welches zusammen, in meinen Augen, den angenehmsten Theil meiner ländlichen Gärten ausmacht.

Es würde ins Kleinliche fallen, von zu unbedeutenden Verzierungen Rechenschaft zu geben, dergleichen im Walde überall ohne viele Kunst angebracht sind. Diejenige, so ich zu einer sprudelnden Quelle bestimme, gehört nicht unter diese Anzahl; sie wird vielmehr unter die wichtigsten gehören. In einer Baumparthie soll Hippokrates eine Statue, an einem andern Orte Aeskulap einen Tempel erhalten; es soll alle mögliche Charlatanerie, durch Schriften und falsche Wunder einiger ihrer Priester vermehrt, dabei in Betrachtung gekommen. Die weniger Unwissenden werden vielleicht meinen benachbarten Dörfern Berühmtheit und viel Vortheil verschaffen.

Eine Art von Tyrann unter meinen Vorfahren soll darin auch ein Plätzchen erhalten. Man nannte ihn nur den großen Teufel. Seine Rüstung kündiget eine unglaubliche Stärke an, von welcher mich sein Serail noch mehr überzeugt. In einem Wäldchen von herrlichen Eichen sieht man noch Ueberbleibsel davon. Sie haben mir die Materialien zu der Pyramide verschafft, die ich daselbst habe errichten lassen. Ich habe einige Trophäen seines Ruhms und seines Vergnügens dabei angebracht, aber nicht seiner Galanterie; denn da er wahrscheinlich zur Verführung nicht sehr gemacht war, so entführte er die Töchter und Weiber seiner Vasallen. Ein Stein mit Charakteren soll der Nachkommenschaft einige von den großen Thaten seiner Tapferkeit, seines Temperaments und selbst seiner Empörung überliefern. Er trieb

den Geist derselben so weit, daß er den Wolfs-
orden errichtete, um, wie er sagte, das
Schaaf zu verschlingen, womit er auf den
Orden des goldenen Vließes anspielte, den
der Kaiser seinem Bruder, welcher wahr-
scheinlich von feinerm Betragen war, gege-
ben, ihm hingegen verweigert hatte.

Die Geographie, deren Gang der flachen
Geometrie gleicht, erweckt nur Frost. Man
verzeihe mir die Abschweifungen, welche mich
davon entfernen: ich kann denen, die mich
aufrichten, oder die mich trösten, nicht wi-
derstehen. Es giebt angenehme Bekümmer-
nisse, in welchen man dieses letzten Hülfs-
mittels bedarf. Die kleine Bewegung der
Bäche, die einer zu stillen Ruhe vorzuziehen
ist, zieht mich zum Hauptsitz meiner Gedan-
ken hin. Nach meinem Baudour kehre ich
zurück, um dieselben zu finden. Es liegt
sehr nahe an meiner Wohnung; quer durch
meine Pflanzungen und Blumen, die ohne
Pflege wachsen und die umliegende Gegend
mit Wohlgeruch erfüllen, sammlen sich alle
Gewässer der obern Theile meines Forstes in
eine

eine Tränke, welche die wilden Thiere den häuslichen streitig machen.

Nicht weit davon ist ein kleiner Felsen von Muschelwerk, von welchem sich der Abfluß aus diesem kleinen Teiche über Kiesel hinabstürzt, die nur Widerstand leisten, um den Lauf des Wassers interessanter zu machen. Dieser wird von acht oder zehen kleinen Cascaden unterbrochen. Am Ende dieser Pflanzungen, die gegen Abend an meinen Forst stoßen, sind, so wie gegen Mitternacht, vier Brücken vorhanden. Unter einer Bank, die zur Brücke dient, ergießt sich der Bach in verschiedenen Fällen, und bildet alsdann in der Mitte eines Felsen, wo wilde Rosen wachsen, eine kleine Tränke. Hier verkündigen mir Abends die Heerden des Dorfs, Tityrus und Meliböus hätten wohl gewußt, daß, wenn die Dämmerung auf die Strohhütten niedersteige, es Zeit sei, sich, so wie die Sonne, zur Ruhe zu begeben.

Der Bach läuft von da weiter, um verschiedene Wendungen zu machen, und eine kleine Insel zu bilden, auf welcher es Blumen, Gehölze und Felder giebt, und verschwindet alsdann ganz. Kleine Wege mit natürlichen Rändern (plate-bandes) eingefaßt, trösten mich über seinen Verlust, und führen mich in ein Rasenstück gegen Mittag zu Rasenbänken zurück, von welchen ich ein vortrefliches Amphitheater und die Abtei St. Ghilain entdeckte, die sich, so wie das alte zerstörte Schloß von Boussü, überall zu ihrem Vortheil zeigt.

Ein wenig weiter, auf einer kleinen Erhöhung, die mit jenem Kloster und gegen Morgen mit dem Schlosse von Mons und zwei andern im Walde im rechten Winkel liegt, steht ein marmorner Tisch mit natürlichen Laubgewölben umgeben, die, Gott sei Dank! weder durch Gewalt, noch durch List versperrt sind. Von da gelangt man in die Tannenallee, die mitten vom Hintertheile des Schlosses anhebt und zu einem alten Thore führt, durch welches man in ein Gehäge kömmt, in welchem kleine ohne Plan gemachte Wege, in diesem für das kleine Wild vortreflichen Behälter, welches sich hier mit

dem

dem großen Wild bis unter meiner eben so wilden Wohnung herumtreibt, eine Art von Labyrinth bilden.

Die Umzäunung dieser geschlossenen Parthie geht alsdann weiter fort und umzieht gegen das freie Land zu alle meine Pflanzungen, bis sie sich mit den Quincunxen verbinden. Eines derselben beim Eingang in den Wald, am Wege nach Beloeil, ist vortreflich. Nicht weit davon findet man zur Rechten steinerne Bänke und zur Linken eine erhabene Fläche, welche von Gebüschen beschattet wird, die auf kleinen bedeckten Wegen, welche alle Spaziergänge mit einander verbinden, zum Schlosse führen. Unten an diesem erhöhten Platze und in den benachbarten Vertiefungen am Hause stehen Weinstöcke, die sich mit dem türkischen Waizen, welcher da wächst, sehr angenehm machen, und sowohl ein kleines Feld als einen kleinen Gemüsgarten bilden. Auf diese Weise habe ich der ganzen Natur Nutzbarkeit, Genuß, Mannichfaltigkeit und Vergnügen abzulocken gesucht; und eine Seele, die allen Genüssen offen ist, verschmähet keinen von denen, die sie

sie hat. Beneidet sie nun diejenigen nicht, welche ihr nicht zu Theil werden, so kann sie sich hier der Liebe, der Freundschaft, der Befleißigung ihrer Pflichten, dem schönen Schauspiel der Schöpfung, dem Wohl der Menschheit und der alles bezaubernden Dichtkunst überlassen.

Anmerkung des Verfassers.

Aus obiger Darstellung dessen, was mir zugehört, erhellet die Moral, daß es besser ist, die Natur aufzusuchen, als sich eine zu machen. Ein Schriftsteller im Fach der schönen Gartenkunst, ein Maler, ein Architekt, ein Angloman würde mir ganz Beloeil umgekehrt haben, um große Wirkungen an Bergen, Thälern, Aussichten, Seen und Rasenparthien, die ich rings umher natürlich habe, darin hervorzubringen. Und hieraus folgt auch noch diese Lehre, daß man, statt einer schwachen Nachahmung solcher Schönheiten, die mich eine Million gekostet hätte, nur dasjenige benutzen müsse, was man wirklich hat, es sei nun von kostspieligen und zierlichen

lichen Anlagen für einen besondern Theil des Gartens, oder von malerischen Anlagen für einen großen Bezirk die Rede. Es ist gut, wenn man beide Gattungen mit einander vereiniget. Auf diese Weise habe ich vor dem Abbe' de Lille Gnade gefunden, der mich durch folgenden Vers unsterblich gemacht hat:

Beloeil tout à la fois magnifique et champêtre.

Einsiedeleien kann ich nicht leiden. Sie sind zu alltäglich, zu abgedroschen und immer einander ähnlich. Oft besitzt man kaum zwei Morgen Landes, und man baut eine Einsiedelei hinein, die man alsdann gar fein für einen geheimnißvollen Aufenthalt ausgiebt, wo der Besitzer von der Pracht ausruht, die er nicht hat. Die Einsiedelei von Baudour ist es wirklich, und würde es noch seyn, wenn der Einsiedler, welcher der Nachfolger des Heiligen war, von dem ich schon geredet habe, sich nicht in der Capelle aufgehangen hätte. Seit dieser Zeit hat sie freilich aufgehört eine zu seyn, aber sie ist ein vortrefliches Obdach für Spaziergänger geworden; denn sie liegt, wie alle übrige Theile, die ich beschrieben habe, eine halbe Stunde vom Schloß in einer von den wildesten Gegenden der Waldung. Man wird bemerken, daß vom Schlosse Beloeil an, über drei Jagdhäuser und das Schloß Baudour hin, bis an die Hütte, von der ich geredet, die mit alten Spiegeln und Basreliefs ausstaffirt ist, also in einem Bezirk von drei Stunden umher, alles Garten ist; so daß die sternförmigen und übrigen grossen Waldparthien mit zu dem französischen Garten zu gehören scheinen, gleichwie die großen Teiche, die Berge und die Heiden, die unregelmäßig bepflanzt sind, das Ansehen haben, als wenn sie zum Naturgarten gehörten. So umschifft man auch zum Beispiel auf meinem Flusse, in Zeit von zwei Stunden, von der Ruine mit der Cascade an, durch die natürlichen Schattenwölbungen der Fasanerie und des Parks, den man zur Rechten findet, einen Gemeindeplatz von mehr als hundert Morgen Landes, auf welchem die Heerden mehrerer Dörfer den grünsten und dichtesten Rasen unterhalten. Ich gedenke in der Mitte, unweit eines daselbst befindlichen Teichs, einen offenen Schuppen mit achtzehn ländlichen Säulen, die ein Strohdach tragen, zu erbauen, welcher den Heerden und ihren Aufsehern bei Gewittern zum Schutzort dienen soll.

Ueberblick auf die schönsten Gegenden und Naturgärten.

Mein unzusammenhängender und ungleicher Stil stimmt mich nothwendiger Weise zu einer Vorliebe für den freien Naturgeschmack. Schriftstellern, deren Stil nach der Schnure gezogen, steht es an, den französischen Geschmack zu erheben. Ich will meinen Gärtenbeschreibungen einige Grundregeln, Zweifel und Bemerkungen voranschicken, oder auch dergleichen hie und da einmischen.

Meiner Meinung nach soll man nicht pflanzen, sondern verpflanzen, und mit der Axt in der Hand und einer Leiter auf der Schulter in eine Waldung treten. Man verweile da, wo man die ältesten Eichen und reich-

reichhaltige Quellen findet, deren klares Gewässer bald tosend, bald ruhig, bald breit wie ein Fluß, bald schmal und rieselnd wie ein Bach ist, majestätisch, wenn man es aufhält, und drohend, wenn man ihm Hindernisse in den Weg setzt. Mit Hülfe der Leiter suche man Berge, wenn es deren giebt, Abgründe oder lachende Thäler zu entdecken, wo das Auge auf den grünenden Wiesen ausruhen kann. Mit dem Beile mache man sich dann Oeffnungen auf eine Stadt, eine Mühle, eine Kirche, einen Thurm, einen Strom und auf reizende buschige Parthien zu, unter welchen sich ein schöner Rasen hin zieht. Die Axt schlage dann vollends hinweg, wo das Wohngebäude errichtet werden soll, und dieses passe schicklich zum Ganzen; und damit man artiger Umrisse der Wege, Rasenplätze, Blumengefilde, Brücken, Gebäude und düsterer oder heiterer Scenen völlig gewiß sei, entwerfe man nun mit dem Bleistift alle einfache und wenig bestimmte Formen.

Hierauf frage man den Eigenthümer: Von was für Gemüthsart seid ihr? von wel-

welchem Alter? von welchem Gewerbe? und wie viel Einkünfte habt ihr?*)

Nach diesen vier Fragen würde ich zu dem regierenden Herrn, für den ich arbeitete, sagen: Trauen Sie denen nicht, die Ihnen nur etwas Artiges geben wollen; Sie müssen Pracht zeigen. Der Geschmack ist oft ein Kind der Armuth, und Annehmlichkeiten sind oft eine Zuflucht dererjenigen, welchen es an erhabenen Gedanken mangelt.

Ein regierender Herr braucht eine Residenz, ein Mann von großem Rang, wenn er sehr reich ist, einen Pallast, und wenn er das nicht ist, ein Schloß; ein Staatsmann ein Lustgebäude, (maison de plaisance,) ein reicher Edelmann ein Landhaus, (maison de campagne,) einer, der nicht reich ist, ein Jagdhaus, und alle übrige ein Wirthschaftsgebäude, ein Weinbergshaus, ein Bauerhaus, eine Strohhütte in einem Winkel ihres

*) Hätte ich, im Vorbeigehen gesagt, geschickte Arbeiter, die meine Ideen ausführen könnten, so wollte ich für alle Stände kleine Modelle von Gärten in erhabener Arbeit machen, für Leute von 6000 bis 600000 Franken Einkünften.

res Bezirks, wenn sie die Reize des Landlebens wirklich genießen wollen.

Nach der Wichtigkeit dieser Wohnsitze muß man nun den Umfang des Rasenplatzes einrichten, worauf sie sollen zu stehen kommen.

Die Residenz wird Reihen von Säulen und eine bleierne mit Gärten bedeckte Terrasse statt des Dachs erhalten.

Der Pallast braucht nur in der Mitte und auf beiden Flügeln Säulen zu haben, und kann ein italienisches Dach bekommen.

Die Wirthschaftsgebäude, Stallungen, Wagenplätze, können bei beiden Gattungen ins Gehölze versteckt werden, wo die dächerlosen Gebäude zu den Bäumen, dem Rasen und dem Teiche, der dabei seyn muß, sich recht gut machen.

Bei diesen beiden Arten von Gebäuden wünsche ich bloß ein Rez-de-chaussee und eine

Atti-

Attike drüber. Diese Einrichtung ist angenehmer und prangender; sie reizt mehr zum Spaziergehen, denn sie gestattet das Verlangen darnach leichter ins Werk zu setzen.

Die Residenz und der Pallast müssen von großen und schönen Quadersteinen seyn, und bedürfen keines Anstrichs. Sie werden schon von der Zeit einen Ton erhalten, der immer schicklicher werden wird.

Das Schloß soll vier Thürme haben, und damit es vollkommen als Schloß erscheine, mit allen übrigen dazu gehörigen Gebäuden verbunden, und dennoch, wenn man will, durch einige Zugbrücken davon abgesondert seyn. Ihm kommen zwei Stockwerke und ein Schieferdach zu. Es sei nun von gewöhnlichen Mauer- oder Ziegelsteinen gebaut, so muß es, wenn die Lage umher ein wenig wild behandelt ist, einen dunkeln Anstrich erhalten, welcher das Merkmal eines künstlichen Alters ist. Wäre aber die Gegend umher auf eine etwas prächtige Weise behandelt, so müßte es mit Mauerkalk überzogen

zogen werden, der den Quaderstein nachahmt, und einen Cordon erhalten, und die Einfassungen an Thüren und Fenstern müßten einen Anstrich bekommen, der die breiten bläulichen Steine nachahmt, so wie die Höfe, die hervorspringenden Pavillons der Stallgebäude und die Wagenschuppen zu Beloeil.

Das Lustgebäude (maison de plaisance) kann ein oder zwei Stockwerke haben, und das Dach kann durch eine Balustrade verborgen werden. Es erfordert bloß eine große Nettigkeit und keine Pracht. Es braucht keine Säulen, aber Basreliefs in länglichem Viereck, und Vertiefungen, um Büsten hineinzustellen. Thüre und Fenster müssen in antikem Geschmack seyn und oben einen gebrochenen Sparren haben; höchstens können einige Pfeiler Statt finden. Der Anstrich muß in einerlei blaßgelb oder in lichtem Grau bestehen.

Das Landhaus (maison de campagne) könnte mit sanfter Ziegelfarbe angestrichen, und diese mit Weiß unterbrochen werden, so

wie

wie gemauerte Ziegel aussehen; den Einfassungen der Winkel, Thüren und Fenster aber könnte man die graue Steinfarbe geben. Diese beiden Schattirungen spielen so gut, daß sie alle andere Verzierung unnöthig machen. Man gebe ihm ein gebrochenes Schieferdach, und, wenn man will, einen Balcon über der Thüre. Goldene Knöpfe über den Dachfenstern, und oben mitten auf dem Dach ein kleiner Thurm mit einer schönen goldenen Wetterfahne und einer Sonnenuhr, mögen die übrigen Verzierungen seyn.

Das Jagdhaus muß, damit es von den Gehölzen, womit es umgeben ist, absticht, und von den Jägern von weitem gesehen werden kann, sehr weiß angestrichen seyn, grüne Jalousien erhalten, und ein recht rothes Ziegeldach haben, das jedoch nicht hoch seyn darf.

Das Wirthschaftsgebäude (maison des champs,) das heißt, die Meierei, kann in der Mitte des Corps de Logis recht gut einen kleinen Pavillon haben, der selbst über

dieses

dieses emporragt. Alles kann von Ziegelstein ohne weitern Anstrich seyn, und die Einfassungen um Thüren und Fenster von schwärzlich rohem Stein; zwischen den einen und andern können auch Entablemens vom nämlichen Steine Statt finden. Die Dächer mache man sehr hoch, und decke sie theils mit Ziegeln, theils mit Schiefer, theils mit Stroh, welches einen angenehmen Anblick verursacht. Alles das läßt sich in einem halben Zirkel bauen; der Hof kann aus Rasen bestehen, und in der Mitte desselben kann ein kleiner Fischteich seyn, mit schönen Bäumen umgeben.

Das Weinbergshaus kann von Holz seyn, einen muntern Anstrich und ein grünes Dach haben.

Das Bauerhaus mag von gelblicher Erde gebauet und mit Stroh bedeckt seyn.

Die Hütte aus Erde mit Wurzeln vermischt und mit Moos bedeckt.

Die chinesischen Häuser schmecken nach den Boulevards und den Jahrmarktsspielen.

Die

Die gothischen Häuser werden auch zu gemein; und darin sind die Engländer stark. Ich bin sehr dafür, daß man mit Hülfe von Mauerzinnen, oder Mauern, oder zackichten Thürmen ein altes Schloß, falls es nöthig ist, wieder aufpuße und es auf eine solche Weise behandle, um ihm wegen seines beräucherten Ansehens einen bestimmten Ton zu geben. Denn ich benuße lieber alte Gebäude, als daß ich sie zerstöre. Aber warum giebt man sich die Mühe, andern weiß zu machen, daß ein Schloß eine Kirche sei, dergleichen es überall giebt, und die in einem Garten kein heitreres Ansehen hat als auf einem Kirchhofe? Ueberdieß kann man ja das Zackichte, Ungezwungene, Kühne und Prachtvolle dieses Geschmacks nicht einmal mehr machen.

Die Moldauischen Häuser, die man nirgends kennt, verdienen der Welt bekannter zu werden. Man kann ihnen einen Platz unter den Schlössern anweisen. Ihre Einrichtung ist folgende: Ein Salon von 40 bis 50 Klaftern lang geht durch das ganze Gebäude, dessen sämmtliche Zimmer auf beiden Seiten Fenster haben, welche in denselben hineingehen. Seine beiden Enden sind gerundet, ganz mit Spiegeln geziert, mit grossen Polstersitzen oder Divans versehen, und durch zwei Reihen von sechs Säulen gestützt. Um zu diesem Salon, der das erste Stockwerk ausmacht, hinaufzusteigen, sind auf beiden entgegengesetzten Ansichten zwei eben solche vorspringende Parthien angebaut, mit dem Unterschiede, daß der untere Theil das Treppenhaus und eine ähnliche Colonnade trägt, wie diejenige ist, von der ich schon geredet habe, welche nämlich die beiden Rundungen des Thals unterstützt. Die vier vorstehenden Theile des Gebäudes, welche, wie die Moscheen, eine Kuppel zum Dach haben, sehen ungemein reizend aus, und geben unten im Erdgeschoß zu zwei offenen Salons Gelegenheit, und oben zu zwei andern, um zu jeder Tages- und Jahreszeit frische Luft schöpfen zu können.

Um endlich einmal diese Abhandlung von Gebäuden zu beschließen, so verwerfe ich nur noch alle diejenigen, welche eine bürgerliche Faßade haben, ohne irgend eine Bewegung im Dach oder im Bau, ohne Mitte, ohne Vor=

Vorsprung auf den Flügeln oder im Anstrich, kurz, alle die von gemeinem Schlage sind; hingegen empfehle ich nochmals das Schöne oder Einfache, das Prächtige oder das Artige, jederzeit aber das Anständige, das Hervorstechende und Eigenthümliche.

Dieß haben alle Nationen an den Grenzen Europens, die von Holz bauen. Diese Bauart ist leichter, einfacher, reinlicher, bequemer zu verzieren, weniger kostspielig, gesünder, und gestattet, daß man neue Gebäude gleich bewohnen kann. Um sich darin besser vor Wärme und Kälte zu verwahren, füttert man sie mit Holz aus. Man stellt sie dann hin, wo man will; und daher giebt man ihnen nur ein Erdgeschoß, welches allemal angenehmer und besser aussieht, als wenn ein Stockwerk über das andere gethürmt ist.

Aber setzen wir einmal alle bekannte Entwürfe von Gebäuden, sie mögen nun mehr oder weniger gewöhnlich seyn, bei Seite! Warum sollen nicht in dem ganzen Umfange eines Parks Wohnungen Statt finden, wie sie dem Geschmack eines Jeden angemessen sind? In der Mitte könnte ein der Freundschaft gewidmeter Tempel zum Vereinigungspunkte dienen. Nicht weit davon wäre vielleicht ein Salon, der dem Comus gewidmet wäre, und hier könnte man nach Belieben zusammenkommen oder nicht zusammenkommen.

Dieß hieße dann auf dem Lande leben und des Landlebens genießen. Wie glücklich, wenn man so von einer dieser Wohnungen zu der andern gehen könnte, und wenn einem mitten unter dichtem Gehölze, welches den Gang sehr geheimnißvoll machen würde, nur die Liebe leuchtete. Meine dichten Bäume würden Haut, Frischheit der Farbe und guten Ruf überschatten. Andere, die nicht so viel Schonung anzuwenden brauchten, (denn nach einiger Zeit kennt sich alles und weiß sich in den Ton zu schicken,) würden auf wohlriechenden, mit kleinen Hecken von Geißblatt eingefaßten Fußsteigen, die sie an Verirrungen verhinderten, von einem Pavillon zum andern geführt werden. Wie unglücklich, wenn durch ein ähnliches Versehen die Geheimnisse einer andern Wohnung aufgedeckt würden! Eheleute, die sich lieben, sollten einen Pavillon für sich allein haben. Wahrscheinlich würde er aber am wenigsten besucht werden. Sie sollten einen recht wollüstigen Garten mit vielen Abwechslungen erhalten, denn ich glaube, es würde nicht übel seyn, wenn man sie zu belustigen suchte. Diejenigen, die weder zu heirathen, noch zu lieben wissen, sollten in der Nähe ihrer Gesellschaft seyn. Einige grüne Sallons und einige Baummassen ausgenommen, die verschlossen und mit einer Hecke umgeben wären, an denen etwa Neugierige hängen blieben, wenn sie sich von ohngefähr in diesem köstlichen Aufenthalte befänden, sollte alles übrige offen seyn, wie die Haupt-Promenade. Es dürfte keine festgesetzte Stunde, keine von jenen helltönenden Glocken Statt finden, welche die Mönche ins Refectorium rufen. Man möchte essen und schlafen gehen, wenn man wollte. Auch gäbe es keine Commerzspiele, welche alle Geselligkeit und Unterhaltung zernichten. Hazardspiele vollends stören nur die Ruhe, welche das Landleben einflößen soll; außerdem würde ich sie den übrigen vorziehen, weil sie nicht so lange dauern, und weil ich lieber mag, daß einer sein Geld ver-

 liere,

liere, als seine Zeit, von welcher jede Minute kostbar ist.

Die Weiber würden da nicht vier bis fünf Tolletten machen. Auch würden sie nicht immer beisammen seyn; denn sie möchten sich sonst leichter entzweien. Die Galanterie, oder die Philosophie, oder auch bloß die ungebundene Lebensart, würde diesem ländlichen Aufenthalte Leute genug zuführen. Die städtischen Taugenichtse würden ihre Nichtsnützigkeit bald darin einführen. Was sollten aber diejenigen beginnen, die weder zu lesen, noch zu plaudern wüßten? Etwa Projecte zu Verschönerung dieser Wohnungen machen. Die Weiber werden sich mit der ihrigen beschäftigen. Die Männer mögen zeichnen. Jedermann würde zu den Vergnügungen des Landlebens beitragen. Bald gäbe es ländliche Feste, bald gesellschaftliche Spiele, bald Leibesübungen, bald Tänze, bald Gelegenheiten Preise zu verdienen. Es würden Rosenfeste veranstaltet werden, und indem der Reichthum der Tugend unter die Arme griff, so würde man Juliens, Bastiens, Alains, Colins und Colas sehen, die weit liebenswürdiger

ger wären, als wie sie in unsern komischen Opern vorkommen.

Nun noch etwas über das Innere desselben. Alle diese Bemerkungen über den äussern Anstrich und über das, was inwendig zu den Hausgeräthen und Verzierungen gehört, wird den Schriftstellern über die schöne Gartenkunst, die ich kenne, kleinlich und geringfügig scheinen. Sie machen lieber die Metaphysiker, die Philosophen und Dichter, als die Mäurer und Tapezierer. Ich ziehe die Sachen den Worten vor, und minder harmonische aber nützliche Worte dem weitschweifigen, wiedergekäueten und gesuchten Schwall dieser Herren, die, weil sie nichts beim rechten Namen nennen, die Sprache verdorben haben, und von der Frischheit einer Arie und der Harmonie eines Strauses reden. Es ist genug, daß ich mich zu dem Worte Fabrique (Gebäude) habe verleiten lassen, womit man die Idee des Namens nicht mehr verbindet. Es ist um so schlechter gewählt, als es sehr passend seyn würde, wenn es, um seinen Park zu bevölkern, eine wirkliche Fabrik darin gäbe, in welcher es eine Freude seyn müßte, fünfhundert junge Leute von beiderlei Geschlecht in den Ruhestunden auf dem Rasen mit einander scherzen oder schlafen zu sehen.

Residenzen erfordern Spiegelsäle bis ten, zwischen Halbsäulen oder schön gearbeiteten und vergoldeten Pfeilern; Marmorsäle, Säulen von Stuck, wie der antike grüne Marmor, Gemälde von großen Meistern, sehr schöne Tapeten, hetrurische Bäder, ganz vergoldete Cabinetter mit angenehmen und wollüstigen Gemälden, andere mit Arabesken, mit Meubeln für Sommer und Winter, mit Sammet, Peking, chinesischen Taffet u. s. w.

Paläste können das alles eben so gut haben, nur mit weniger Vergoldung, und brauchen nur Zierlichkeit an die Stelle der Pracht zu setzen. Aber diese Zierlichkeit kömmt immer theuer genug zu stehen. Es gehören dazu Stickereien von Wien oder Lyon, Tapeten mit Blumenkörben, viele Spiegel, Vestibüle von Quadersteinen, mit Säulen und vor-

vortreflichen Basreliefs; und so muß auch alles einzelne überhaupt vom ausgesuchtesten Geschmack seyn.

Schlösser können sich Alköven nebst erhabenen Fußböden oder Austritten und andern dergleichen alten Plunder, der noch von unsern Vorfahren herstammt, getäfelte, mit Schnitzwerk gezierte, gemalte und lackirte Zimmer erlauben. Sind die Gärten beträchtlich, so kann auch etwas Vergoldung und ein recht schönes Cabinet gestattet werden, nur darf die Verzierung desselben nicht über die Maaßen gesucht seyn.

Lustgebäude (maisons de plaisance) müssen dem Geschmack des Augenblicks folgen, und artige Fresco-Gemälde, wie auch Säle mit Colonnaden in diesem Geschmack, Einfassungen und Füllungen von Rosen, sehr schöne indianische Zitze und Meubeln von Mahagoni und Acajou haben; kurz, es muß alles in schönem, einfachem, modernem und reizendem Geschmack seyn.

Dem Landhaus (maison de campagne) gebührt etwas getäfeltes, einige Sitze, und für die Cabinetter oder kleinen Gemächer zusammengesetzte oder zierliche Papiertapeten mit Rosengehängen und Einfassungen, hetrurischen Füllungen, Arabesken und Blumenkörbchen.

Für Jagdhäuser, Meiereien und Weinbergshäuser schicken sich artige und einfache Malereien in die Säle, und einfarbige Papiertapeten in die kleinen Zimmer.

Bauerhäuser und Hütten dürfen rothen und schwarzen Lack, Spiegel, Malereien unter Glas, kleine vergoldete Pfeiler, ja sogar, der Ueberraschung und des Contrastes wegen, einige Pracht aufweisen; und dieß kann nicht viel kosten, weil beide Arten von Gebäuden nie von großem Umfange sind.

Die chinesischen, gothischen und Moldauer Häuser, müssen, wenn man dergleichen hat, inwendig so behandelt werden, wie es die Landesart mit sich bringt, damit man sich

sich dahin versetzt glaube. Uebrigens muß alles darin bis auf die Gartenparthie, wo sie errichtet werden, dem Charakter derselben angemessen seyn.

Man wird finden, daß ich nur die Verzierungen von einfacher Form liebe, sie aber deswegen doch kostbar, reich und zierlich seyn dürfen; ich meyne nämlich runde oder viereckichte: denn ich verabscheuete schon die ungleichen und gekrümmten Verzierungen im Getäfele und Grottenwerk, so wie die kleinen Ziererereien von Guirlanden und lächerlichen Vasen, ehe uns noch die Engländer die schönen antiken Formen von ihren Reisen nach Griechenland mitgebracht hatten. Man kann daraus auch abnehmen, wie wenig ich für die schönen Tapeten mit Blumen, Laubwerk und andern Verzierungen bin, womit man einen Saal zu bereichern glaubt; ich verweise sie in die Garderoben, so wie die Kupferstiche unter Glas, aus denen ich mir auch nicht viel mache. Aber die Papiere, die ich empfohlen haben will, sind die Logen des Vaticans, der Farnesische Pallast, das Herculanum, Pompeji u. s. w.; diese bringe man unter Glas, so groß wie die Füllungen

sind,

sind, in die sie kommen sollen, und hänge sie in die Boudoirs und kleinen Gemächer.

Es ist Zeit, daß man das Hetrurische und Arabeske einmal ruhen läßt. Man muß sich ja in acht nehmen, daß man es nicht mißbraucht. Der moreske oder türkische Styl ist ebenfalls treflich zu gebrauchen. Wenn man es nicht wie Vorschriften, sondern als Beispiel ansehen will, so darf man nur in Absicht auf das Aeußere dieser Art Häuser, die Beschreibung nachsehen, die ich von dem Hause des Murza in meiner tartarischen Colonie zu Beloeil gemacht habe, und in Ansehung des Innern die Beschreibung von meinem türkischen Saal zu mon Refuge auf dem Leopoldsberge.

Um nun von allen diesen Arten von Gebäuden wieder auf die Gärten zurückzukommen, so rathe ich die Treppen zu vermeiden; es ist besser, man setzt sie gleich auf den Rasen hin. Das Gebäude mag nun mit einem Peristyl, welches für die edlere Gattung gehört, oder mit einer Wölbung, wie sie den Schlössern geziemt, oder mit einem vorsprin-

genden

genden Bau, ja sogar auch nur mit einem leinenen Vordach, wie etwa die übrigen Gattungen haben dürfen, versehen seyn: so kann man doch bedeckt in den Wagen steigen, und, vor der Sonne geschützt, frische Luft schöpfen.

Wenn man die Fortschritte der schönen Gartenkunst anschaulich machen wollte, so müßte man, glaube ich, die Geschichte derer, welche Gärten besitzen, drei Generationen rückwärts, voraus schicken. Wenn der Großvater, den sein Vater vielleicht zur Unzeit hatte reisen lassen, ihn nun endlich mitten in seiner Burg und in der Nachbarschaft einer Cisterne, (in die man einen großen Stein warf, um zu zeigen, wie tief sie sey,) in die Gruft seiner Väter zur Ruhe gebracht hatte, so legte er sogleich die Hand ans Werk, seine Thürmchen niederzureißen, und behielt etwa eines davon für seine Tauben und seine Wetterfahne bei. Die Trümmern einer Art von Bastion bepflanzte er mit Sallat, schmückte eine andere mit Vögeln und Pyramiden von Buchsbaum, die unter der Direction des Schloßcaplans standen, der im Lande für einen Mann von vielem Geschmack galt,

galt, und so glaubte er sich nun auf dem Lande, weil er den ehrwürdigen gothischen Ton an dem Wohngebäude seiner ehrlichen Ahnherren zerstört hatte. Aus dem Ritter wird nun ein Landjunker. Sein Sohn, der sich, aus Mangel an Vermögen, durch seine Werke nicht zum großen Herrn erheben kann, macht sich durch seinen Geschmack zum Bürger. Er baut ein regelmäßiges aber gemeines Haus, ebnet sein Erdreich, legt Gänge auf demselben an, die alle auf einen Punkt zusammen kommen, um zu zeigen, wie klein es ist; schließt sich in seine Hecken ein, legt ein ausgeschnittenes Parterre mit einem Bassin ohne Wasser an, und noch ein anderes, in welchem zur Bewunderung seiner Dörfler, wenn sie aus der Kirche kommen, das Wasser eine ganze halbe Stunde lang drei Fuß hoch springt. Man sieht wohl, sagen sie dann, daß unser Herr zu Versailles gewesen ist: er macht alles nach französischer Art. Man beerdiget ihn endlich in der modernen aber mittelmäßigen Kirche, welche die Stelle der edlen und schwarzen Capelle eingenommen hat, wo die Asche seines ehrlichen Vaters kaum zur Ruhe gekommen war; und sein Sohn läuft nach London.

Unser

Unser junger Herr, sagen die Bauern, wird nun alles nach englischem Fuß einrichten. Er kömmt wieder zurück, hat nicht das Herz, seine geraden Alleen niederzuhauen, zeichnet in dem Dickicht seiner Hecken den Weg eines Trunkenbolds hin, bringt statt des Parterre's, welches zwar von keinem sonderlichen Geschmack war, aber doch den Vorgrund seines Hauses ein wenig aufputzte, eine schlecht unterhaltene Wiese an, die er einen Rasenteppich nennt, und giebt sich alle Mühe, auf Kosten des Springwassers seines Herrn Vaters, ein Röhrlein davon in ein ellenbreites, ängstlich hin und her gezerrtes Bettchen zu leiten, welches er nun seinen Bach heißt, der wohl dreimal schneckenartig das Ding durchläuft, was er seinen englischen Garten nennt. — Gebenedeiet sei der gute Aeltervater! Ein dicker Nußbaum oder sein Gewölbe war vielleicht alles, was ihm Schatten gab; aber dafür entdeckte er von allen Seiten, auf sechs Stunden in die Runde, Freunde und Feinde, die auf seine Burg zu kamen.

Verlangt man von dieser Garten- und Familien-Genealogie noch mehr zu wissen?

sen? — Ein Sohn des letztern, der seine Sachen so niedlich machte, that eine reiche Heirath. Es wird ihm in seinem väterlichen Hause zu enge; er verläßt die Höhe, wo der Frau Gemahlin die Luft zu rauh ist, und baut sich unten im Dorfe an, welches am Fuß der Burgveste seiner Vorfahren liegt. Halb im französischen, halb im englischen Geschmack, macht er, mit schweren Kosten, Sottisen über Sottisen.

Will man etwas schaffen, so muß man den Muth haben, dasjenige fahren zu lassen, was schon da ist; so wie es besser ist, anstatt einen Platz zu befestigen, der sich nicht dazu schickt, irgend wo anders zu bauen und dann zu befestigen.

Ich möchte nicht erst Schatten und Wasser in meinem Garten hervorrufen: lieber wollte ich ihn verlassen, und beide irgendwo aufsuchen. Seid ihr nicht reich, so habt ihr alles, was ihr braucht, wenn ihr ein Haus von einem Stockwerke habt, das artig aussieht, mit einem flachen Dache versehen ist, einen farbigen Anstrich hat, und mit einigen Basreliefs von Stuck oder mit

einer

einer Einfassung in rustikem Geschmack geziert ist; und nun einen breiten und schnellen Bach dazu, der aus einem wirklichen Felsen hervorkömmt; eine schwebende Brücke, wie zu Aline, und einige Bänke; etwa einen steinernen Tisch, eine Schäferhütte, ein Lusthäuschen auf vier Rädern, *) einige trotzige prunklose Fichten, einige italienische hohe, anspruchlose, zierliche und schmiegende Pappeln, eine Trauerweide, einen Judasbaum, eine Acazie, eine Platane, drei Blumenstücke, wo alles ganz natürlich durch einander steht, Maßlieben auf einem Rasenstück, einen kleinen Bezirk mit Klapperrosen und Kornblumen; und dann höchstens einige Hieroglyphen, ein kleines Denkmal und ein paar Innschriften; denn es taugt nichts, wenn man deren zu viele anbringt. Keine Gemeinsprüche, keine Küchenzettel, keine kleinlichen Ideen, die noch obendrein oft unrichtig sind! Beklebt nicht etwa jeden Baum mit einer Aufschrift! Zwingt Niemanden zum Denken, sondern erleichtert es dem Trägen! Aber erhöhet, erweitert, erwärmet den Gedan-

*) Sallon ambulant.

Gedanken; der Philosoph findet tröstende, der Liebende empfindsame, und der Dichter neue und lebhafte. Hauptsächlich muß man sich immer mit diesen dreierlei Arten beschäftigen. Mit allem dem und einem Aha drum herum, von dem nichts zu bemerken ist, und über welchen hinweg man Hügel, Ebenen, Waldungen, Wiesen, Dörfer und alte Schlösser der umliegenden Gegenden sehen kann, wollte ich sowohl Kent als le Notre übertreffen, und mit 20,000 Franken für das ganze Werk und 200 Franken zur Unterhaltung desselben, wollte ich alle Reisende zu einem Umwege von zehen Stunden verleiten. Muß man denn ein Crösus seyn, um Wälder und Fluren zu bewohnen? In einer gewissen Entfernung hat ein Haus, das fünfhundert Ducaten kostet, wenn es nur in einem besondern Ton gebauet ist, immer einen kleinen Anschein von Pracht: und eine Colonnade von Binsen macht sich wie eine von Marmor. Man braucht da weiter auf nichts zu denken, als den Augen zu gefallen; man kann sie sogar betrügen: nur darf es nicht durch Theater-Decorationen, durch gemalte Breter, hölzerne Pyramiden

u. s. w. geschehen; solche Hülfsmittel sind schimpflich, niedrig und armselig.

Setzen Reichthümer einen Besitzer in den Stand, eine Million darauf zu verwenden, so darf er das, was ich eben gesagt habe, nur auf einen vergrößerten Maaßstab anwenden: aber er muß keinen großen Aufwand nur halb machen. Er muß nicht sagen: ich habe das aus Ersparniß nicht gethan; ich habe das aus Wirthschaftlichkeit nicht niederreißen wollen. Sobald man sich einmal auf Pracht einläßt, muß man allen Fragen dieser Art ausweichen: warum ist das hier so? warum nicht anderswo? Wer einen Garten angelegt, muß sich hinlänglich belohnt halten, wenn er im Verborgenen unter einer starken Eiche von den Spaziergängern sagen hört, es sei nichts mehr zu wünschen übrig, die Seele sei befriediget; denn sie ists, für die ich arbeite: und wenn sie in der Stadt beschäftiget gewesen ist, ohne dabei ein Interesse zu empfinden, so kann sie nur auf dem Lande ihre Schwungkraft wieder erhalten.

Seid ihr reich, so wünsche ich euch einen Obelisk von sechzig Fuß, drei Statuen von großem Werthe im Hintergrunde eines Boskets, das ihrem Original gewidmet ist; vier schöne und gut gearbeitete Vasen, ein antikes Bad, einige alte Basreliefs, eine Balustrade zu einer Brücke, die über einen Fluß gebreitet ist, und das alles von weißem Marmor. Lasset Paros und Carrara durchwühlen; sendet ein Schiff aus euern Häfen in den Archipelagus, um euch einige Ueberbleibsel des gelehrten Alterthums herbei zu schaffen; lasset ein anderes mit vollen Segeln nach Amerika eilen, um euch seltene Vögel und Pflanzen zu holen; schickt eine Yacht nach Delft und Harlem, um euch Tulpenbeete zuzuführen. Laßt eure grünen Rasenparthien mit goldenen und silbernen abwechseln.

Ich wünsche euch prächtige Galeeren, fliegende Brücken, Schleusen von Quadersteinen, Büsten von Bronze: einen geschlossenen Salon mit einer Gallerie von acht Säulen umgeben und mit einer Kuppel von vergoldetem Kupfer überbaut, oder mit einem platten Dache von Blei versehen. Und alles das sei in einem großem Raume gehörig

von

von einander entfernt und wechsle lieblich mit Wasser, mit Rasen und herrlichen Eichen.

Schaffet mannichfaltige Scenen um euch her, ihr glücklichen Bewohner eurer Landgüter, und ihr, denen der Hof und die Armee auf einige Zeit eure Sorgen abnimmt; vergnügt euch in euern Gärten; und dann erhebet euern Geist in eure Waldungen. Bringet neugierige Blicke mit hinein. Suchet, und wenn ihr Frieden und Stille darin findet, so errichtet diesen Gottheiten daselbst eine Pyramide. Dieß wäre wohl ein Gedanke, der sich ausführen ließe.

Ich sehe kein großes Verdienst darin, für hunderttausend Thaler den Abdruck von einem großen Monumente zu kopiren. Ich habe mehr Hochachtung für den, der, ohne den Vorschriften des Vitruvs und ohne den fünf architektonischen Ordnungen zu gehorchen, sich selbst eine geschaffen hat; vielleicht wird sein sonderbarer Bau mehr Vergnügen hervorbringen, als ein Dutzend dorische Säulen, die man auswendig weiß. Seltsame Gebäude, die aber weder geschnirkelt, noch kindisch seyn dürfen, (denn jene hasse ich und diese verachte ich) heben sich auf einer schönen Rasenmatte ganz vortrefflich heraus; und Feldläger von Baumrinden, wie die Wilden haben, peruvianische Hüttchen, lappländische Wohnungen, kleine Palläste vom Caucasus, sind unstreitig weit piquanter, als die ewigen Parodien der alten Gottheiten, der Sonne, des Kriegs, des Weins, und der Helden des Alterthums, die alle nicht so viel werth sind, als die, unter denen ich gedient habe.

Alle diese Dinge sind schon zu oft da und folglich zu bekannt; man muß also auf etwas neues denken. Die englische Monotonie, welche die französische Monotonie verjagt hat, ist so einförmig geworden, daß man die modernen Gärten noch moderner machen muß, daß man seinen eignen Weg gehet, und Niemanden nachahmt. Betrachtet nur in den Toilettenzimmern und Corridors jene Kupferstiche von den Gegenden um London und Yorkshire. Es ist ein ewiges Einerlei. Auf jedem Hügel sieht man zwischen einigen Bäumen einen offenen Tempel. Mir ist das ein langweiliges Ding.

Wollt ihr aber schlechterdings einen haben, so macht euch nur nicht etwa selbst zu dessen

dessen Gottheit. Laßt euch nicht etwa auf einem hölzernen Schemel darin antreffen. Wenn aber der Platz, wohin ihr ihn gestellt habt, zu einladend für euch ist, um ihn zuweilen zu besuchen; so versehet ihn mit gut drappirten Vorhängen von Leinewand, die auswendig mit Wachs bestrichen und inwendig mit einem reichen Stoff gefüttert ist, damit man, so wie Tageszeit und Witterung es nöthig machen, sie auf- und zuziehen kann. Was eure Colonnade entschuldigen kann, ist die schöne Statue, die ihr in die Mitte stellt, und die großen Eichen drum herum; denn nur einer ehrfurchtsvollen Empfindung für eine Lieblingsgottheit darf man Gnüge zu leisten suchen. Wären die christlichen Gebäude von besserem Geschmack, so würde ich sie ebenfalls empfehlen: Gärten dulden ja sogar den Aberglauben. Wie auch immer die Stimmung des Gemüths seyn möge, so muß man sie ihm für alle Gattungen zu geben wissen. Wollte mir ein Andächtler hunderttausend Thaler geben, so wette ich, ich wollte ihm einen allerliebsten Garten anlegen, der Andacht einflößen und der Religion wohl thun sollte.

Wenn ich euch nun ja, zu Gunsten mythologischer Anfüllung, einen geschlossenen Tempel erlaube, so gebet diese äußere Zierde ja nicht etwa einem nothwendigen Gebäude; quartiert nicht etwa euern Gärtner, euern Thorwärter oder eure Schaafhirten in das Heiligthum der Gottheiten ein. In welches Erstaunen wird man nicht versetzt, wenn man zwischen corinthischen Säulen das Ehgemahl eines dieser travestirten Götter in der wahrhaft mütterlichen Beschäftigung erblickt, wie sie ihren Kindern die Köpfe durchsucht und von fremden Kostgängern reiniget. Ich halte es für besser, man giebt ihnen ein gewöhnliches Bauerhaus zu bewohnen, und versteckt es in ein dichtes Gebüsch, wenn seine Bauart in der Nähe eines edlen Gartenstücks dem Auge mißfallen sollte.

Gleichen Mißbrauch hat man von Grabmälern gemacht, und macht ihn noch immer. Man hat Küchen, Keller, Speisegewölbe und noch geringere Behältnisse in dergleichen Formen gehüllt. Wahre, der Traurigkeit gewidmete Denkmäler müssen nicht ins Auge fallen. Ich begreife, daß man ein düsteres, melan-

melancholisches Plätzchen recht schicklich finden kann, die Asche dessen, was man auf der Welt am liebsten hat, zu bewahren. Aber das muß nicht oft vorkommen; ein fühlender Mensch, der davon hat reden hören, muß es erst nach vielem Suchen finden können, um dort eine Thräne zu weinen. Auch darf ein so kostbares Pfand nicht jedem fröhlichen Schwarme offen stehen, der daselbst aus seinen Taschen die Provisionen des Frühstücks hervorsucht, die er aus der Stadt mitgebracht hat, um auf dem schwarzen marmornen Piedestale der Urne, welche die in Staub aufgelöseten Reliquien eures angebeteten Geschöpfs in sich faßt, seine Wirthschaft einzurichten. Schließt aber das schöne Monument, es sei nun Basrelief, Grabgewölbe, Felsengruft oder Grotte, wo man überdieß noch die Kinderei begeht, eine Lampe anzuzünden, ganz und gar nichts in sich: dann ist es ein sehr betrübter Spaß; einige Schlangen machen die Hohenpriester dieses Todtentempels und die Kröten die Musiker desselben.

Ruinirt euch, um Ruinen zu machen! Wozu diese Trümmern von Tempeln und Amphiphitheatern, an welchen man den Augenblick sieht, daß sie nicht existirt haben. Das Bild der Zerstörung ist immer gräßlich; und diese scheinbaren Merkmale von Erdbeben machen eine sehr schlimme Wirkung. Alle diese halb stehenden, halb liegenden Säulen gleichen einem wahren Kegelspiele; und bloße Mauerstücke oder Ueberbleibsel einer gemeinen Wohnung sind noch lächerlicher. Man geräth immer in Versuchung zu fragen, warum man diesen Schutt nicht weggeschafft habe?

Was sollen diese modernen Alpen und Apenninen? und diese Berge, die man in einem Tragkorbe wegtragen kann? und diese Bäche, die sich in eine Bouteille füllen lassen? wie ein Mann von übler Laune wider die kleinen modernen Pariser Gärtchen sagte: was sollen alle diese Greuel, über die man vor Lachen bersten möchte?

Hätte man Glauben genug, um Berge zu versetzen, so wie im Evangelium geschrieben steht, so wollte ich nichts dawider haben. Aber so tadle ich die Felsenwuth, so wie alle

Mache-

Macherei dieser Art. Weiß man denn nicht, daß Felsen die Skelette der Berge sind? Steine kann man wohl genug in einem Garten zusammenschleppen und auf einander thürmen; aber kann man auch die nämlichen Erdschichten dazu herbei schaffen? Sieht man nicht gleich rechts und links an der Beschaffenheit des Erdreichs, daß dieser Felsen nicht hierher gehört? Ich wünsche euch Glück darzu, wenn ihr es mit aller möglichen Kunst dahin zu bringen wißt, daß er einheimisch scheine, um durch seine Oeffnungen das Wasser aufzunehmen, was ihr euch vielleicht mit großen Kosten von weitem wollet herkommen lassen. Aber es würde euch weniger kosten, wenn ihr euch ein Stück Land kauftet, wo ihr alle diese Dinge beisammen fändet, die euch allein bestimmen müssen, euer Schloß ein paar hundert Schritte davon zu bauen, und euern Garten daselbst anzulegen. Suchet, so werdet ihr finden.

Hat euch die karge Natur ihre Schätze verborgen, so habt ihr für den Geschmack, den ich euch empfehle, weiter nichts nöthig, als einen Holzhauer. Nur daß es da nicht zu be-

beschränkt, noch traurig, noch düster aussehe, welches sich bei der neuen Manier gar oft ereignet, wo man am Ende eines Rasenstücks mit Pflanzungen schließt. Ich wünschte, man sähe aus dem Wohngebäude, das auf einer sehr unmerklichen Anhöhe läge, wenigstens über die Einfassung hinweg; denn alle diese Thäler mit einem See, Rasenstücken, großen und kleinen buschichten Gehölzen, und weißen durch und drum herumlaufenden Wegen, ähneln sich einander, und können recht hübsch anzusehen seyn; aber langweilig wohnt sichs doch immer dabei.

Ich könnte es gar wohl leiden, wenn man von einem solchen Wohnorte eine große Hauptstadt erblickte.*) Am Fuße einer alten Eiche sitzend, würde ich dann sagen: Seht, dort ist der Sammelplatz aller Thorheiten

*) Die gar zu große Nähe einer Stadt ist der Besuche und Schmausereien wegen gefährlich. Eine solche Entfernung, daß man die Nacht daselbst zubringen kann, ist am allervernünftigsten; aber nur Leute, die das Ding verstehen, wissen sich das zu Nutze zu machen.

heiten und Laster. Dort sieht man auf einem Paradeplatze das drohende Ansehen der Friedenshelden, die vielleicht die Aufführung der Schauspiele fürchten, wozu sie die Proben täglich mit Vergnügen wiederholen. Zu einer andern Zeit würde ich sagen: Jene Thoren eilen, ihre Zeit in den Schauspielen zu verschleudern, die sie doch auswendig wissen müssen. Dort sind noch gefährlichere, die nach Ehrgeiz rennen, und wider einen Staatsbeamten Cabalen anzuspinnen suchen. Dort laufen Liebhaber zu mehrern Weibern herum, die allen das Nämliche schwören, ohne etwas dabei zu denken, und vielleicht nichts von dem beweisen könnten, womit sie so dicke thun. Da sind Eifersüchtige, dort lauschende Männer, dort Weiber unter den Waffen, um Eroberungen zu machen. Je mehr ich mir das Hin- und Hertreiben dieser Menschen vorspiegeln werde, desto mehr werde ich meine Ruhe genießen.

Wenn man nicht über das Gehölze hinwegsehen, oder durch eine unregelmäßige weite Oefnung die Aussicht auf einen interessanten und entfernten Gegenstand haben kann,

kann, so wünschte ich fast lieber, es gäbe auf der einen Seite drei vom Schloß auslaufende gerade Alleen, die sich weit hinaus erstreckten. *) Auch möchte ich den Wald dicht hinter dem Hause haben, damit man aus demselben gleich in den Schatten käme. Ohne jene Maaßregel fällt man in den Fehler eines französischen Parks, wo man eingesperrt ist; und ohne diese wird man eben so von der Sonnenhitze verbrannt, wenn man über den Rasen hingehen will, wie bei einem französischen Parterre.

Seid ihr vom Himmel so begünstiget, daß ihr weder pflanzen, noch versetzen, noch niederreißen dürfet; hat euch ein Schutzgott eine Gegend bescheert, der er selbst eine schöne Anordnung gegeben hat, so errichtet ihm aus Dankbarkeit in dem schattigsten Theile des Gehölzes einen Altar, und bestimmt nun den Platz für euer Wohngebäude darnach. So fand ich Eichwald, das ich einst am Fuß der hohen Gebirge, welche Sachsen von Böhmen trennen, auf der Jagd entdeckte. Man braucht nur, statt der Mühle, ein anderes

*) Patte d'oye.

deres Haus hinzubauen, und die so beträchtliche Masse Wasser, das man auf eine Stunde weit hören kann, mittelst einer Wölbung unter dem Hause durch zu führen. Rechts und links ist der herrlichste und grünste Rasen. Hinter dem dazu gehörigen Grundstücke, gleich als ob man den Vorhang zwischen den hintersten Coulissen sähe, spitzt sich das Thal trichterförmig zu, und wird durch den ungeheuern und herrlichen Wald geschlossen, welcher den Weg verbirgt, der auf der einen Seite sich längs an einem Waldbache hinschmiegt, welchen man nur zu leiten braucht, und auf der andern gegen die Quelle des tobenden und schäumenden Bachs hinaufsteigt. Was die vierte oder Vorderseite des Hauses betrifft, so kann man in der That keine reizendere Natur sehen. Man könnte sagen: die Berge hätten sich hier mit Fleiß geöffnet, damit man, in einer Entfernung von zwei Stunden, durch eine sehr breite fächerartige Oeffnung eine artige Stadt, die durch ihre Bäder berühmt ist, mit einer Menge von Fremden, die dadurch herbeigelockt werden; einen Berg, wie ein Zuckerhut, mit einem alten Schlosse, in der Mitte eines sehr reichen Thals; und dann die sehr hohen, mit

Wal-

Waldung bedeckten Gebirge, welche mit Ruinen bekränzt sind, entdecken möchte.

Man betrachte denn nun den Unterschied zwischen einem wirklichen Naturgarten, wo nicht der mindeste Aufwand gemacht werden darf, und zwischen einem Naturgarten, den die Kunst hervorgebracht hat. Man vergleiche Eichwald mit Guiscard, das dem Duc d'Aumont gehört. Ich kenne es nur durch den sehr geschickten Herrn Morel, der die Anlage besorgt hat, und dessen gleichartiger, schöner und beredter Styl dasjenige, was daselbst nur zu verständlich oder nicht verständlich genug ist, etwas weitläuftig beschreibt. Ich finde, daß er mit außerordentlicher Mühe einen großen Garten in einen kleinen Wald verwandelt hat; mit lichten Oeffnungen, wie sichs gehört; mit Weiden, wo ein Bach vorhanden ist; mit Erlen, wo es feuchten Boden giebt; mit Schilf, wo ein Sumpf es mit sich bringt; und mit Hecken, wo eingeschlossene Stücke von Ackerland vorkömmen.

Da

Da ich keine kleinen Anlagen, keine interessanten Scenen und keinen geheimnißvollen Gegenstand darin antreffe, so halte ich dafür, daß die ganze Schönheit von Guiscard in der großen Masse Wasser des herrlichen Sees, und in der großen grünenden Rasenmasse bestehen müsse. Der Backstein am Schlosse kann keine gute Wirkung machen, und die von allen Seiten freistehenden Flanken müssen das Auge beleidigen. Ich würde mich bei Guiscard darauf eingeschränkt haben, daß ich ihm ganz den Charakter der Ruhe gegeben hätte, der für diesen Ort besser gepaßt hätte als Lebhaftigkeit; ich sehe von allen Seiten das Auge durch dichte Gehölze und Baumgruppen aufgehalten. Man ist also eingesperrt, wie ich schon gesagt habe. Ich hätte einige große lichte Oeffnungen für Auge und Einbildungskraft gewünscht; denn beide müssen Gelegenheit haben, aus einem Orte hinausschauen zu können, der, im englischen Geschmack angelegt, noch trauriger ist, als im französischen, bei welchem man, ohne eben schlechterdings alles über den Haufen zu werfen, sich wenigstens zweier unangenehmer Drittheile dieses Geschmacks hätte entledigen können.

Das französische Guiscard wird vielleicht 800,000 Franken gekostet haben, und das englische 400,000. Ich hätte also dem Herrn von Guiscard 1,200,000 erspart; denn ich hätte es gelassen, wie es vor dem Feinde der Natur, jenem berühmten le Notre, war, der Ludwig XIV. und ganz Frankreich zu Grunde gerichtet hat.*) Prüfet einmal die Urheber der neuern Gärten, die halb Gelehrte, halb Maler, halb Baukünstler sind, und, da sie keine Hotels zu bauen haben, artige Entwürfe zu Abendmahlzeiten mit Mädchen von ihrer Empfehlung entwerfen. Schauet auf diesem kleinen Wischchen Papier ein von Grund aus umgekehrtes Stück Land, einen schwebenden Felsen, einen Bach in der Luft, ein Gefängniß mit Ketten, eine Todtenhalle, eine Lampe, ganz Rom, Athen und Peking.

Ich

*) Man kann ihn dessen freilich beschuldigen. Versailles hat allerdings den Anfang zu den Unordnungen in den Finanzen gemacht, die unter die vorgeschützten Ursachen der abscheulichen Revolution gehören, obgleich diese Gebrechen wieder hätten verbessert werden können.

Ich komme nun auf meinen Vorschlag zurück, zu dessen Ausführung ihr weiter nichts braucht, als eine Leiter und ein Beil. Wenn ihr mittelst derselben in eurer waldichten Gegend durchgehauen, abgehackt und niedergehauen habt, so erblickt ihr vielleicht einen Fluß, einen Felsen, ein Dörfchen, das ihr mit in euern Bezirk hineinziehen könnet. Auf diese Art habt ihr in eurem ganz neuen Garten gleich einen sehr alten, statt einer von jenen unreifen Geburten, deren Wirkung man erst nach funfzig Jahren sehen kann.

Sind die großen malerischen Hauptmassen so gestellt, und das Haus durch perspektivische Gradationen mit allen interessanten Gesichtspunkten so vereiniget, wie ich verlangt habe, so ist es nun Sache des Dichters und Miniatürmalers, das Uebrige auszuführen, wenn man sich einmal auf die Schöngeisterei in der Gartenkunst einlassen will. Aber so wie man doch nicht gern eine Gemäldegallerie haben möchte, die nur Werke von einem einzigen Künstler enthielte, so muß man, meiner Meinung nach, auch hierin Mannichfaltigkeit hervorzubringen suchen. Ich würde die einfache Gattung den Augenblick für die geschmückte und das Wilde für

 das

das Geordnete hingeben, und aus einem solchen Bezirk heraustreten, um mit Vergnügen in denselben zurückzukehren; wie wenn z. B. auf eine beträchtliche Wiese ein großes französisches Bosket folgte, nach einem anspruchlosen Sallon und schmalen etwas gekrümmten Wegen, die einen Bogengang bilden, ein großer Stern, ein edles regelmäßiges Wasserstück, oder auch ein unregelmäßiger Teich, und dann wieder eine Gartenparthie, die im Grunde keine ist.

Ohne daran zu denken, werde ich gewahr, daß ich hier eine Beschreibung von Neu-Waldeck bei Dornbach gebe, welches dem Herrn Feldmarschall Lascy gehört. Es liegt eine Stunde von Wien, und erscheint mitten in der Mündung des Thals. Auf diese Weise sind die Fasanerie, der chinesische Pavillon, die Ruine, zwei große Cascaden, die Brücken, die grosse Parthie mit dem Fechter, der Tempel, die offenen und freien Vogelhäuser, die Weingärten, die Blumen- und Fruchtparterre, das vier und zwanzig Häuser starke Dörfchen und ein vortreflich meublirter Saal behandelt; überall sieht man

man das Große, Artige, Ländliche und Geschmückte mit einander vermischt. Alles das steht, nebst dem von Bergen bekränzten Thale, in dem reizendsten Contrast: ein kaltes Bad, grüne und anmuthige, schief abwärts laufende Terrassen oder Rampen, traurige und lachende Parthien; und man hat nie Langeweile.

Durch Wegschlagen und Wiederbauen, wenn er seine Wirkung verfehlt zu haben glaubte, hat er, indem er auf die Berge galoppirte und sie degarnirte, seine Hauptpunkte genommen, so wie er sie im Kriege nahm. Seine Belvedere hat er da angebracht, wo er Batterien angelegt haben würde. Und das alles hat die fruchtbare Einbildungskraft eines grossen Mannes in Waldungen und Wüsten geschaffen; alles das hat sein allumfassendes Genie zu verschönern gewußt. Ich habe ihn sehen seine Gärten entwerfen, wie er Läger und Siege entwarf, und Dispositionen über sein Terrein machen, wie die bei Hochkirchen und Maxen. Dieser schöne Ort ist weder englischer noch französischer Art; er hat etwas Eigenthümliches, und ist eben deswegen

gen vorzüglicher, als andere. Ich habe nirgends ein Stück Land von so großem Umfange gesehen, das so gut unterhalten gewesen wäre. Dieses trifft die Gegenden, die eine Stunde vom Hause liegen, wie die Parthien, welche sich drum herum befinden. In drei Viertelstunden wird man vom Dörfchen durch den schönsten der Wälder nach dem Kaltenberg geführt. Das ist der Name eines Berges, der eine Stunde von Wien liegt, wo eine Gesellschaft die Gebäude der Karthäuser gekauft hat. Wir sind unsrer sechs, welche diese kleine Colonie ausmachen, wo jeder eine oder mehrere solcher Zellen inne hat, die an sich selbst alle einander gleich, aber verschiedentlich ausgeziert, durch kleine Gärten von einander getrennt, und mit einer Mauer umschlossen sind, die bloß das Erdreich gegen den Abhang stützt, und in deren Ecke ich einen kleinen Tempel von zwölf kleinen, mit Fenstern geschlossenen Säulen gestellt habe, welcher mit Blech gedeckt ist und oben eine große Kugel trägt, wo alle Gesichtspuncte vereiniget sind. Dieses heißt Klein-Beloeil. In dem Refectorium jener armen Karthäuser, an deren Stelle wir getreten sind, habe ich nun ein Orangeriehaus zum Theater.

Meine

Meine Kameraden haben Zellen für ihre Leute, so wie ich. Die Donau schmiegt sich huldigend um unsere Füße und stellt uns mittelst einer Reihe nah an einander liegender Inseln einen Wald von fünf bis sechs Stunden Weges dar. Wien liegt uns zur Rechten, der Leopoldsberg zur Linken; zwei hundert Dörfer, die schönsten Ebenen von Ungarn und Mähren, und das Preßburger Schloß zwanzig Stunden vor uns, schließen daselbst den Horizont, der gegen Mittag von den steiermärkischen Gebirgen, und hinter unsern Wohnungen durch den Wald beschränkt wird, der uns unter der dichten Wölbung seiner wirthlichen Aeste, nach einer Viertelstunde Weges, zum Leopoldsberg geleitet.

Hier hat die Natur, diese gute Mutter, die nur gegen undankbare Kinder eine Stiefmutter ist, ihre Schätze noch mehr erschöpft, indem sie zu ihren Wohlthaten, die sie so reichlich über den Kaltenberg ausgeschüttet, noch die erquickendste und willkommenste Aussicht in das schöne gegen Mitternacht gelegene Thal des reichen Mönchklosters, Kloster-Neuburg, auf seine Inseln und die Donau hinzugezugefügt hat. Gerade oben drüber habe ich in ein verfallenes Gemäuer, einer vormaligen Burg der alten Markgrafen von Oesterreich, mein Refuge angelegt, und Mauern, die acht Fuß dick sind, mit Fenstern durchbrochen. Wenn dieser Halbzirkel durch seine Schönheiten und Reichthümer meine Augen und meine umherschweifende Einbildungskraft zerstreut und in Erstaunen setzt, so senke ich es geschwind in die Tiefe der mit Waldung bedeckten Thäler hinab, und lasse es dann wieder ausruhen. Hier habe ich bloß an mich gedacht. Ich bin da allein. Es ist mein Zufluchtsort. Ich habe einen gothischen Saal, ein ägyptisches Zimmer und einen türkischen Sallon, wo ich an Austritten, Stufen, niedlich gemalten Balustraden, kostbaren Divans, Kissen von den schönsten orientalischen Stoffen, reichen Plafonds, vergoldeter und nach Art dieses Landes gemalter Einfassung, mit Gold geschriebenen Stellen aus dem Coran, und pyramidenförmigen und buntfarbigen Caminen, alles zusammengerafft und zu übertreffen gesucht habe, was mir in dem kleinen Theile der Türkei und Tartarei, wo ich gewesen, nur irgend Schönes vorgekommen ist. Den Namen Mon Refuge

fuge habe ich ihm nicht umsonst gegeben. Es ist alles, was mir in der Welt übrig geblieben, und folgende Inschrift auf einer Mauer eines kleinen Gärtchens, der mir gehört, beweiset nur zu sehr, was ich vorhergesehen hatte:

Fortunatus et ille, Deos qui novit agrestes!
Panaque, Sylvanumque senem, Nymphasque sorores!
Illum non populi fasces, non purpura regum
Felix, et infidos agitans discordia fratres,
Aut conjurato descendens hostis ab Istro;
Non res Romanae perituraque regna.

Wenn ich einen Weg ausnehme, den ich mit Mühe in Felsen hauen lassen, um zu einem Brunnen hinabsteigen zu können, den ich verschönert habe, so hätte ich das Uebrige nicht besser machen können, als ich es schon fand. Ich würde von allen, selbst den geschicktesten Künstlern, nichts halten, wenn sie es besser verstehen wollten, als meine Gärtnerin, die Natur, die den Holzweg zwischen den beiden Bergen durch zwei Wiesen unterbrochen hat, wovon die eine ein überaus grosses Amphitheater mit Coulissen von sehr alten Bäumen bildet, und die andere, in ihren Umrissen äußerst weich gehalten, in der Mitte eine Gruppe von Bäumen enthält. Ich habe dabei weiter nichts thun, als Bänke und einen Tisch hinsetzen dürfen. Bald sieht man nichts um sich her, als sich selbst; bald erblickt man ein Stück von der Donau, welche höher zu liegen scheint; bald einen Theil von der Stadt; bald eine Insel; und bald darauf von allem dem wieder nichts.

Man kann mein Refuge, nach Belieben, als den ersten oder letzten Berg von den Alpen ansehen. Es ist der Anfang oder das Ende dieser ununterbrochenen Kette, die von der Donau durch Oesterreich, Tyrol, Italien und die Schweiz geht.

Eine Viertelstunde vom Kaltenberg findet man, wenn man zum ersten Male außerhalb dieses Waldes Luft schöpfen will, bei heilsamen Schutze gegen Sonnenhitze und rauhe Nordwinde, das Landhaus des Herrn Grafen Philipp von Cobenzl, welches sowohl vor der einen als den andern verwahrt, und

gegen

gegen Morgen halb am Abhange des Berges gebauet ist. Eine natürliche Wölbung hoher Bäume, die sich herüber beugen, um es mit ihren Schatten zu beschützen, führet zu einem Teiche, welcher das Ansehen hat, als wenn er zwischen Baumgärten und pyramidenartigen Aufsätzen von Blumen und Sträuchern aufgehangen wäre, und dann zu einer gänzlich schwebenden Brücke; denn sie wird nur durch die Gipfel hoher Bäume aus einem Abgrunde von ungemeiner Höhe getragen. Außerdem müßte man durch diesen Abgrund hindurch, um in ein durch eine Grotte geschlossenes Thal zu gelangen, die als ein wahres Meisterstück angesehen werden kann. Sie ist groß, einfach, erhaben und majestätisch. Ein oberes Wasser, welches vom obern Thale kömmt, in welchem der nämliche kleine Weg kleine Cascaden verfolgt, fällt Tag und Nacht in diese Höhle, wo man nur erst nach einigen Minuten deutlich wieder sehen kann. Von da geht man, wenn man mit einer kleinen aber kurzen Mühe eine ausgewaschene Vertiefung auf- und abgestiegen ist, zur Quelle des Narcissus; und alle Augenblicke entdeckt man durch natürliche und schmale Oeffnungen interesteressante Gegenstände, als Wien, die Donau u. s. w. Alles das spottet der Kunst. Es giebt in unsern Bergwohnungen, von denen ich eben Rechenschaft gegeben habe, keinen stolzen Aufseher, der mit ein paar hundert Arbeitern dem Erdreiche, wie man zu sagen pflegt, Bewegung zu geben sucht.

Man hat mir zuweilen gesagt: was ists denn nun weiter mit einer schönen Aussicht? Man gewöhnt sich endlich daran. Es ist ein Vergnügen, das nicht über vier und zwanzig Stunden dauert. Tritt man denn beständig ans Fenster? — Ich, meines Theils, werde alle Tage mehr gewahr, daß man des schönen Schauspiels der Natur nicht müde wird; daß es dazu beiträgt, die Ideen, die in Absicht auf Aussicht, wie mich dünkt, beschränkt sind, zu erweitern. Das Meer, auf welchem das Auge, sei es wegen seiner flachen Einförmigkeit, oder wegen des Kräuselns seiner Wellen, keinen Ruhepunkt findet, bringt nicht die Wirkung eines schön geschmückten Horizonts hervor. Auf dem Lande hingegen verschafft uns die Beleuchtung alle Augenblicke einen andern Anblick. Der

Auf-

Auf- und Untergang der Sonne und die Gewitter geben den nämlichen Gemälden beständig Abwechslung und selbst Neuheit. Was wird man also lieber thun: bauen, wo man so viele schöne Gegenden entdeckt, oder seinen Garten daselbst anlegen. Es ist besser, wenn man lieber diesen versteckt, und dafür, um dem andern Vergnügen eine Veränderung zu verschaffen, das Vergnügen der Erholung darin suche. Habet einen solchen Garten bloß, um euch euern Gedanken zu überlassen. Er sei klein und mit einem niedrigen und leichten Gitterwerk umschlossen. Es bedarf weiter nichts, als eines hohen Baums in der Mitte, auf der Seite einer kleinen aber wasserreichen, und zwey Fuß hohen Cascade und einer Bank oben drüber; eines kleinen offenen Cabinets, eines andern zugemachten, das etwas weiter hin liegt, nebst einem Papagai, einen Affen vielleicht auf einer großen Stange mit Sprossen, nahe bey einem runden Blumenstücke, in dessen Mitte sich ein kleines rundes Bassin mit einem Springbrunnen von sechs Fuß Höhe befindet. Alles das nehme nicht mehr als einen Morgen Landes ein, weil alle Gegenden Gärten sind. — Dank sei es meinem

Bei-

Beile, oder dem Schicksale, das mich z. B. auf die beiden Berge gesetzt hat, die alle meine Wünsche auf einmal erfüllen!

Eben so wenig verdanken wir der Kunst, am Ende der Vorstädte Wiens, den ersten der Gärten auf einer überaus großen Insel, wo 12000 Personen, oder 2000 Wagen und 500 Hirsche mitten unter Bäumen, die zwei glücklichere Jahrhunderte, als das Ende von diesem ist, erlebt haben, mit einander umher spazieren. Von allen Seiten hat man daselbst Gegenstände zu Augenpuncten, den Strom, Berge, kleine Wirthshäuser, Tanz- und Spielsäle, Thürme, Hirschkühe, Eber, schönen Rasen, einsame oder bevölkerte, düstere oder offene Waldung. Dieser Prater (so heißt sein Name) ist, ob er gleich durch die Donau davon getrennt ist, gleichsam in den Garten des Herrn Grafen von Razumowsky, russischen Gesandten, hineingezogen, der ihn zu einer Verschönerung desselben benützt und seinem Garten, nebst dem unbeschreiblichen Reize eines unmerklichen Abhanges gegen den Strom zu, den Ton davon gegeben hat. Man wird die kleine ne Arbeit, die der beste Geschmack geleitet hat, nicht einmal daran gewahr. Man hat nichts weiter dabei gethan, als die ungeschickte Kunst verbessert, welche die Natur verunstaltet hatte. Man hat ihr ihren Garten wieder gegeben; und dieß unterstützt immer meine Moral: die Natur aufsuchen und sich nicht erst eine schaffen.

Ich brauche wohl bei lebhaften Gemüthern wegen einiger Uebertreibungen, die ich mir vielleicht hie und da erlaubt habe, nicht um Verzeihung zu bitten. Vielleicht hat mich eine Empfindung für irgend einen Gartenbesitzer, oder vielmehr für eine Person von seiner Familie zuweilen hingerissen. Aber hier, erhabene Wahrheit, nehme ich dich zum Zeugen, oder um desto sicherer zu seyn, daß ich mich ganz an dich halte, führe du mir selbst die Feder. Ich langte nicht weit von den Ufern eines Flusses an, der die Christen von den Ungläubigen trennt, unter welchen das himmlische Geschöpf geboren ist, von der ich zu reden habe. Mitten unter barbarischen Gegenden und Gestalten trifft man

man ländliche Spaziergänge an, um deren Willen allein man ihre Urheberin lieben muß. Sie ist die schönste Frau in der Welt, die Europa und Asien gleich stark bewundert haben. Es ist die von ihrem Piedestal herabgestiegene Venus, hat Jemand in einer Hymne an die Schönheit gesagt, und dieser Jemand bin ich. Sie verschönert die Natur, gleichwie sie von ihr verschönert worden. Man möchte sagen, sie huldiget ihr aus Erkenntlichkeit. Freilich kann sie ihren Gärten nicht die Anmuth ihrer Gestalt, die Feinheit ihrer Züge und Gesichtsbildung, die reizenden Formen ihres Körpers, seine Bewegungen, die Lieblichkeit seiner Umrisse, das Hingeben ihres Geistes und die Schönheit ihrer Seele geben. Auf ihren Wangen blühen nur Lilien und Rosen, so wie auf ihren Parterren. Längs an einem Flusse hat sie Kioske nach türkischer Art gebaut, Grotten angelegt, Belvedere's errichtet, Wege gezeichnet, Blumen gesäet und Pflanzungen gezogen, und aus einem abscheulichen Grunde hat sie das Thal von Tempe gebildet. Sie hat sich ein Bad von außerordentlicher Bauart am Fuß einer Cascade erdacht, die funfzig Fuß hoch ist, und von Felsen auf Felsen

in

in das Bassin stürzt, wo diese griechische Gottheit unzählige, aber unbekannte Reize ins Wasser taucht. Eine halbe Stunde von da hat sie eine kleine Colonie geschaffen, die zugleich Meierei ist, wo eine artige Sala terrena, mit Muscheln und Mineralien ausgelegt, und auch ein Kiosk sich befindet, von dem man eine reizende Gegend entdeckt, die sie mittelst der eingerahmten Fenster, welche sie angebracht, als fünf Gemälde benützt hat. Eine halbe Stunde weiter hat sie noch drei Gemälde von noch verschiedneren Art hervorzubringen gewußt. Das eine ist ein Claude-Lorrain, das andere ein Berghem, und das dritte ein Salvator Rosa; das heißt, sie hat in einem schönen hohen Buchwalde Gesichtspuncte gefunden, dessen ungeheure Bäume sie aller Welt verbargen: aber die Natur kann ihrem schönen Herzen so wenig entgehen, als die Herzen der Menschen. Sie hat auf einem Standpuncte eine Hütte gebaut, von dem sie die türkische Vestung Choczim entdeckte, deren Belagerung das Gemälde belebte; Choczim, wohin sie mich in einer Calesche zum Laufgraben, unter dem Feuer der Kanonen führte; ihre eigene Festung, deren Gouverneur ihr Mann ist; ihren kleinen Fluß, der gerade das Ansehen hat, als ob er ihr überall nachfolge; Felsen, die fast mit Gesträuchen und Kräutern bedeckt sind; eine Mühle und ein allerliebstes Dörfchen, das nach einem ihrer schönen Namen Sophia heißt. Der andere ist Pulcheria; sie hat ihn einem andern kleinen Dorfe gegeben, das anderswo über einige kleine Wasserfälle hin zum Vorschein kömmt, welche die düstere Majestät der Spaziergänge erheitern. Morpheos Toros ist ein kleiner Pavillon, der den Anblick aller dieser köstlichen Gegenstände vereiniget: und an einem andern Orte giebt es noch eine dritte kleine Anlage, von der sie ihre Heerden auf einem anmuthigen Hügel nach Gefallen weiden sehen kann. Was fehlt wohl dieser interessanten Lage? Nichts; denn man kann hier von derjenigen träumen, welcher das alles gehört. Es giebt in diesem Wäldchen einige unmerklich gekrümmte Wege, die zuweilen wieder etwas rückwärts führen, auf welchen man sich gern den Empfindungen überläßt, welche dieser Ort und seine Gottheit einflößen. O ihr, die ihr mich leset, und die ihr weder die Generalin von Witte, noch Kaminiek Popolsky kennt, o seid nicht die einzigen, die einen Artikel mis-

misbilligen, wo ich der Wahrheit, den Grazien, der Natur und der Schönheit huldige.

Mein Geschmack, der mich antreibt, dasjenige zu genießen, was ich habe, verleitet mich auch, dem Hervorstechenden, Unerwarteten und Außerordentlichen den Vorzug zu geben. Verlangt ihr aber starke Eindrücke, so klettert auf die Schweizer Berge. Und wenn das Getöse der erhabenen Cascaden nicht eure ganzen Seelenkräfte beschäftiget, so schauet um euch her. Herz und Auge mischen sich so gern in die Düsternheit jener unermeßlichen und kostbaren Gründe, welche die Erde den Neugierigen gleichsam zu öffnen scheint. Man möchte sagen, sie wolle sie in ihre Geheimnisse einweihen. Die Einbildungskraft läßt sich gern durch einen Waldstrom mit fortreißen, mit welchem sie sich verliert, ohne zu wissen, wohin sie ihm folgen werde. Wie glücklich ist man dann, wenn man nicht weit davon einen Baum findet, wo das Auge einen Augenblick ruhen kann, und einige wilde Gesträuche, an welchen man seine Lebensgeister wieder sammlet! So würde man sich selbst wieder sammlen, wenn man in der Verirrung seiner weitläuftigen und umherschweifenden Betrachtungen, wozu diese Gegenstände Veranlassungen geben, sich mit seinen Ideen in diese schrecklichen Abgründe stürzte.

Ich habe nichts gesehen, was so schön gewesen wäre, als das Haus des Herrn Constant, eine Viertelstunde von Genf, zu St. Jean, nicht weit von den Delices des Herrn von Voltaire. Auf der einen Seite bieten ihm die Rhone und Arve an Felsen, wie an Getöse und tobendem Rauschen, womit sie aus dem Gesichte entfliehen, alles dar, was er nur wünschen kann. Um sich von der mit Furcht vermischten Traurigkeit, die dadurch bewirkt werden kann, wieder zu erholen, kann man durch ein anderes Fenster die Ruhe wieder herbei rufen, wenn man die Ruhe des Genfer-Sees erblickt, die selbst nicht einmal durch den Strom gestört wird, den er mitten durch sich hindurch gehen läßt, ohne daß sich dessen Gewässer mit den seinigen vermischen. Ein bläulicher Ton und mehr Lebhaftigkeit machen ihn leicht bemerkbar, und zwei gerade Linien scheinen die Breite seines

Bettes zu bezeichnen. Man kann sagen, daß Herr Constant die angenehmsten und mannichfaltigsten Gemälde besitzt; denn aus einem andern Fenster sieht er Genf und die Palläste der Kaufleute, die dadurch, daß sie sich immer mehr erheben, die Ankunft des Luxus und der Revolutionen verkündigen. Außer diesen Gegenständen erblickt er den Mont-Blanc, Savoien, den Schauplatz der vorgegebenen Liebesabentheuer des ersten aller Romane, in der Ferne Lausanne, mehrere kleine anmuthige Städte am Ufer des Sees; und alles das von den Alpen umkränzt, welche die vier Jahreszeiten darstellen. An ihrem Gipfel glänzet auf unermeßlichen Flächen von Schnee der Winter; zu ihren Füßen pranget der Frühling auf köstlichen Wiesen; am Abhang der Hügel brüstet sich der Sommer mit reichlichen Erndten, und weiter hinauf lächelt der Herbst in einer Menge von Weinbergen und in frohlockenden Winzern.

Diesem Hause des Herrn Constant fehlt nichts, als eine Umkränzung von hohen Bäumen und einige schöne Rasenstriche.

 Könn-

Könnte man doch das Schloß und die Lage von Waldeg bei Solothurn dran versetzen! Nirgends habe ich schönern Rasen und schönere Bäume gesehen, als da. Die Engländer haben an Mannichfaltigkeit des Tons und Ungleichheit des Erdreichs, die aber sanft und nie gezwungen ist, nichts, was dem nahe kömmt. Mit geringer Mühe würde man diese schönen Rasenteppiche durch die obern Berggewässer benetzen können, nachdem sie vorher in dem dichten Walde, welcher das Haus vor dem Ungestüm der Nordwinde schützt, die edelsten und erhabensten Wirkungen hervorgebracht hätten.

Um die Sprache der Heiden zu reden, so ist es mir unbewußt, wer dieses weit umfassende Universum gründete. Ich habe vom großen Dämokorgon reden hören; vielleicht war es Saturn in seiner Eigenschaft als ältester der Götter und als Gott der Zeit. Vielleicht hatten alle Götter dabei zu thun, und überkamen dann jeder besondere Länder zu regieren, ohngefähr wie die Intendanten von Frankreich einzelne Provinzen erhielten. So scheint sich Mars mehr mit Oesterreich und Preußen, Neptun mit England, Plutus mit Holland u. s. w. zu beschäftigen; aber es scheint, als wenn der Olymp, unabhängig von den allgemeinen Begünstigungen, die er, wenn er sich auch mit einigen vorzüglich beschäftiget, doch den übrigen nicht ganz entzieht, alle seine Wohlthaten über die Provence ausgegossen habe. Momus und Comus haben die ihrigen nicht zurückbehalten. Der Frohsinn, die Offenheit, die Freiheit und die Gesundheit dieses glücklichen Himmelsstrichs, zeichnen sich als eine ganz besondere Gegend aus, die von dem Lande, von welchem sie einen Theil ausmacht, nicht mehr und nicht weniger Aehnlichkeit hat, als von denen, die am weitesten von ihr entfernt liegen. Da liegt Gemnos. Gemnos nennen, heißt alles gesagt. Dieß hat mich am meisten überrascht und gleich stark bezaubert, seit mich meine Liebe zur Gartenkunst durch alle Gärten Europens herumtreibt.

Gemnos liegt fünf französische Meilen von Aix, von Toulon, diesem so ansehnlichen und wohlbefestigten Hafen, wo alles Krieg und Kriegszucht athmet, und von

Marseille, wo alles Ueberfluß und Wonne um sich haucht. Man rühme mir nicht mehr Tyrus mit seinem Gold und Purpur, durch die es so berühmt war. Marseille geht drüber; mir geht nichts über Marseille.

Wenn es wahr ist, daß der Himmel, aus Eifersucht über den Himmel der Provence, ihm zuweilen wohlthätige Regen versagt, so hat der Marquis d'Albertas*) durch siebenzig Springbrunnen, Wassernappen und Brunnen in seinem Parke, in seinem Hofe und in seinem Dorfe, dessen Schöpfer und Wohlthäter er ist, dafür gesorgt. Glaubet nicht, ihr Verehrer der schönen Natur, daß mein von dem eurigen verschiedener Geschmack euch auf einmal den Anhängern der Kunst aufopfert. Ihr braucht euch beide nicht über Gemnos zu beklagen; es enthält für Jedermann genug.

Zwei

*) Mit Kummer nenne ich hier eines der ersten Schlachtopfer dieser abscheulichen Revolution. Welch ein Unterschied, grosser Gott! zwischen jener Zeit, wo ich dieses schrieb, und itzt!

Zwei große Springbrunnen bei der Einfahrt in den Vorhof; ein rings herumgehender Canal, wo sich ein Dutzend Wasserspiele zum Erstaunen der Reisenden unaufhörlich erheben; eine Cascade von zwanzig Fuß auf der Hauptstraße, die an eine sehr lange Wasserleitung stößt, welche vom Berge herabkömmt, die Ebene durchschneidet und ihr ihre Gewässer zur Vertheilung zuführt; ein Bassin von anmuthiger und ansehnlicher Form mit einer überaus reichhaltigen Garbe; drei andere mit zwanzig Wasserspielen, welche die mittelste Hauptparthie umgeben: alles dieß unterhält Tag und Nacht die Kühle mitten im grünendsten Rasen und grünendsten Gehölze, da außerdem das Grün in der Provence so vernachläßiget wird, weil man den Wäldern von Orangen- und Oelbäumen zu viel aufgeopfert hat. Sollte man wohl glauben, daß man sich anderswo als in Feenmährchen über diesen Luxus der Natur beklagen könnte?

Laßt uns zur Quelle des Glücks des Herrn Marquis d'Albertas zurückkehren. Durchstreichet ein bezauberndes Thal zwischen Felsen, deren Steilheit durch Fichten und Oelbäume gemildert ist; betrachtet den mannichfaltigen Farbenton in der Wolle einer Heerde Schaafe, die mit Sanftmuth den Thymian, den Quendel klimmenden Ziegen streitig machen, so wie sie uns Virgil in seinen Hirtengedichten schildert.

Betrachtet den Berg Garlaban, dessen unermeßliches Haupt, welches ganz dem Kopfe eines Riesen gleicht, der vielleicht den Himmel stürmen wollte, sich von allen Seiten verschiedentlich zeigt.

Bewundert drei Getreidemülen, eine Oelmühle, eine Manufactur von rothen Mützen für die Türken, zwei Kupferhämmer und vier Papiermühlen.

Jede dieser vortreflichen Anlagen bildet durch das Zusammenrücken der Felsen und einiger alten Wölbungen eine abgesonderte Scene, und die auffallenden Wirkungen dieses schnellen Wassers, welches hernach als Fluß und Cascade längs an einem bepflanzpflanzten Wege hin entschlüpft, der sowohl diese acht oder zehen Parthien mit einander, als auch die Scenen des zierlichen Gartens von Gemnos mit dem Naturgarten von Saint-Pons vereiniget, wo sich die Quelle befindet, welche so viel Annehmlichkeit und Nutzbarkeit hervorbringt.

Der Besitzer hat der gewöhnlichen Lügen der Gartenanleger nicht bedurft. Er hat weder zu den Aegyptiern, noch zu den Griechen seine Zuflucht genommen. Er hat Niemanden durch Ruinen zu fürchten gemacht, noch den Beinen durch Berge ein Leid zugefügt. Die Einbildungskraft hat hier der Mythologie nicht nöthig, um sich zu erwärmen. Nicht einmal die Geschichte ruft man ihr zu Hülfe. Von ohngefähr nur erfuhr ich, daß die Trümmern von alten Mauern und einigen Thürmen auf der Höhe von zwei oder drei Bergen, alte Schlösser waren, wo ehemals die armen Tempelherren hauseten. Man sieht auch Ueberbleibsel von einer Kirche, die zwischen starken Bäumen und den ersten Gewässern der Quelle eine vortrefliche Wirkung thun. Eine lustigere Bemerkung, welche

den

den Gedanken an die Verbrennung dieser Unglücklichen wieder verjagt, veranlaßt ein unterirdischer Gang, der dem Mönch- und Nonnenkloster, die durch das Thal von einander getrennt waren, zur Gemeinschaft und vielleicht zur Freistätte diente.

Troß dem, was man von geheimen Freuden, die ich in meinem Leben vielleicht zu sehr verachtet habe, sagen mag, habe ich doch von den Freuden der frohen Marseiller und von ihren reizenden Schönen, welche herdenweis an diese Oerter kommen, und beim Schall des Galoubet versuchen, ob sie aus ihren Liebhabern noch Troubadours machen können, eine weit bessere Meinung. Man hat unter diesen dichten Bäumen, am Ufer des Bachs, mehr als dreißig besondere Gesellschaften gezählt, welche an Festtagen hierher kamen, und sich durch Tanz und auf alle mögliche Arten vergnügten. Es ist zu wetten, daß dieß glückliche Menschen sind. Furchtsame Liebhaber und spröde Schönen würden vielleicht Vauclüse wählen, dessen Quelle, ob sie gleich ebenfalls sehr interessant ist, dennoch der von St. Pons eben so weit

nach-

nachsteht, als eine wahre, unschuldige und gegenseitige Liebe der übertriebenen Leidenschaft des Petrarca und der lächerlichen Tugend der pretiösen Laura.

Man kann, glaube ich, wenn man die acht oder zehen nützlichen Scenen des Thals verläßt, die Scenen von Saint-Pons, welches dasselbe beschließt, in sieben theilen. Die erste ist eine obere Quelle, die gleichsam in der Fuge zweier Felsen, welche aussehen, als wenn sie die Grenze der Welt machten, auf einen andern niedern Felsen herabfällt, und sich hernach zu seinen Füßen theilt.

Die zweite ist die stärkste Quelle, von der ich nicht genug reden kann. Diese ist es, welche die Mühlen treibt, und die Wasserspiele von Gemnos hebt, aber vorher zauberische Wirkungen hervorbringt. Wenn sie viel Wasser hat, so stürzt sie wüthend durch mehrere Mündungen über zwanzig Fuß hoch herab; hat sie aber nicht so viel Wasser, so dringt sie weiter unten mit einem schrecklichen Brausen zwischen zwei ungeheuern Steinen

nen hervor; wo sie wahrscheinlich mit vieler Mühe durchgebrochen ist.

Die dritte ist der höchste Wasserfall, der in allen Gärten der Welt existirt, und nur vom Staubbach und einigen andern auf den schweizerischen Gebirgen übertroffen wird. Er ist breit, hoch und hat außerordentlich viel Wasser.

Die vierte ist ein umgekehrtes Wasserspiel. Die Wirkung, die es macht, ist ziemlich außerordentlich. Das Wasser schießt von einem Felsen herab, und fällt von einer beträchtlichen Höhe und in großem Ueberfluß in eine Art von Bassin, welches bestimmt ist, das Wasser aufzufangen. Es sieht aber gerade so aus, als wenn es da heraus käme und über den Berg hinweg spränge.

Die fünfte ist eine Wasserleitung, ein altes Bogengewölbe und, wenn man will, eine Art von Brücke, welche die Gewässer einer andern Quelle, die ihr großes Spiel noch wo anders zu spielen hat, über den schäumenden Fluß hinüber führt. Ein hohler, aber keinesweges beschwerlicher Weg, mit dem sich andere von einem unmerklichen Abhang verbinden, führen zu allem, was nur irgend zu sehen ist; man weiß hier nichts von der Kunst, seine Gärten zu zeigen. Ich kann diejenigen nicht leiden, wo man immer einen Castellan braucht, so wie die, wo man immer eines Baumeisters bedarf. Ich liebe auch die Schönheiten und Annehmlichkeiten nicht, die unter dem Schlüssel stehen. Man muß können allein umher spazieren, ohne durch das fürchterliche Gerassel von Schlüsseln durch einen Gärtner erschreckt zu werden, der bald den Garten der gnädigen Frau, das Grab ihres Schooßhündchens, die Nester des gnädigen Fräuleins, die Tauben des kleinen Monsieur vom Hause, den Esel des Chevaliers, seines jüngern Bruders, und die Eier einer alten Tante zu zeigen hat.

Die sechste ist eine Höhle, die den Jahreszeiten zufolge immer einen andern Anblick gewährt; denn bald ist sie ein Bassin, bald ein Behälter, bald ein Brunnen, bald Cascade. Es ist eine Grotte ohne alle Kunst.

Die

Die siebente ist gleichsam die Scheidewand der angenehmen Scenen von den nützlichen, wo man, ohne den Mühlen Abbruch zu thun, wenn man will, so viel Wasser ableiten kann, daß man dadurch einen Waldbach hervorbringt, wie man nirgends sieht.

Alles das ist mit Brücken, Plateformen, Bänken, Sitzen, Lauben, einfachen, schicklichen und angenehmen Wohnungen unterbrochen, die in Ansehung aller Gesichtspunkte des Thals, des freien Landes, wo Obagne liegt, der Wiesen, der Verbindungen und Trennungen der Parthien, der kleinen Wasserfälle und des Getöses des stärksten, breitesten und wunderbarsten der Bäche, sehr gut angebracht sind. Es kann in der That mit dem Geiste der Zusammensetzung in diesem Gemälde nichts anders verglichen werden. Alle diese Parthien würden einzeln sehr viel Annehmlichkeit haben; aber man hat ein Ganzes daraus zu machen gewußt, indem man einen Vereinigungspunct annahm, wo alle Berge des Thals zu Coulissen dienten, das Landhaus des Bischoffs zum Hintergrunde, der Garlaban zur Perspective, und die und die schönen grünen Teppiche zum Theater. Wenn ein Zeichner alles das, was ich hier nur schwach beschreibe, zu entwerfen im Stande ist, so wird eine achte Scene daraus entstehen, und er wird die übrigen als Nebenwerk hineinbringen.

Da habt ihr nun meine Erzählung, aber sie ist weit unter den Schönheiten der Besitzungen dessen, der sie so ganz verdient, weil er den Werth davon zu schätzen weiß, weil er alles das gemacht hat, und weil er von seiner Colonie, von Arbeitern und Bauern gesegnet wird; denn er giebt allen zu essen, so wie den Gemsen, Papagaien, Hirschkühen und Caninchen, die vor Freude springen, wenn sie ihn sehen.

Leute von Geschmack, macht eine malerische Reise nach Gemnos; und ihr, die ihr gut denkt, ahmet dem Besitzer desselben nach.

Giebt es denn nichts in der Welt, was alle Wünsche ganz befriedigen kann? Würde de ich galante junge Herren darüber befragen, so würden sie mir gestehen, daß sie wohl wünschten, das Frauenzimmer, welches sie besitzen, möchte bei ihrer Schönheit noch den Geist eines andern haben, das sie nicht besitzen, oder dieses möchte bei ihrem Geiste noch etwas reizender seyn. Die mediceische Venus ist selbst ein Werk der Einbildungskraft oder einzelner Zusammensetzung. Warum kann man nicht auch Gegenden zusammensetzen? Läge Gemnos, zum Beispiel, an dem Ufer des Meers, eine halbe französische Meile von Marseille, und hätte so schöne Veilchenteppiche, die in diesem Lande so gewöhnlich sind, und in der Mitte Blumengebüsche und Gruppen von hohen Orängenbäumen, über die man hinweg gehen müßte, um über einen sanften Abhang zu einem kleinen Hafen zu gelangen, wo man einige Galeeren und kleine Fregatten fände, wenn man nach der Stadt fahren wollte, so würde ich alles, schlechterdings alles haben. Eben so wie ich in der Schweiz gewünscht habe, daß das Haus des Herrn von Bezenwald an das Haus des Herrn Constant stieße, so möchte ich zu Gemnos und Saint-Pons das Schloß des Herrn Borelli setzen, welcher

cher alles das hat, was ich so eben genannt habe. Ich würde den Fluß benutzen, der durch seinen Park gehet, und sich dann in das Meer stürzt. Nichts würde angenehmer seyn, als die einfachen und anmuthigen Krümmungen seines Laufs zu verschönern. Er würde mir die Stelle großer Wasserpartien ersetzen, die ich mir vielleicht nicht verschaffen könnte; und doch würde ich in den Felsen der Gegenden darnach suchen. Aber es giebt nicht zwei Saint-Ponts in der Welt. Ich würde das Meer von Zeit zu Zeit durch artige Pflanzungen zu verstecken suchen, die nur die drei Inseln des Ifer Schlosses, oder die Forts Pomaguay und Ratoneau wahrnehmen ließen. Alsdann würden die Spaziergänger überrascht werden, wenn sie es auf einmal wieder zu ihren Füßen fänden. An einem andern Orte würde ich es auf eine geheimnißvolle Art sehen lassen, und da würde ich sie zu Amphitriten Bäder widmen. Sie würden nicht schön genug seyn können, wenn sie der Statuen, Gruppen, Büsten, Marmorarten, Basreliefs und Gemälde des Herrn Borelli würdig seyn sollten. Aus allen Zimmern des Hauses entdeckt man das Meer von verschiedenen Ansichten, die mittelst der Brechung der Lichtstrahlen noch grössere Mannichfaltigkeit durch das Abspiegeln der Berge gewinnen, die es von der Mittagsseite begrenzen, und wenn man weiter hin auf der nördlichen Seite, zum Uebermaaß des Erstaunens, seine Augen auf den viertausend Lusthäusern leicht hat herumschweifen lassen, (denn aus Mangel an natürlichem, ja selbst künstlichem Grün, als z. B. Gitterwerk, sind sie nicht gut zu fixiren,) so erblickt man am Ende dieses prächtigen Amphitheaters das herrliche Marseille.

Wären die Einwohner der Provence etwas weniger eigennützig, und wollten das Silber ihrer Oliven den goldenen Aehren der Ceres aufopfern und Pflanzungen darunter mischen, die alle diese Gebäude von einander sonderten, so würden sie diesem außerordentlichen Anblick das Schneidende benehmen, was er itzt hat. Bedienten sie sich des bestäubtscheinenden, aber ewigen Grüns ihrer Olivenbäume sparsamer, und vermischten es auf eine geschmackvolle Art mit ihren Granaten, Feigen, Citronen, Bergamotten, Orangenbäumen und Weinstöcken; und gefiele es

Gott,

Gott, mich zu einem neuen Adam in einem neuen irdischen Paradiese zu machen, wo ich, ohne eben der erste Mensch in der Welt zu seyn, mit irgend einer Eva, die ich mir nach meinem Behagen wählen würde, der glücklichste wäre; dann würde ich hier meine Wohnung aufschlagen. Ganz erwärmt von dem, was ich sah, schrieb ich sogleich in einen Winkel folgende Zeilen, wie sie mir in den Kopf kamen:

Dans ce pays de la franchiſe
Je ne craindrois point de ſerpens.
C'eſt de celui qui trompa nos parens,
Quand de ſe rendre Eve fit la ſottiſe,
Que les fourbes qu'on voit, ſont, je crois, les enfans.
Avec bien moins de friandiſe,
La mienne contente de moi,
Cultiveroit l'arbre de vie:
Et ſans en rien manger, ſi c'étoit une loi,
Se priveroit fort bien de cette fantaiſie.
Les exemples, d'ailleurs, en pommes ſont frappans.
C'eſt à l'une qu'on doit de durs accouchemens,
Une autre d'Ilion fit un monceau de cendres.
S'il eſt encor quelques coeurs tendres,
Soyez mon Eve, et que la volupté

 Qu'in-

Qu'inſpire le climat d'un éternel été,
Faſſe nos ſoins, et notre unique étude:
De nous plaire et d'aimer faiſons-nous l'habitude,
De peur de quelque tort, ſans ceſſe entre mes bras,
Bien couverts par notre innocence,
Vêtement du climat, ſymbole de décence,
La curioſité ne vous ſeduira pas;
L'eſprit naturel en Provence,
Du bien, du mal, tient lieu de la ſcience.
La meilleure eſt de vivre entier à ſon plaiſir,
On en ſait bien aſſez lorsque l'on ſait jouir,
Et ſans vouloir de Dieu partager l'exiſtence,
Plus gais, mais pareſſeux, nous ne mettrons la main
Qu'à faire beaucoup mieux, un autre genre humain.

Wenn mich der Enthuſiasmus für die Natur bis an die Wolken erhebt, ſo ſchwebe ich über der ganzen Erde, und fliege in einem Augenblicke von Abend nach Morgen, von Mittag nach Mitternacht. Da verweilen auf einmal meine Blicke. Ich entdecke die außerordentlichſte Lage. Der Name iſt Oranienbaum. Außer dem Anblick des bothni-

bothnischen Meerbusens, des Hafens von Cronstadt, seiner Batterien im Meere und einem Walde von Mastbäumen, ist da noch ein ungereimtes Ding, was aber ehemals mit dem größten Ernste von der Welt angelegt worden, und eine sehr malerische Wirkung macht; es ist eine Art von kleinem Fort, kleinem Hafen und kleinem See. Ein dunkler und majestätischer Wald zieht sich hinter allen dem Garten einverleibten Rasenplätzen hinauf, der etwas abschüssig gegen das Meer zu liegt. Das Haus ist von Holz, und seine seltsame und fremde Gestalt hat nichts unangenehmes. Die Colonnade an demselben gefällt mir beinahe, ob sie schon übel angebracht ist. Die Glitschbahnen auf den Dächern, welche hinauf und herunter gehen, die Arten von kleinen Schlitten, die wie ein Pfeil herabschießen, sind eines von den in diesem Lande gewöhnlichen Spielen, aus welchen man ehemals mehr machte, als gegenwärtig geschieht. In den Boskets sieht man noch, daß man ein altes Haus der Kaiserin, die hier als Großfürstin bauen und regieren lernte, binnen vier und zwanzig Stunden angenehm machen könnte. Dieses erste Werk kündigte ihren Geschmack an Gärten und Beschäftigungen im Denken an.

Bemerket hier, daß das Wenige, was in Naturgärten geschieht, wie ich sie nenne, keineswegs so viel heißen könne, als Gärten anlegen. Oranienbaum verdankt dem Gehölze, den Bergen und dem baltischen Meere alles; und wenn Czarskozelo, von dem ich in der Uebersicht der Kunstgärten reden werde, damit verbunden wäre, so würden, während der beiden Monate, wo der Himmel seine Gunstbezeugungen dem Lande nicht entzieht, welches unter einem andern Himmelsstriche es allen andern Ländern zuvor thun würde, alle Wohnungen und Landhäuser in der Welt demselben nachstehen müssen. Ein benachbartes minder strenges Klima entriß dem Schnee, was ich itzt in einem Style beschreiben werde, der vielleicht nicht so natürlich ist, als das, was ich daselbst gefunden habe.

Als Aurora mir mit ihren Rosenfingern die Pforten des Orients geöffnet hatte, was für

für Betrachtungen boten sich mir nicht dar! Die Gärten, sagte ich zu mir selbst, schildern die Nationen. Die zierlichen Gärten verkündigten vormals den Adel, das angenehme Wesen und die Artigkeit der Franzosen. Die Engländer sind durch das Hervorstechende, das Unerwartete und zuweilen durch das Sonderbare in ihren Gärten characterisirt. Das Unzusammenhängende in der Gestalt der Chineser bezeichnet das Unzusammenhängende ihrer Werke in allen Gattungen, und hauptsächlich in Gärten. An den Gärten der Türken sieht man, daß Trägheit und Wollust ihnen ihre Einrichtung gegeben haben; und äußerst sonderbar ist es, daß die Römer, welche unter den Kaisern diese beiden rühmlichen Eigenschaften im höchsten Grade besaßen, über den Bau ihrer Landhäuser eben so dachten. Die Türken sind noch klüger als sie. Sie machen in ihren Städten keinen Anspruch an Baukunst, wie die Römer, welche schöne Plätze und nach der Schnure gezogene Straßen hatten, sondern sie bauen in den ihrigen, wie die Römer auf dem Lande baueten. Die vier Tageszeiten werden von ihnen zu Rathe gezogen, und die Sonne ist ihr Baumeister. Je nachdem sie sich ihren Strahlen entziehen wollen, oder sie mehr oder weniger suchen, legen sie ihren offenen und geschlossenen Sallon und ihr Schlafzimmer an. Da jede dieser Einrichtungen seine Vortheile verlangt, so folgt daraus, daß von den Wohngemächern eines Türken bis zum Harem seiner Weiber, oder zu den Wohnzimmern seiner Freunde, eine Menge Winkel entstehen, um jeder Wohnung einige schöne schattige Bäume, oder einen Hof voll Fontainen und artiger Wasserspiele, oder eine vortrefliche Aussicht zu verschaffen. (wie in Belgrad, wo man aus jedem Hause, mittelst dieser Einrichtung, zwei Flüsse, beträchtliche Inseln und einen anmuthigen Hügel erblickt, welches einen bezaubernden Anblick gewährt.) Eine kleine Treppe, ein Gang, eine verborgene Thüre, die zum Bade führt, geben dem Ganzen einen geheimnißvollen und wollüstigen Ton. Alle diese kleinen vorspringenden und zurücktretenden Gebäude sind durch kleine Blumengärten, welche jede kleine Wohnung besonders umgeben, mit einander verbunden. Die jetzigen Römer sitzen schlecht auf Stühlen. Die vormaligen Römer aßen und empfiengen ihre Besuche auf Polstern liegend, wie die

Tür-

Türken. Die heutigen Römer, die alles auf Verzierung wenden, scheinen sich dem Vorübergehenden aufzuopfern. Die ehemaligen Römer dachten, so wie die Türken, auf sich selbst. Diese haben die nämlichen warmen Badestuben, welche jene auch hatten. Sieger und Reisende sind über die Kinder Mahomets sehr mißvergnügt, wenn sie in ihre schwarze Städte einziehen; wenn man aber nach und nach ihre klugen Absichten entdeckt, und sieht, daß alles und jedes diesen gemäß eingerichtet worden, so kann man ihrem Geschmack seinen Beifall nicht versagen. Man erstaunt, wenn man die gemeinsten Hausgeräthe und Gefäße des schlechtesten Dörfchens mit hetrurischen Formen bei ihnen findet: man begreift nicht, wie sie sich in diesem Lande erhalten haben, da sie für Europa so lange verloren gewesen sind. Vortrefliche Wasserleitungen, so wie bei den Römern, führen die Gewässer überall hin. Weinstöcke und Fruchtbäume machen auch einen Theil dieser kleinen Lustgehege aus. Die Leichtigkeit der hölzernen Säulen vergnügen mehr, als die stolzen Säulen an griechischen oder französischen Gebäuden, welche die Augen in Erstaunen setzen und die Erde beschweschweren. Die Zierlichkeit ihrer Gitterwerke, durch welche die Sultaninnen bisweilen sehen dürfen, der kindische Eigensinn mit ihren kleinen Balustraden, (ob es gleich ein wenig beschwerlich ist, zwei bis drei Stufen hinauf und hinab steigen zu müssen,) alles das hat doch ungemein viel Anmuth. Es ist klar, daß in einem prächtigen Schlosse, wo man alles einer großen Treppe und der Symmetrie aufopfert, es unmöglich ist, allen Wohnungen solche Annehmlichkeiten zu verschaffen; vorausgesetzt, daß es selbst bei einer oder zweien zufälliger Weise hat geschehen können. O ihr theuern Muselmänner, ihr seid weit vernünftiger, als die, so euch bekriegen. Sie dienen dem Gott Israels nicht so gut, als ihr dem Gott der Gärten dienet.

Ich habe von Eupatori bis nach Theodosia einen Garten von achtzig französischen Meilen gesehen. Ich habe jenes reizende Amphitheater an den Ufern des Pontus Euxinus gesehen, ganz mit Wohnungen der Tartarn besäet, denen die äußerst flachen

Dächer zu Tabaksſälen dienen, wo ſie wie die Affen beiſammen hocken. Ich habe ihre maleriſchen Todtenäcker geſehen, wo Arten von Thermen, die oben einen Turban haben, der zuweilen vergoldet iſt, unter hohen Bäumen und nahe an Bächen, eine Idee von den elyſiſchen Gefilden erregen. Ich habe Gruppen von Weiden geſehen, aber nicht von babyloniſchen; die ein zu trauriges Anſehen haben, noch von den unſrigen, die ſich immer ſchlecht machen! Verbarg ſich da nicht etwa, ſagte ich, hinter einer von ihnen die ſchöne Galathea, als ſie den Apfel geworfen hatte? Nicht wahr, hier zeigte ſie ſich ein wenig? denn ſie war nicht böſe drüber, als man ſie ſah. — Ich habe die Ruinen von Balaklava, Sudack und Alluochta geſehen, die ſich ſo majeſtätiſch gegen das Meer hin erheben, oder vielmehr erniedrigen, von Obſtgärten umgeben, woraus jede Familie ihre Pfirſiche, Aprikoſen, Limonen, Datteln, Weintrauben und Feigen ſchon im Monat Januar ziehet, und noch für hundert Thaler jährlich davon verkauft. Ich habe den Tezetterdar geſehen, den höchſten Berg, den ich nach dem Mont-Blanc

Blanc kenne, welcher diesem Amphitheater zur Haltung dient, wo alles, was nicht Fruchtgarten ist, in Wiesen für Stuttereien oder wohlriechenden Teppichen von natürlichen Blumen besteht, die eben so durch ihre Farben zaubern, als sie durch ihren Geruch erquicken. Ich bin auf dem alten Schlosse des Stara Krim gewesen, welches eine ähnliche Lage hat, und habe von demselben das schwarze Meer, das Zabachische Meer, und das Asowsche Meer, nebst jenem erhabenen und durch die Strafe des Prometheus berühmt gewordenen Berg, zugleich gesehen.

Ich habe endlich jenes mythologische Stück Land gesehen, welches Ihre Kaiserliche Majestät aller Reussen mir gegeben hat, so berühmt durch den Tempel der Diana, in welchem Iphigenia diente, und durch die Grausamkeit des Thoas. Er gehört mir, dieser Felsen, von dem er die Fremden herabstürzte. Vom Tempel ist nichts weiter übrig, als ein Stück von einer Säule. Das Parthenische oder Jungfrau-Vorgebirge hatte seinen

seinen Namen von Iphigenien erhalten. Gegenwärtig führt dieser kleine Hafen, dieses kleine artige Dorf, welches halb auf dem Amphitheater liegt, den Namen Parthenizza, und hat die Aussicht auf alle obige Gegenstände, die beiden Berge ausgenommen. Hier stoße ich beinahe an die glückseligen Grenzen des alten Italiens, wo Europa sich endiget und Asien seinen Anfang nimmt. Am Fuß eines außerordentlich alten Nußbaums, an dem Orte, wo vielleicht Ovid in seiner Verbannung seine Elegien de Ponto schrieb, sagte ich bei mir selbst, als ich so umher schaute: Nichts fehlt diesem ersten aller Naturgärten in der Welt, als ein Tempel mit zwölf Säulen auf einer erhabenen, gänzlich beschatteten Fläche, ohngefähr zwei Drittheile so hoch, als Iphigeniens Tempel. Ich werde ihn der Kaiserin mit folgender Inschrift zueignen:

Dans ce lieu ſi tranquille, autrefois ſi vanté,
Des Dieux et des Heros la Fable a fait la gloire.
Peuples, voyez notre Divinité
Tirez ici la ſienne de l'Hiſtoire.

Auf

Auf dem Platze, wo ich stehe, und wo zwei Bäche mit außerordentlicher Schnelligkeit zu meinen Füßen dem ganz nahen Meere zueilen, will ich der Freundschaft einen Altar errichten, und ihn dem bewunderns-würdigen Gouverneur dieses Wunderlandes, dem Fürsten Potemkin, mit folgender Inschrift widmen:

De la Baltique à la Mer noire
Ton genie et ton coeur travaillent de moitié,
Que l'Empire te place au Temple de Mémoire:
Je t'offre un simple Autel: il est à l'Amitié.

Wenn ihr des Bewunderns müde seid, wenn ihr wegen anstrengender Betrachtungen über die Wunder der alten Zeit und die Wunder der neuen Schöpfung, für euer Herz, euer Auge und euern Geist Erholung bedürfet, so gehet tief in die Ländereien hinein, und besucht das schöne Thal von Begdary, wo sich die Bäche von den Bergen stürzen, um den schönen Rasen und die herrlichsten Bäume zu benetzen, und um die zerstreut

zerstreut herum liegenden Häuser der tartarischen Hirten von einander zu trennen, die wegen ihrer Bärte und Turbane vielleicht fürchterlicher, als die des Virgils und Theokrits, aber gewiß weit schöner aussehen.

Ich will nicht von dem fruchtbaren Kessel von Caraz-Bazar reden, der an Früchten und Gewächsen so reich ist, noch von den lachenden blühenden Hügeln von Achmetzet. Aber wer kann das Erstaunen schildern, wenn man nach einer hundert französische Meilen langen Wüste in ein bezauberndes Thal hinabsteigt, wo man Obstgärten, natürliche Cascaden, Moscheen, Thürmchen, weiße, lange, dünne Schornsteine, und eine Art von Pappeln findet, die von der Wurzel an stark in Aesten sind und nun so pyramidenförmig emporragen. Welch ein reicher und zugleich malerischer Contrast! Da fand ich Gärten, wie der Chan der Krimm sie gelassen hatte; Wälder mit langen und weißen Säulen und vergoldete Kioske. Da sah ich die reichen Divans um Bassins von weißem Marmor herum, wo gegen zwanzig Wasserspiele auf die Sultaninnen zurückfielen, die sich ehemals hier badeten, um neue Gelegenheiten zu suchen, sich abermals reinigen zu müssen, indem sie aus den Bädern der Reinlichkeit zu den Bädern der Wollust übergiengen. Die Pavillons, wo sie angebracht waren, so wie die Pavillons des Sultans von Taurien, waren in farbigem Glas und mit Rosen und Jasmin umgeben. Alles sah wie in Tausend und Einer Nacht aus, bis auf einen alten Gärtner, der, wie man weiß, die Liebeshändel der Odalisken des Serails begünstigte. Der Harem hatte drei oder vier geheime Höfe, purpurfarbne, vergoldete und azurblaue Gitterwerke, Fontainen von Marmor, und überall Inschriften mit goldenen türkischen Lettern; überdieß sieben bis acht kleine Treppen und Bogengänge, die mit Weinstöcken und Geißblatt überkleidet waren, zu Corridors. Alles schien gemacht die Liebe zu verheelen, zu überraschen oder zu entschleiern, vielleicht die Eifersucht zu begünstigen, oder die Freuden der Liebe zu erneuern. Alles war so fähig, die Einbildungskraft zu erwärmen; wenigstens konnte ich,

ich, als ich die Zimmer der Circassierinnen bewohnte, die ganze Nacht kein Auge zu- thun.

Das ist die Region der Wunder! das ist das Land der Zaubereien! Es sind nicht bloß kalte Anspielungen darauf oder Nachäffungen derselben. Das ist der ursprüngliche Ort, der in andern Gegenden abgeschmackte oder mißgestaltete Copien veranlaßt. Dort ist der glücklichste Himmelsstrich, wo man alles findet, was man an Bächen und Pflanzungen bedarf, um sich vor übermäßiger Sonnenhitze zu schützen. Da ist doch ein ganzes Land voll Gärten, welches mein System begünstiget: die Natur aufzusuchen, und sich nicht erst eine Natur um sich her zu schaffen.

Ende des ersten Theils.

Der
Garten zu Beloeil

nebst einer kritischen

Uebersicht der meisten Gärten Europens.

Zweiter Theil.

---

aus dem Französischen

des Herrn Fürsten de Ligne

übersetzt, und mit einigen Anmerkungen und einer Vorrede begleitet von

W. G. Becker.

Dresden, 1799.
In der Waltherschen Hofbuchhandlung.

Vorrede des Uebersetzers.

Die beiden ersten Ausgaben dieses Werks sind in Deuschland wenig bekannt geworden; die dritte ist bald in Umlauf gekommen, ungeachtet sie sich in den vermischten Schriften des Herrn Fürsten befindet. Indessen schien eine Uebersetzung derselben um so weniger überflüssig, weil selbst denen, welche sich sonst mit französischen Schriften zu helfen wissen, wahrscheinlich vieles darinn unverständlich geblieben seyn würde. Unstreitig aber verdiente dieses Buch allen Freunden der schönen Gartenkunst ohne Unterschied bekannt zu werden, theils weil es eine Beschreibung von den Garten-Anlagen des Herrn Verfassers zu Beloeil liefert, der in seinem Werke als ein Mann von Geschmack erscheint; theils weil es zugleich eine Uebersicht der meisten neuern Gärten Europens verschafft; theils aber auch, weil es eine Menge von Bemerkungen, Winken, Kritiken und Vorschriften über die Gartenkunst enthält, die vielen Gartenbesitzern und Gartenanlegern von größerem Nutzen seyn können, als manche philosophische Theorie derselben, indem es jederzeit auf das Praktische hinweiset, und Lehre mit Beyspiel verbindet. Dieses dreifache Interesse giebt diesem Werke unstreitig einen bedeutenden Werth, so daß es in keiner Sammlung von Schriften über die Gartenkunst fehlen darf.

Beloeil würde, dieser Beschreibung zufolge, unter die merkwürdigsten neuern Garten-Anlagen gehören, wenn das Schicksal dem Herrn Fürsten vergönnt hätte, sein Werk ganz zu vollenden und in einem vollkommenen Zustande zu erhalten. Aus mehrern Anlagen erkennt man sogleich den Mann von

Geist

Geist und Geschmack. Der Beschreibung würde ich noch die planmäßige Verbindung in der Darstellung wünschen, die dem Leser alles so anschaulich macht, als wenn er sich selbst in dem Garten herum geführt sähe. Dieß scheint aber, vermuthlich des übrigen Inhalts wegen, nicht die Absicht des Herrn Verfassers gewesen zu seyn; denn sein Beloeil ist, wiewohl umständlicher, doch immer in der rhapsodischen Manier beschrieben, in welcher die Nachrichten von andern Gärten und die eingemischten Bemerkungen, Vorschriften und Kritiken behandelt worden sind.

Die Uebersicht, die der Herr Fürst von den merkwürdigsten Gärten Europens liefert, ist ein sehr schätzbarer Theil dieser Schrift. Mehrere lernt man erst daraus kennen, deren Daseyn uns unbekannt war. Vielleicht könnte man diese Uebersicht mehr eine Charakteristik der Gärten nennen; denn in den edleren Gärten scheint blos das überwiegende Gute und Schöne, in den gekünstelten

das überwiegende Steife und Geschmack-
lose, im Ganzen aber die herrschende
Manier dieses oder jenen Landes, her-
ausgehoben zu seyn. Es wäre auch in
Ansehung dieser zu wünschen gewesen,
der Herr Verfasser hätte umständlichere
Beschreibungen davon geliefert; man
würde dann noch mehr in den Stand
gesetzt worden seyn, sie zu übersehen und
zu beurtheilen: indessen sind auch schon
die charakteristischen Nachrichten davon
schätzbar. So freimüthig seine Urthei-
le oftmals sind, so läßt sich doch nicht
läugnen, daß Enthusiasmus und Freund-
schaft dieser Freimüthigkeit zuweilen ei-
nigen Eintrag gethan haben, so wie auf
der andern Seite die Urtheile über man-
che Gärten wieder etwas zu streng aus-
gefallen sind. Hie und da nimmt man
übrigens wahr, daß der Herr Verfasser,
auch wo er fast durchgängig zu loben
oder zu billigen scheint, es dennoch auf
eine Art thut, aus welcher deutlich ge-
nug erhellet, daß er aus Rücksichten
lobt; und zuweilen geschieht es mit ei-
ner

ner so feinen Ironie, daß es nur von denenjenigen bemerkt werden kann, die ihn mit gehöriger Aufmerksamkeit lesen. Sehr oft findet man den Tadel über diese oder jene Anlage in allgemeinen Aeußerungen seiner Grundsätze, die meist schon vorausgeschickt sind; und hätte es mit mancher Billigung nicht die angeführte Bewandniß, so müßte man diese oder jene Aeußerungen des Herrn Verfassers für offenbare Widersprüche erklären, was sie jedoch in der That nicht sind.

Was die Grundsätze des Herrn Fürsten in Absicht auf schöne Gartenkunst überhaupt betrifft, so verdienen sie gewiß, im Ganzen genommen, den Gartenfreunden empfohlen zu werden. Sie sind auf Naturgefühl, Geschmack und Erfahrung gegründet, und dieß sind allerdings die besten Lehrmeister. Hie und da scheint freilich der Herr Verfasser kleine Eigenheiten zu haben, gegen welche mancherlei Erinnerungen gemacht wer-

werden könnten; aber sie sind doch meist von der Art, daß sie zu keinen Vergehungen wider den Geschmack Veranlassung geben. Man geräth in Versuchung, sie für bloße Launen zu erklären, die zuweilen einem Manne von Geist und Geschmack nicht übel anstehen, aber bei Nachahmungen oft in Karrikatur ausarten. Von angenommenen Vorurtheilen ist das Buch ganz frei; enthält es deren etwa einige, so gehören sie dem Herrn Verfasser eigenthümlich, und sind nicht einmal auf Rechnung seiner Grundsätze zu setzen. Ueberall huldigt er der Natur, und ermahnt auch andere, sich ihr anzuschmiegen. Sehr weise und befolgenswürdig ist sein Lehrsatz, lieber eine schöne Natur aufzusuchen und sie zu veredeln und interessanter zu machen, als sich erst eine schöne Natur vom neuen zu erschaffen. Freilich behält dieser Lehrsatz seine Gültigkeit nur da, wo er befolgt werden kann; indessen wird er doch fast überall in sofern einige Anwendbarkeit haben, als

auch

auch in der gemeinsten Natur einzelne Gegenstände und Theile gefunden werden, die an sich selbst schon einige Annehmlichkeit haben, und durch kluge Verbindung mit den natürlichen Anlagen, welche die Kunst erzeugt, einen noch höhern Grad von Anmuth erhalten und auch wieder über das Ganze verbreiten. So wahr es übrigens ist, daß Geschmack, Reisen und practische Kenntniß weit sichrere Führer bei solchen Anlagen sind, als alle philosophische Theorien der Gartenkunst, deren Verfasser, wenn sie keine practische Kenntnisse und Erfahrungen besitzen, oft wunderliche Dinge hervorbringen würden, die ihrer sonst richtigen Theorie zuweilen ganz entgegengesetzt seyn dürften: so ist doch auf der andern Seite eben so wenig zu läugnen, daß die Gartenkunst so gut, wie jede andere schöne Kunst, auf philosophische Grundregeln zurückgeführt und auch nach solchen beurtheilt werden kann. Unstreitig würde also derjenige, welcher diese philosophische Ansicht mit jenen Eigengenschaften vereinigte, der größte Gartenkünstler seyn.

Das ganze Buch ist mit Geist, Witz und Laune geschrieben, und gewisse Lieblingsscherze des Herrn Verfassers, die, wenn sie sich äußern, dem Anscheine nach nur mit einiger Mühe unterdrückt werden, springen durch das ganze Buch hindurch immer wieder aufs neue muthwillig hervor. Dieß, verbunden mit der Lebhaftigkeit der darinn enthaltenen Schilderungen und den muntern Einfällen, womit sie durchwürzt sind, benimmt gewissen Materien ihre Trockenheit und verbreitet über das Buch eine gewisse Annehmlichkeit, die nicht zu verkennen ist. So vortreflich auch die Schreibart in manchen Stellen ist, die den größten Schriftstellern Ehre machen würde, so scheint doch der Herr Verfasser seine Rhapsodien in Stunden der Laune, gleichsam absichtlich, mit einer Art von Nachlässigkeit hingeworfen zu haben, ohne sich weiter um den genauen

Zu-

Zusammenhang der Perioden zu bekümmern. Lieset man das Buch bloß obenhin, so glaubt man zwar überall den Sinn zu errathen; will man sich aber von dem, was man gelesen, eine genauere Rechenschaft geben, und dieß Andern in einer richtigen Ideen-Verbindung wieder deutlich zu machen suchen, wie es die Pflicht eines Uebersetzers ist, so geräth man nicht selten in Verlegenheit, wie dieß, ohne willkührlich dabei zu verfahren, zu bewerkstelligen sey. Dazu kommen noch öfters ganz ungewöhnliche und oft selbst geschaffene Ausdrücke, deren vom Herrn Verfasser hineingelegte Bedeutung sich nur mit Mühe heraus finden läßt. Alles dieß scheint mir zu den Eigenheiten seiner Laune zu gehören, die ich, so viel es sich thun ließ, mit überzutragen gesucht habe. Die Uebersetzung war nicht leicht; daher ich um Nachsicht bitte, wenn ja eine oder die andere Stelle besser ausgedrückt seyn könnte, als sie mir während der Arbeit gelingen wollte. Und der Herr Fürst wird gewiß

wiß diese Aeußerungen, so wie einige eingestreute Anmerkungen (wenn ihm anders diese Uebersetzung zu Gesichte kömmt) um so williger verzeihen, da er selbst eine erlaubte Freimüthigkeit zu lieben scheint.

Ueber-

Ueberblick der Kunstgärten.

Ich wünschte, ich könnte meinen Geschmack an der Gartenkunst der ganzen Welt einflößen. Es scheint mir fast unmöglich, daß ein schlechter Mensch daran Vergnügen finden könne; denn er ist dessen gar nicht fähig. Wenn ich aber aus diesem Grunde den herumstreifenden Pflanzensammler, den leichtfüßigen und geschmeidigen Schmetterlingsfänger, den kleinlichen Muschelbegucker, den finstern Mineralogen, den eiskalten Geometer, die drei Narren der Poesie, der Musik und der Malerei, den zerstreuten Schriftsteller, den abstrakten Denker und den bescheidenen Chemiker schäzze, so weiß ich dagegen beinahe keine Tugend, die ich nicht einem jeden beimesse, der über Gartenkunst schreibt und Gärten anlegt. Wer von dieser Leidenschaft hingerissen wird, der einzigen, die mit dem Alter zunimmt, legt von Tage zu Tage diejenigen immer mehr ab, welche die Ruhe der Seele oder die Ordnung der Gesellschaft stören. Sobald er das Thor der Stadt, des Wohnsitzes alles moralischen und physischen Verderbens, im Rücken hat, um sich auf seinem Landguthe zu beschäftigen und zu vergnügen, so öffnet sich sein Herz der Natur, und wird eben so erquickt wie seine Brust, die mit jedem Athemzuge durch ein reines Lüftchen erfrischt wird.

Flößet, o ihr Hausväter, euern Kindern die Leidenschaft für Gärten ein: sie werden gewiß besser dadurch werden. Möchten doch alle übrige Künste nur gepflegt werden, um diejenige zu verschönern, die ich predige. Denkt man darauf einen hohlen Weg zu beschatten; ist man bemüht, einem Bach einen andern Lauf anzuweisen: so hat man viel zu viel damit zu thun, um ein gefährlicher Bürger, ein arglistiger General und ein verschmitzter Hofmann zu werden. Wollte man wider die Gesetze schreiben, sich über den Kriegsrath beklagen, einen Obern stürzen

zen, oder am Hofe Unfug treiben, so würde man allemal zu spät kommen; denn man würde immer seinen Klump von Judasbäumen, sein Blumen-Büffet, oder die Anlage seines Boskets von Platanen im Kopfe haben. Kaum würde man dazu kommen können, sich die Schwachheit der Frau eines guten Freundes zu Nutze zu machen, und dann würde man geschwind genug wieder davon eilen, um auf dem Lande das artigste unter allen Verbrechen wieder abzubüßen *).

Ihr, die ihr von Oesterreichs schönen Gebirgen nicht über die Donau und die schönen Ebenen, die sie bespült, mit euern Blikken dahin zu schweben vermöget; ihr, die ihr euch nicht über die Erde, auf die Gebirge der Schweiz erheben könnet; ihr die ihr euch nicht in den balsamisch duftenden Thälern der Provence vor dem brennenden Südwind

*) Schwerlich rechnet der Herr Verfasser dieß mit unter die Tugenden des Gartenfreundes. Man muß demnach diese Stelle für launige Persiflage nehmen, die durch das ganze Büchlein weht. A. d. Ue.

zu verwahren im Stande seid; ihr endlich, die euch keine Bedeckungen von Kosacken, bei eigens dazu eingerichteten Lagern durch die Wüsteneien der Budzyack und der Nogais führen; ihr alle, die ihr, weil ihr nicht schon vollendete Gärten finden könnet, in undankbaren Gegenden dergleichen anlegen wollet: überlegt, berechnet die Wirkungen, übertreibet nichts, und geht mit Verstande zu Werke, wenn ihr nicht mit Genie und Geschmack begabt seid, und es nicht besser haben könnet. Aber wie viel Beobachtungen sind da anzustellen! wie viel Versuche zu machen! — Ich weiß wohl, daß man Boskets nicht wieder wegtilgen kann, wie einzelne Bäume, die man in einem gezeichneten Entwurfe nicht gut angeordnet hat: aber nehmt dennoch hinweg, entfernet, drehet und betrachtet die Wirkungen von allen Seiten, um Abwechslung in eure Pflanzungen zu bringen.

Eine Ode, eine gewonnene Schlacht und ein großer und kühner Pinselstrich sind eine Folge der Begeisterung. Aber zu Gartentenanlagen sind Reisen, litterarische Kenntnisse, eine Uebersicht, Vergleichung und Vereinigung aller Künste unumgängliche Erfordernisse. Eine Cascade, zum Beispiel, ist am allerschwersten anzuordnen: sie in gemessenen Absätzen anzulegen, ist etwas abscheuliches; auf einem Felsen, wenn sich die Gegend nicht dazu eignet oder keine Veranlassung dazu giebt, ist beinahe lächerlich. Ist sie groß, so erfordert sie eine beträchtliche Menge Wasser; ist sie klein, so gleicht sie beinahe dem Mittelstück eines Desert-Aufsazzes oder einer Weihnachtsbescheerung für Kinder. Wenn das Wasser von einer beträchtlichen Höhe herabfällt, so breitet es sich oben weiter aus als unten, spaltet sich in zwei, endlich in drei Parthien, und drängt sich dann unten in eine einzige zusammen. Wer sollte glauben, daß ich mitten unter Anlagen von schlechtem Geschmack, unter Mönchen von schlechtem Geschmack, eine allerliebste Kascade unter einem natürlichen Berceau in Böhmen gesehen habe, die eine Einsiedelei durchläuft, und dann in dem übrigen Garten von Osseg, der ausserdem abscheulich ist, einen Bach bildet.

Entweder legt man sie in Stufen oder in Nappen an. Jene sind in Absicht des Wassers sehr wirthschaftlich, aber zu gleichförmig; diese verbrauchen viel Wasser, sind aber zu regelmäßig. Was man dem Fallen des Wassers entgegenstellt, ist zu sehr Grottenwerk und ein ermüdendes Einerlei. Ein reißender Bach rollt zu große Kiesel mit sich fort und hat ein Bette von Steinen, welches Augen und Ohren weh thut. Die Kunst muß ihn in ein Gehölze, auf ein zwanzig Schritte vom Wege, verbergen, alsdann seine Gewässer über ein Bette von Rasen leiten, und ihn nachher seiner Willkühr oder seinem natürlichen Austreten überlassen, welches vom Regen oder vom Schmelzen des Schnee's veranlaßt wird. Alles muß Fall seyn, aber so unmerklich, daß man die Hindernisse, die er antrifft, vor dem aufwallenden Wasser nicht wahrnehmen kann.

Inseln verlangen mit Einsicht behandelt zu werden. Sind sie zu nackt, so thun sie keine Wirkung; sind sie zu dicht bepflanzt, so so bekommen sie das Ansehn, als ob sie mit den Ufern des Flusses oder des Teichs zusammenhiengen. Nach meiner Meinung müssen nur hohe Bäume auf denselben stehen, damit man das Wasser auf der andern Seite unten durch wahrnehmen könne.

Verbessert die Natur, anstatt daß ihr mit Hülfe der Kunst eine Natur zu schaffen sucht. Es giebt wenig fliessende Wasser, deren Lauf uns anständig ist. Man muß ihnen also einen gefälligern zu geben suchen. Ein Gewässer muß man in eine besondere Parthie einschliessen und die Ufer desselben durch Pflanzungen angenehm machen. Auf versperrte Parthien stößt man ungern; sie taugen nur, um von einer Höhe, die sie beherrscht, gesehen zu werden. Die gewöhnlichen Umzäunungen, die sie von einander trennen, wenn sie auch ländlich seyn sollen, sind doch nicht hübsch. Weinberge oder Weingärten geben acht Monathe lang einen unangenehmen Anblick; Felder enthalten ein halbes Jahr lang, nichts für das Auge; und Blumen dauern gar nur ein paar Monathe,

 wenn

wenn nicht immer andere an ihre Stelle kommen; man hat dann so lange Zeit nichts als Erde zu sehen.

Das Farbenspiel der Blumen, der mannichfaltige Ton des verschiedenen Grüns und der Früchte; können einem Garten einen großen Vorzug vor dem andern geben; aber nach vielen Bemerkungen halte ich doch immer dafür, daß man auch auf ganze Massen bedacht seyn müsse. Es sieht sonst aus, als wenn das Ganze mit mancherlei Blumen durchwirkt wäre. Große Massen von Rosen und Nelken oder Tulpen thun daher Wirkung, und wo es nöthig wird, muß man alsdenn wenigstens durch Blumentöpfe die entblätterte Flor wieder zu ersetzen suchen. Nur legt keine stufenweis über einander gestellten Blumen-Büffets an; sie sehen immer aus, als wenn sie dem Heiligen der Pfarrei oder der heiligen Jungfrau zu Ehren angeputzt wären. Eben so setze man gleich ein zwanzig Bäume von einerlei Gattung zusammen, der Ton ihrer Farbe sei welcher er wolle, um nur dadurch auch ganze Massen zu bekommen.

Ich

Ich weiß, daß alles den Lichtstrahlen und den verschiedenen Tageszeiten untergeordnet seyn muß; aber das ist auch ein nothwendiges Geschäft. Man braucht indessen nicht darüber verlegen zu seyn. Es kömmt dann der Sonne zu, die Anlagen in Schutz zu nehmen, die man nur gemacht hat, damit sie die letzte Hand daran lege.

Daß nur nicht etwa die Kunst der Mäurer das Erdreich überlade, unter dem Vorwande es zusammen zu halten! Daß nur ihr Kalk den Schmelz der Wiesen nicht verbrenne, und ihr Kütt die Maßliebe, das Vergißmeinnicht und das Veilchen nicht ersticke! Daß nur ihre Füsse nicht das Bette der Nymphen zertreten!

Ich sehe gern, wenn sich junge Sylvane auf demselben herum wälzen, sobald sich eine ihnen noch unbekannte Leidenschaft in ihnen zu regen anfängt. Treppen machen mich besorgt. Sie brauchen sanft abschüssige Lehnen oder Rampen zu ihren Spielen.

Bald treiben sie ihren Muthwillen auf ihnen herum, bald empfangen sie auf denselben ihre Strafe dafür. Denn an dem Orte, wo ein Fehler begangen wird (wenn das anders einer ist) muß er auch wieder gut gemacht werden.

Man verbanne alle Handwerker aus Gärten. Nur denenjenigen muß man den Zutritt gestatten, welche dem Priapus opfern *). Man dulde nichts Gezimmertes, kein Gitterwerk, keinen bunten Anstrich, keine Bogenreifen; die Aeste müssen sich freiwillig mit einander zu verbinden suchen.

In Ansehung der Brücken kenne ich keine andere Regel als diese, daß man nicht zwei einander ähnliche baue. Man kann auch der ausschweifendsten Phantasie hierbei Gehör geben. Die Architektur hat sich glück-

*) Für Manche ist es doch wohl nöthig zu erinnern, daß man dieser Stelle keinen schlüpfrigen Sinn unterschieben dürfe.
A. d. Ueb.

glücklicher Weise, zur Zeit ihrer über die Gärten angemaßten Gewalt, derselben nicht bemächtiget. Sollte etwa eine schöne, sehr geschmückte Parthie, in der Nähe eines erhabenen Tempels, eine zierliche Brücke verlangen, so kann man sich, ohne gerade die von Czarskozelo und Wilton nachzuahmen, eine Colonnade erlauben. Ausserdem werden sie, je sonderbarer sie ausfallen, nur desto mehr Vergnügen gewähren. Hoch genug müssen sie seyn, um das Fahren auf dem Wasser nicht zu hindern; aber oben nicht zu spitzig, daß man nicht darüber hingehen könnte, ohne auszuglitschen. Der Geschmack oder vielmehr die Lage muß bestimmen, ob man sie zum Theil verbergen oder ganz frei lassen solle. Ein weißer Anstrich steht ihnen recht gut, wenn genug Grün umher ist, daß er gut absticht. Auch zu kleinen, gespitzten, kurzen und halb liegenden Stackets schickt sich die weisse Farbe gut, wenn man ja in Absicht auf Blumen, Vieh, oder eine Menagerie, oder einen Bienengarten, oder eine Pflanzschule von ausländischen Bäumen, zu einer Vermachung genöthiget ist. Ein solches Stacket, eine

Ram-

Rampe, oder auch eine bunt angestrichene Brustlehne sticht von dem grünen Rasen und von den Bäumen vortheilhaft ab, und giebt den Gängen durch den Garten einen niedlichen Putz, der nicht viel kostet. Eine solche Rampe, nicht weit von einem Abgrunde, gewährt den Spaziergängerinnen Sicherheit, und läßt sie an eine Gefahr glauben, die ohne dieselbe nicht einmal vorhanden wäre, die ihnen aber schmeichelt, ohne sie in Schrekken zu setzen. Die Weiber lassen sich gern betrügen: vielleicht rächen sie sich bisweilen dafür. Macht euch das in euern Gärten zu Nutze. Schonet und ergötzet das schöne Geschlecht, und machet ihm das Spazierengehen leicht: lasset die Wege gut schlagen, damit es sich nicht an seine niedlichen Füsse stößt, und sorgt für unregelmäßige, enge und wohlriechende Schattengänge, die von Rosen, Jasmin, Orangenblüten, Veilchen und Jelängerjelieber duften, und die Damen zum Bade oder zu Ruhesitzen führen, wo sie ihr Strickzeug oder eine andere Beschäftigung, und vor allen Dingen ihr schwarzes Schreibzeug im Pulte finden, in welchem immer bald der Sand, bald sonst

etwas

etwas fehlt, was aber Geheimnisse in sich bewahrt, die ihren Liebhabern und Männern unbekannt sind, und was sie, um ihnen artige Lügen mit einer Rabenfeder zu schreiben, auf die Kniee nehmen können.

Ich sehe zuweilen, daß man absichtlich Brombeersträucher und Dornen pflanzt. Ich sehe, daß man auch Disteln, Binsen und Schilf hegt *). Das heißt nicht die schöne Natur lieben. Ich bemerke, daß man einen wüsten Bruch einem angebauten Landstück vorzieht. Glaubet nicht mehr, ihr milzsüchtigen Lords, daß alles damit gethan sei, wenn ihr auch ein recht dichtes Gehölze, ein sehr einsam gelegenes Grundstück ausgesucht habt, um ein Schloß hinzusetzen. Es beliebt euch, dasselbe einen Park zu nennen, so wie das, was bei uns nur ein gewöhn-

*) In Teichen bin ich dem Schilfe keinesweges abgeneigt. Es macht die Wasserparthien hie und da malerischer, und dient übrigens dazu, daß das wilde Wassergeflügel sie nicht bloß besucht, sondern auch wirklich bewohnt. A. d. Ueb.

wöhnliches Obstgehege wäre, einen Garten. So war mein Urtheil über ein großes Landhaus, wo, wie man mir sagte, die Prinzen von England erzogen worden sind, und über das Landhaus des Herzogs von Beaufort beschaffen.

Ich verabscheue bloße Skizzen von grossen Dingen. Will man sich einmal darauf einlassen, so muß man sie nicht verfehlen. Keine Ruinen von Palmyra, im Geschmack derer, wie sie General Conway besitzt! Ihre Weiße, ihre niedrigen Säulen sind schlechte Muster. Ihre zu gut erhaltenen Wölbungen sind lächerlich. Ruinen sollten Gedanken an die ehrwürdigen Begebenheiten, die sich da zugetragen haben und an die berühmten Männer, die sie bewohnten, erwecken. Wenn man aber die Griechheit vieler Engländer und das Gothenthum des Herrn Walpole sieht, so geräth man leicht in Versuchung zu glauben, daß ihre Werke aus der verwirrten Phantasie eines bösen Traums entsprungen seien. Ich mag sein Otranter Schloß eben so gern wie das an der Themse; es ist eines so närrisch und düster als das andere.

Tem-

Tempel sollen Vergnügen einflößen, oder an jenen geheimen Schauer erinnern, welchen man vormals empfand, wenn man hinein trat. Aber was empfindet man itzt, wenn man einen über den andern erblickt, und durch eine wahre Tempelsucht diejenigen, die, wie der Tempel der Freundschaft unser Lob verdienen würden, wieder verdorben sieht? Mylord Temple hat sich von seinem Namen zu sehr hinreißen lassen.

Ich würde das Haus eines Mylord Batitor, bei Bristol, sehr zu schätzen wissen, wenn es nur anderes Wasser hätte, als was der Himmel herab schickt. Vergeblich baut man oft chinesische Brücken über unbedeutende Vertiefungen, um glauben zu machen, daß etwas drunter sei. Die Täuschung dauert nicht lange; und was ich von dieser Art bei Mylord Mansfield aus den Fenstern seines Hauses gesehen habe, zeigt nur um so nachtheiliger, was vielen von Englands Gärten gebricht.

Diese

Diese Herren würden dem Mangel an Wasser leicht abhelfen können, wenn sie nicht die Wuth hätten, sich von der Themse zu entfernen. Sie wissen keinen Vortheil davon zu ziehen. Der Herzog von Marlborough weiß dem durch einen Fluß abzuhelfen, den er in seinen Park gezogen, und der in demselben groß und schnell wird und mit viel Geräusche fort stürzt. Ich verzeihe es dem Lord Pembrocke nicht, daß er den seinigen wie einen Canal dahin fließen läßt.

Wimmeton hat in meinen Augen wenig Verdienst, ob ich gleich viel Gutes davon sagen höre. Das Haus sollte höher gebaut und das Gehölze besser unterfüttert seyn. Alles hat darinn das Ansehn von Magerkeit und Verzehrung. O! das ist keine schöne Natur. Man liebt in England die Grotten, wie mich dünkt. Diejenige, welche Lord Tillney besitzt, kömmt ihm für das Vergnügen, was sie ihm gewährt, wahrlich viel zu theuer zu stehen. Die von Twickenham gefällt mir nur, weil ich mir daselbst Pope vorstelle, wie er an seinem Versuch

über

über den Menschen arbeitet. Er arbeitete fast eben so geschickt an Gartenanlagen; denn der seinige, der itzt der Lady Stanhope gehört, hat, ob er schon nicht groß ist, viel angenehmes.

Ich liebe nicht das Halbfremde in Gärten. Der Herzog von Devonshire hat von seinen Reisen Schönheiten mitgebracht, die seinem Lande nicht angemessen sind; und das wenige Französische und Italienische, was zu Schißwig ist, hat mir ganz und gar nicht gefallen. Aber was ist schöner als Kings-Westen und die Ansicht des Flusses Herzan und des ganzen Gebiets von Wallis? Was ist vortreflicher als Windsor? Welch ein Wald! Welch eine Majestät!

Solche alte Eichen gaben vor Zeiten in Dodonens Haine Orakelsprüche. Ich gerieth in Versuchung, diese um Rath zu befragen. Sie erweckten die Ehrfurcht, von welcher man sich bei Annäherung der Gottheit durchdrungen fühlte.

Blenheim und Kew zeichnen sich hauptsächlich durch ihre Plate-banden und kostbaren Gehölze rühmlich aus; nach ihnen Wilton wegen seiner Brücke und seiner Mühle und wegen seiner, vielleicht zu zahlreichen, Büsten, die sich im Hause befinden, und die ich lieber in den Garten versetzt wünschte; ferner die Hütten des Herzogs von Cumberland. Dieß ist, was mir in England das meiste Vergnügen gemacht hat.

Ich rede nicht von der Architektur dieses Landes. Das Schwerfällige des Ritters Vanbrugh ist bekannt, so wie sein Epitaphium, welches eine vortrefliche Plaisanterie ist. Inigo Jones, edel und einfach in seinen Werken, ist der letzte, der England in dieser Gattung Ehre gemacht hat. In Ansehung seiner Fenster und seiner schmalen Thüren hat er wohl das Antike zu sehr nachgeahmt. Greenwich würde ihm, wie mich dünkt, viele Ehre gemacht haben, wenn er diese beiden Corps de logis, ganz im Grunde, in einem Gehölze, welches die Elysäischen Felder vorgestellt haben würde, mittelst eines prächtigen Tempels, als Mau-

so-

soleum verbunden hätte, um da die Asche der braven Matrosen aufzubewahren, welche die Ehre und den Reichthum des Landes und die Bewunderung der Fremden ausmachen.

Ich sage nichts von Sion, einem ehemaligen katholischen Kloster, was nachher die Wohnung des Cardinals Wolsey ward, und itzt der Herzogin von Northumberland gehört. Es war noch nicht vollendet; aber man durfte sich etwas gutes davon versprechen. Es liegt am Ufer der Themse, nahe bei der vortreflichen Ansicht von Richmond und dem kleinen Hause der Lady Harrington.

Diejenigen, welche die erhabenen und gigantischen Scenen von Shakespear, so wie die grotesken des Hudibras zum Vorschein gebracht haben, erfreuen sich ihrer nun auch in den Gärten, wie in der Moral, Medicin und Philosophie. Dieß hebt jedoch die großen Verbindlichkeiten, die man den Engländern schuldig ist, nicht auf. Ihre Fehler sind sogar Wohlthaten für Andere;

und ich glaube kaum, daß man sich mit Anlegung von Gärten gut zu nehmen verstehen könne, wenn man nicht in England gewesen ist, wäre es auch nur, um Nettigkeit und Sauberkeit daselbst zu lernen. Man durchlaufe nur die schönsten Paläste Frankreichs und die Residenzen des Reichs. Mir ist das Gütchen eines Londoner Schuhflickers, dessen Meublen wie eine Dose, dessen Rasen wie ein Billard, dessen Gesträuche wie die wohlgekämmten Haare einer hübschen Frau aussehen, weit lieber. Diese Sauberkeit ist es, die ich am meisten empfehle. Ohne diese verlasse man lieber die freie Natur, in der man zu wohnen nicht werth ist, und helfe die Unreinlichkeit großer Städte vermehren, wo auch die Seele davon angesteckt wird und von ihrer Reinigkeit verliert.

Dieß wäre vielleicht das Land der Eklogen, wenn es nicht zu feucht wäre. Ich gerieth in Versuchung, den Tityrus, jenen schlimmen Vogel des Menalca und Meliböus zu suchen. Es war mir, als sähe ich ihn ihre Ausfoderungen auf Kunst und Liebe ver-

vernehmen. Ich neigte mein Ohr nach Flötenconcerten, die ich nicht hörte, und auf diesen schönen Rasenteppichen wollte ich den Schäfern die Treue ihrer Geliebten und ihrer Hunde singen; aber in England sind die Schäfer nicht so sanft und zärtlich wie ihre Lämmer, und der liebliche Ton der Schalmeien taugt nicht für diese Inselbewohner. Nur in glücklichern Himmelsstrichen kann man die Liebesgluth des Corydon und Alexis Grausamkeit mit Gesängen feiern. Die Wärme mischt in die Mattigkeit, die sie einflößt, eine Art von Wollust. Von ihr rühren auch diese Empfindungen her, die sich nicht auf andere Länder erstrecken.

Italien war es, wo man sich vormals darauf verstand. Aber was hat man itzt aus diesem Italien gemacht? Es giebt weder solchen Rasen, noch ein Sabiner Thal mehr, wie zur Zeit des Horaz. Jenes reizende Tibur ist nicht mehr vorhanden. Was ist aus diesem Orte geworden, den er als einen natürlichen Garten so reizend schildert? Qua pinus ingens, albaque populus umbram

bram hospitalem consociare amant ranis et obliquo laborat lympha fugax, trepidare rivo. Vielleicht hat diese Ode den Engländern den Gedanken zu ihren Gärten gegeben; denn sie haben alle den Horaz im Kopfe, so wie den Homer und Virgil. Das Klima scheint sich ganz verändert zu haben. Dem Schnee verdankten die Römer ihre grünen Teppiche, die nun verschwunden sind. Solvitur hyems, sagte Horaz einmal; Diffugere nives sagt er an einem andern Orte. Ich habe in den Gärten von Colorno bei Parma, und in den Gärten der Casa Pizani, Giovanelli u. s. w. an der Brenta nichts als Feldwege zwischen französischen Parterren, ein verblichenes Grün und unnatürlich behandelte Bäume angetroffen. Die Italiener, welche schlecht und prächtig wohnen, bauen Faßaden für Maulaffen. Sie haben nichts als Treppen und Peristyle. Ich habe schon anderswo gesagt, was ihre Väter, welche das Landleben eben so sehr liebten, als die jetzigen ihm abgeneigt sind, für ihr Vergnügen und für ihre Bequemlichkeit thaten.

Die Gleichgültigkeit, die man im Süden von Europa gegen den Gott des Geschmacks beweiset, hat ihn zu einem verzweifelten Entschluß verleitet. So frostig er auch ist, so hat er sich doch nach Norden gewendet. Bei seiner Ankunft fand er Gehör bei der Kaiserin von Rußland. Sie wurden bald einig mit einander. Er ward ihr Bostangy=Bacha, oder die Besiegerin der Türken ward vielmehr selbst die Gärtnerin von Czarskozelo. Die Gesetzgeberin des größten unter allen Reichen, die Stütze oder das Schrecken der benachbarten Reiche besäete ihre Rasenparthien selbst. Die Gerechtigkeit, die ihre große Seele denenjenigen, die ihren Ruhm bis an die Pforten des Orients ausgebreitet haben, wiederfahren läßt, macht ihr eben so viel Ehre als ihren Feldherren. Czarskozelo, wo sich, wie die Kaiserin sich ausdrückte, ihre Capricen befinden, bietet von allen Seiten anmuthige Gemälde dar. Diese sogenannten Capricen bestehen in optischen und Wasser-Spielen, die gut angebracht und mannichfaltig sind. Eine Brücke von sibirischem Marmor im architektonischen Style des Palladio, das

Bad, der türkische Pavillon, die Admiralität, eine Art von kleiner Stadt, an der man eben baut, das eiserne Thor, die Ruine, die Denkmäler der Siege Romanzows und Orlows, die prächtige mit Schiffschnäbeln gezierte Säule wegen des Siegs bei Czesma, die mitten im See steht, ein artiges Gebäude am Ufer, angenehme Umrisse, viel seltene Blumen und ausländische Gesträuche, ein eben so schöner Rasen wie in England und noch besser unterhalten, chinesische Brücken und Kioske, ein Tempel von zwei und dreißig Marmorsäulen; ferner die Colonnade gegen den Garten zu, die große Herkulestreppe: alles das zusammen genommen macht diesen Garten zum interessantesten in der Welt. Auf solche Weise hat diese große Fürstin, wenn sie zuweilen die Ruder der Regierung aus den Händen gelegt, den Zeichnungsstift, den Rechen und das Gartenmesser ergriffen, welche sie jedoch, trotz allem dem, nicht so gut zu führen weiß, als sie den Degen geführt haben würde, wenn das Schicksal sie nicht, zur Ehre ihres Geschlechts, zu einer Frau bestimmt hätte.

Pe-

Peterhof liegt zwei Stunden davon entfernt. Dieß ist die kaiserlichste, und folglich die weniger muntere von den Sommer-Residenzen des Hofs. Man sieht daselbst die kleine holländische Manier, womit Peter I. angefangen hatte, und die er nachher größer behandelte, als er auf seinen Reisen mehr gesehen hatte. Eben so hatte er in der ersten Manier, an dem Ufer des Meers, sein Haus gebaut, was den Namen Monplaisir führt; und in den schlecht entworfenen und schlecht gepflanzten Boskets findet man Ueberraschungen, Uhren, Claviere, Glockenspiele, Orgeln, Musiker, Enten, Hunde und Jagden, die das Wasser in Bewegung setzt.

So übertreffen, in der zweiten Manier, die Cascaden jene von Versailles, weil sie immer gehen und die größten Massen Wasser enthalten, die ich je gesehen habe. Wenn man alle Canäle statt der Ziegelsteine, die ein zu gemeines Ansehn haben, mit Granit, oder was noch besser wäre, mit Rasen bekleidete; wenn man die Piedestale der beiden

Wassersäulen, welche eine Aehnlichkeit von den beiden marmornen Säulen in Rom haben, von Marmor machte; wenn man eben so viele in dem Bassin der Pyramide anbrächte, dessen Spiel auf die nämliche Weise einen schönen Obelisk darstellt; wenn man in einem Walde von Orangenbäumen, die amphitheatralisch in Kübeln stehen, da wo gegenwärtig eine häßliche Cascade von Holz ist, schlängelnde Wege machte; wenn man die Hecken ausrottete und alle Gänge mit Rasen belegte; wenn man etwas Unregelmäßiges anbrächte, um ein nützliches und angenehmes Gebäude, wie z. B. eine Mühle, dergleichen man beim Bergbau gebraucht, hinzustellen; wenn man alles dieses mit dem neuen Naturgarten verbände, den man auf der andern Seite des Schlosses anlegt: so würde der alte Peterhof mit der Bewunderung, die er bereits einflößt, Interesse verbinden. In der neuen Anlage ist ein Milchhaus, welchem man die Gestalt eines Heuschobers gegeben. Einige Bunde verdecken den Eingang; man muß sie wegnehmen, wenn man hinein gehen will. Man wird da immer wieder getäuscht, und man

ver=

verzeiht den Betrug gern, wenn man hineintritt und einen im besten Pariser Geschmack verzierten Saal erblickt. Das Meer, welches an den Garten des alten Peterhofs stößt, und welches man hier vom neüen entdeckt, verbreitet über alles das einen Reiz, der sich nicht beschreiben läßt.

Bei Czarskozelo verdient Pawleskoe, welches der Großfürstin gehört, gesehen zu werden. Da es mitten im Gehölze liegt, und sie, anstatt der Natur entgegen zu handeln, sich desselben auf eine geschickte Art zu Nutze gemacht hat; so gewähren daselbst alle Gegenstände viel Annehmlichkeit, und die Ungleichheiten des Erdreichs sind sehr gut benützt. Die kleine Ruine, die Brücke, die ein so altes Ansehen hat, die Milch- und Sennhütte, die, von aussen Hütte, inwendig den niedlichsten Sallon vom vortreflichsten Geschmack enthält, wie man ihn in den artigen kleinen Häusern von Paris antrifft, und der Tempel der Eintracht: alle diese Anlagen machen dem Geschmack der Großfürstin Ehre.

Zwei Werste von Czarskozelo besitzt der Fürst Potemkin ein kleines gothisches Haus und einen englischtn Garten, in welchem Einfachheit, Anmuth, Leichtigkeit und Gefälligkeit herrschen. Es ist nichts Gesuchtes, nichts Anmaßendes darin; aber die beiden Cascaden, die eine ausserhalb, die andere innerhalb seinem russischen Bade, verdienen bemerkt zu werden. Letztere besonders ist einzig in ihrer Art, und verbreitet in Zeiten, wo sich die Sonne rächt, daß sie nicht lange an einem ihrer würdigen Horizonte verweilen kann, überall Frischheit. Man huldigt ihr in Rußland sehr. Man pflanzt, säet und zeigt Geschmack. Was ist da für ein schöner Himmel, was für ein schöner Boden! Der Fürst Potemkin z. B. hat Genie, eine entschiedene Neigung für das Schöne, für das Große; er weiß der Natur zu geben. Aber die prächtige Colonnade von Anitzi beweiset vorzüglich, daß er sich auf die Kunst und auf die Künste versteht. Sein moldauisches Haus zu Czersky hat viel Angenehmes.

Die beiden Gärten von Nariskin, am Wege nach Peterhof, zeigen den vortrefli-chen Geschmack dieses Landes; der eine durch liebliche Umrisse der Rasenparthien, der Ge-wässer und Inseln, der andere durch Ueber-raschungen im Gehölze, die an Zauberei grenzen. In Absicht auf Gebäude, Tem-pel und geschmückte Parthien verdienen alle beide die größten Lobeserhebungen. Wenn mir der zweite besser gefällt, so ists unstrei-tig wegen des schönsten Geschöpfs von der Welt, das oft in dem Garten spaziert, wel-ches den Namen desselben führt. Jeder, der dahin kömmt, wünscht der Gott davon zu seyn, um sie in sein Heiligthum aufzu-nehmen. Er ist nicht stolz, er ist überall leicht zu finden, und eine Höhle oder ausge-hölte Eiche wird oft einem Divan vorgezogen.

Gastina, was dem Fürsten Orlow ge-hört *), ist eine Nachahmung von verschie-denen

*) Ausser den Veränderungen, die darin vor-genommen worden, muß auch bemerkt werden, daß Gastina gegenwärtig dem Großfürsten (dem itzigen Kaiser) gehört.

denen englischen Gärten und schließt große Schönheiten in sich.

Es giebt Wintergärten in Rußland, die besser behandelt seyn könnten. Man errichtet unermeßliche Gebäude, um sie zu bedecken. Bogiges Gitterwerk mit Gläsern würde ihnen ein Ansehen von Wahrheit geben, und unter allen ist dieß das kostbarste.

Man muß den Gärten um Petersburg um so mehr Verdienste zugestehen (denn diejenigen, welche ich in den Statthalterschaften von Moskau, Pultawa, Tula, Kursk, Karkow u. s. w. gesehen, haben mehr Sonne und mehr Bäume) da hier nichts als die traurige Tanne und die ungelockte Birke wächst. Man verbindet sie ganz sonderbar mit einander. In Polen ist man von der Natur etwas mehr begünstiget. Aber in Ermangelung der Wohlthaten des Himmels, nimmt man zu eigner Industrie seine Zuflucht und legt belustigende oder interessante Gärten an. Der Fürst Casimir

Po-

Poniatowsky hat zu Schule durch beträchtliche Umschaffungen des Erdreichs vortrefliche Wirkungen hervorgebracht. Die zwischen den Bergen liegenden Salons sind von einem vollkommen guten Geschmack. Man stößt auf einen derselben durch ein Ohngefähr; aber man kann es nicht vermeiden dieses Ohngefähr. Man vertieft sich in eine Grotte, und man braucht etwas Tageslicht, um sich wieder heraus zu finden. Man glaubt einigen Schein zu bemerken; man geht darauf zu, und findet einen vortreflich gezierten, ausgemalten und prächtig meublirten Saal, Säulen von Stuck, Basreliefs u. s. w. Es giebt noch einen andern über einer Eisgrube, wo sich eine ganze Gesellschaft mit einander unterhalten kann, ohne beisammen zu seyn. Er besteht aus zwei Stockwerken; das eine ist für die, welche gern ein Spiel machen, das andere für die, welche lieber plaudern. Diese Art von Absonderung, die es doch im Grunde nicht ist, hat etwas neues, und ich denke einmal irgendwo Gebrauch davon zu machen. Es giebt hier ein Minaret von großer Schönheit. Dieß ist ein türkischer Thurm, auf wel-

welchem Glocken hängen, die zum Gebete rufen. Man findet auch Tempel da. Das Gebäude, wodurch der Sallon im Felsen Licht erhält, hat ganz so ein Ansehen. Es ist ferner eine prächtige Colonnade vorhanden, und nicht weit davon ein prachtvolles Theater, dessen Aeusseres einer gothischen Kirche gleicht. Ich wünschte hier eine Brücke, die über die Straße gienge, um beide Gärten, die nicht getrennt seyn sollten, und die beide von großer Schönheit sind, mit einander zu verbinden. Man trifft auch eine Insel an, die eine Stadt für Kinder ausmacht. Es ist dieß der drollichste Gedanke von der Welt. Der Fürst versammelt hier alle Kinder, die er auftreiben kann, um ihnen Feste zu geben; und die Wichtigkeit, die sie auf alle ihre Beschäftigungen legen, welche durch Gebräuche aller Arten von Gewerben bezeichnet sind, macht viel Spaß. Man findet hier auch eine Garnison, eine Clerisei. Das Chor der Pfarrei ist ein Marionettentheater*). Ich bin dadurch auf den Gedanken gekommen, auf einer

*) Ein Scherz, der durchaus nicht zu billigen ist. A. d. Ueb.

einer Insel ein gleiches Etablissement anzulegen, und freue mich schon im voraus, sie in ihren Standestrachten und Uniformen zu sehen. Es begegnen mir täglich dergleichen Leute, die nicht so munter aussehen, als es die meinigen seyn werden, und dergleichen ich keine haben möchte. Ich sehe sie schon im Geiste, wie sie ihre Besuche empfangen. Lange und leichte Ketten werden sie in einigen ihrer Freundschaftsbezeigungen zurückhalten; nur ihre Galanterie wird schwer zu verhindern seyn.

Laßt mich dieses Gemälde, dieses scherzhafte Bild, so geschwind als möglich entfernen, um mich einem rührenden zu überlassen. Pavonski, vormals ein Sitz der Ruhe, und nun ein Aufenthalt des Schmerzes, Pavonski ist ein Tempel der Bekümmerniß. Die Fürstin Czartoriska benetzet den kleinen Garten an der Wohnung ihrer unglücklichen Tochter, welche in den Flammen umkam, alle Tage mit ihren Thränen. Ach! sie sollte blos die Thränen der Liebe kennen! An der Stelle, wo ihre Hütte war, die nach diesem Unglück von Grund aus weggerissen wurde, und über die sich die Grazien und der Gott, der sich in ihrem Gefolge befindet, nie trösten werden, stehen itzt Cypressen, Rosen und traurige Inschriften. Ein vollkommenes Bild der Natur macht das Verdienst dieses Orts aus. Es scheint, es sei ihr hier in nichts entgegen gehandelt worden. Jedes hat da sein Bauerhaus, das von aussen fast gar zu natürlich ist; denn die Bauerhütten in diesem Lande haben eben nichts angenehmes. Von innen sind sie allerliebst. Ihre Familie und ihre Gesellschaft sind in mehrere kleine umschlossene Parthien vertheilt. Ehemals, glaube ich, kam man zusammen, um einander zu lieben; itzt nur, um mit einander zu weinen. Ich kam wirklich in einige Versuchung mit zu weinen, als ich an diesem Orte die interessante und unglückliche Schönheit beisammen fand. Denn ich bin wie der Amor im Devin du village, welcher Lachen und Weinen verlangt; nur lange Weile kann ich nicht vertragen.

Wer-

Werky, dem Bischoff von Willna*) gehörig, ist ein glückliches Kind der Natur. Es hat einen großen und drei kleine Flüsse. Eine Kette von Bergen trennen zwei Thäler von einander. Vier oder fünf Cascaden, drei Inseln, allerlei Gebäude, Schlösser, eine Mühle, ein Hafen, eine Ruine, zwei Klöster mit schönen Faßaden, die eine gute Wirkung thun, natürliche Rampen, der Tempel des Vulcans, der Tempel des Bachus, der Tempel der Eintracht, der auf Pfählen stehen sollte, und eine Art von Brücke über den Zusammenfluß von drei artigen Gewässern, ein Obelisk, eine Fischerhütte, eine Hütte für die Arbeiter, zierliche und rohe Brücken, verschaffen diesem Aufenthalte, wo ich für einen Theil dieser Anlagen Rathgeber und Ansteller gewesen bin, ungemein viel Annehmlichkeiten.

*) Der von den Liebhabern der Freiheit, der Gleichheit, der Gerechtigkeit und des Glücks, vor drei Monathen gehenkt wurde.

Bei den Rathschlägen, die ich ertheile, ohne daß man mich eben darum befragt (denn auch der geringfügigste Garten-Schriftsteller oder Gartenanleger glaubt ihrer nicht zu bedürfen), sage ich immer, daß man nur, wenn man selbst die Hand ans Werk legt, darüber nachdenkt, sich umsieht und schreibt, dasjenige wahrnimmt, was manche Leute vor ihren weitläuftigen Regeln nicht sehen. Eure Augen müssen nie ermüden, auf den Schönheiten der Natur umher zu schweifen, um darnach zu streben sie alle zu sammlen. Ich habe auf dem Lande wohl Achtung gegeben und gefunden, daß das Roth der Klatschrosen, die Farben eines Mohnfeldes, das Blau der Kornblumen und das Gelb des Rübsens das glücklichste Farbengemisch hervorbrachten, das sich nur denken läßt. Alles dieß mit dem blassen Grün des Flachses, mit dem gemischten und sprenklichten Ton des Heidekorns, dem gelblichten Grün des Roggens, dem satteren Grün der Gerste und vieler andern Arten, die mir nicht bekannt sind, vereinigt, bringt eine anmuthige Wirkung hervor; und da ich kein Freund von Mauern bin, und Canäle und Aha's

die-

dieselben ersetzen, so genieße ich auf dem Lande bei einem solchen Anblick ein Vergnügen mehr.

Lasset uns Gutes thun, laßt uns Andern Gutes thun. Laßt uns Leben schaffen; laßt uns z. B. das Volk der Luft, der Erde und des Wassers vermehren. Ich glaube nicht, daß die neuen Gesetzgeber, die so viel von Bevölkerung reden, die Zahl der Glücklichen vermehren. Denn die Menschen sind doch immer — sehr verlassene Geschöpfe. Aber weg mit allen diesen erniedrigenden Betrachtungen. Die Natur tröstet mich; ich will ganz der Natur angehören; sie ist es, die aus mir redet.

So wie man vormals sagte: es werde Licht und es ward Licht, wünschte ich sagen zu hören, macht uns Vögel, Fische, besonders Schwäne. Ich suche immer einen Jupiter darunter, und ich erblicke nur den Schwan der Leda. Es könnte zwar seyn, daß ein Gott eine solche Posse noch itzt treiben möchte: aber im itzigen Himmel ist man nicht mehr galant. An dem Ufer meiner Wasserparthien müßte alles von dem Geschrei einer großen Menge von Thieren wiederhallen. Uiberall müßten mehrere tausend Karpfen das Wasser in Bewegung setzen. Uiberall müßten Enten nisten, und sogar Gänse müßte man antreffen. Von allen Seiten müßten aufgejagte Tauben sich auf die Dächer flüchten. Man vermehrt, dünkt mich, den Reichthum der Natur, wenn man ihre Kinder vermehrt. Ich bin sehr für die Pfaue, ob ich gleich die Stolzen verabscheue. Alles sei gut bewohnt. Ueberall treffe man Leute genug an, sie mögen übrigens seyn von welcher Art sie wollen. Ih, mein Gott! Es giebt wohl vierfüßige Geschöpfe, welche denen, die auf den beiden hintern gehen, zum Beispiel dienen können.

Des Abends höre man den schneidenden Ton der Dorf-Trompeten, welche die alten und jungen Rinder nach Hause blasen. Man vernehme auch den Ton ihrer Glocken: er ist ländlich, wie die Stimme derer, welche sie führen. Hat man keine Flüsse, an

deren

deren Ufern sie auf ihrem Heimwege verweilen, um sich und ihre Heerden zu tränken, so mache man deren.

Ich habe immer das Gesellige geliebt, es habe bestanden, worin es wolle, so daß ich vor einiger Zeit einen Salvator Rosa fast um nichts hin gegeben habe, weil er nur Wüsteneien darstellt, und Wüsten ein Ansehn von Vernichtung haben. Ein Gemälde ohne Figuren gleicht dem Ende der Welt.

Viele Leute lieben das Spiel. Das ist eine abscheuliche Unterhaltung. Sind sie nicht beschäftiget, befinden sie sich nicht in der Nähe einer Stadt, so bekommen sie, anstatt vergnügt zu seyn, üble Laune. Ich rathe das Spiel nur großen Regenten an. Man muß dazu einen großen Hof oder viel Nachbarn haben.

Ich mache sehr viel aus Statuen; aber marmorne verderben, andere steinerne springen, und in Gips gegossene sehen zu ärmlich aus. Man darf in nichts mittelmäßig seyn, am wenigsten hierin. Wenn man in einem Garten von hundert Morgen deren nicht wenigstens für hundert tausend Thaler setzen kann, so muß man lieber sagen, daß man sie nicht gern habe. So spreche ich, zum Beispiel; es ist aber eine verdammte Lüge.

Dieß ist edel und macht lebendig. Man kann denn doch auf eine anspruchlose Weise einige Köpfe in kleine Parthien setzen. Es muß so aussehen, als ob ein bloßer Einfall oder eine besondere Freundschaft die Veranlassung dazu gegeben hätte. Wäre es die Liebe, so wäre es um so besser. Eine Statue, die dem Herzen theuer ist, hat einen größern Werth als die Pferde der Siegesgöttin nnd des Phöbus. Aber man könnte sie nur in einen geheimen Tempel setzen: und Geheimniß gegen Geheimniß genommen, so ist es immer besser, die Schönheit, die man anbetet, selbst darin zu haben. Rufet sie dann für eure Gärten an. Habt ihr dann euer Herz befriediget, so wird sie euch Geschmack einflößen. Man muß lieben und geliebt werden, um etwas schönes hervorzubrinbringen. Alle Werke der Liebe werden immer eine gewisse Vollkommenheit erhalten. Die Gedichte und Gärten, die aus ihr entspringen, müssen schlechterdings gut gerathen.

Aber geschieht es etwa, um Kinder zu erschrecken, daß man große weiße, oft colossalische Figuren ganz symmetrisch, wie ein Regiment hinstellt. Mit Geld, oder einem Aergerniß gebenden Priap (denn man kramt überall Sitten aus, seitdem man keine mehr hat) oder mit irgend einer Minerva, deren wakkelnde Lanze ich von hier sehe, könnte man einen vollkommenen Garten machen, und der sich gewiß weit besser ausnehmen würde. Weiß man denn nicht, welchen Schaden ihnen diese unheure Masse und Steifheit thut, die man um sie her sieht. Ich würde alle diese Gottheiten an dichte und dunkle Parthien setzen, wo sich die weiße Farbe des Blocks und die Arbeit desjenigen, der die Grausamkeit begangen, den Meisel dran zu setzen, gut heraus heben würde; und statt jener Reihen von römischen Kaisern und griechischen Philosophen, mit deren Köpfen man

man Lust bekommen könnte Kegel zu schieben, würde ich sie lieber in buschige Boskets sezzen, die ihnen gewidmet wären. Eine Venus mitten in einer Gruppe von Myrthen, ein Mars mit dicht an einander gepflanzten Lorbeer- und Granatenbäumen umgeben, so daß man ihn nicht gleich fände, selbst ein Vulcan, der eine Schmiede oder irgend eine ähnliche Feuerstätte beschützte, wenn man glücklich genug ist, das Nützliche mit dem Angenehmen zu verbinden, würden auf diese Weise weit mehr an ihrer Stelle seyn.

Und dann kann ich sie nun einmal nicht leiden, diese fast immer schlecht gebildeten Götter, diese Kaiser, diese immer stehenden Philosophen, die beständig an der Sonne stehen und allen Maulaffen blos gestellt sind. Man gruppire sie zuweilen; man lege sie; man gebe ihnen einen siegreichen, wohlthätigen oder galanten Charakter.

O wenn diejenigen, welche überall an der Spitze stehen, ihr Interesse verstünden, wie würden sie die natürliche Fühllosigkeit

oder

oder den stolzen Neid, der sie des edlen Vergnügens zu bewundern beraubt, zu verbergen suchen. Wenn ihrer Seele die Tugend verweigert ist, so sollten sie doch wenigstens so thun, als wenn sie die Achtung gegen sie fühlten, die ihr gebührt. Männer von Genie kennen das Glück des Enthusiasmus. Dieser giebt ihnen einen Altar und selbst Opfer für eine schöne Handlung der Menschlichkeit oder Tapferkeit ein. Leute, die kein Genie haben, müssen wenigstens so thun. Blos auf solche Weise erlaube ich ihnen dann, daß sie uns betrügen.

Wenn der Reichthum, der Stand des Kriegers, zum Beispiel, und besonders die Liebe zur Menschheit dergleichen Anlagen hervorbringen können, die ihnen zur Ehre und zum Vergnügen gereichen, so widmet ihnen dergleichen in euern Parks. Mitten in einer unregelmäßigen Pflanzung von Eichen erhebe sich ein Tempel der Tapferkeit geweiht; und er sei kein blos verschönerndes Denkmal, sondern zugleich ein Denkmal der Wohlthätigkeit und der Erhabenheit. Man neh-

nehme dann diejenigen darin auf, die man so glücklich gewesen ist zum Siege zu führen. Man lasse sie da den Preis ihrer Wunden und ihrer Dienste empfangen, und verlängere durch eine gesunde Luft und reine Gewässer die Tage dieser Helden. Ohne sie würden diejenigen, die diesen Namen durch sie erhalten haben, nichts seyn. Jene subalternen Helden haben diese zu Halbgöttern gemacht. Ueberlaßt euch dann einer traurigen und edlen Empfindung, und bildet durch einen dem Tode geweihten Tempel, der mit Cypressen umgeben ist, eine neue Scene, um die Asche dieser tapfern Krieger in marmorne Begräbniß-Urnen zu sammlen.

Ihr könnet auch andere Gebäude anlegen: Erziehungshäuser für die Jugend, selbst für die Kinder der Liebe, denen ihr eure Gärten schuldig seid, wenn sie so sind, wie ich sie verlange; Manufacturen aller Art, zahlreiche Meiereien.

Gebet auch den nothwendigen Werken ein edles Ansehen. Laßt eure Gräben zum

Aus-

Austrocknen etwas ähnliches von den alten Wasserleitungen der Herren der drei Welttheile, die ihnen bekannt waren, haben. Treibet dieses Austrocknen nicht zu weit. Es giebt viel Bäume, die, wenn sie vor Durst zu Grunde gehen, sich dafür an euch selbst halten.

Man lege keine hohlen Wege und selbst keine Amphitheater an, wenn man nur bloß Erdhaufen aus der Räumung seiner Flüsse zu machen weiß, oder ihre Ufer ebenen will; denn das Wasser sieht gut aus, wenn es dem Rasen gleich ist. Man muß auf einem unmerklichen und anmuthigen grünen Abhang zu ihm gelangen. Keine Bekleidungen von Steinen, besonders von Ziegelsteinen, nichts als Rasen! Ich predige nichts als Rasen, und auf dem Rasen werde ich Liebe predigen. Keinen Compaß! Es hat keinen zu den Umrissen der Grazien gegeben, und der Gürtel der Venus hat ihren Körper nie symmetrisch umgürtet.

Diese auffallenden Bilder der Reize der Natur, diese getreuen Spiegel, die aller Schmeichelei unfähig sind, diese Spiegel der Nymphen der Gebüsche, werden immer zu gut oder zu schlecht behandelt. Dadurch, daß man sie mit Gewalt herausheben will, nimmt man ihnen allen Werth. Man fordert zu viel von ihnen. Man hält sie die ganze Nacht zurück, um sie am Tage mit mehrerem Glanze nur auf einige Stunden erscheinen zu lassen.

Sind die Gärten da, um Reisen darin zu machen? Soll man da erscheinen, als wie man ins Schauspiel geht? Es ist gerade so, als wenn diejenigen, die sie aus diesem Grunde nicht lieben, sich vor langer Weile in die Städte zurückziehen, um dort spazieren zu gehen. Die Kühle beider Dämmerungen, das reizende Schauspiel der hervorbrechenden Morgenröthe, das ermattende Ende eines schönen Tages, das dem Ermatten der Wollust nach einer köstlichen Nacht gleicht, sind die schönsten Augenblicke auf dem Lande. Der Machinist, der keinen Sinn dafür hat, ist zu Bette gegangen, und Amor, der mich zu allen diesen zurückgehaltenen Gewässern führt, wacht. Ich ziehe das schwächste Geräusch eines Bachs, den kleinsten Fall eines immer laufenden Wassers den größten Wirkungen vor, die ein unwissender und zu lange bewunderter Lütticher für das prächtige Gefängniß der Könige des schönsten Landes von der Welt in dieser Art ausgedacht hat.

Was soll ich von jenem beinahe vollkommenen, und wenigstens interessantem Orte sagen? Wenn ich das, was ich denke, darüber sage, so wird man mich nicht mehr lesen. Man wird hin gehen, um selbst zu sehen, zu bewundern und nachzuahmen. Ich bin in Ermenonville gewesen; es war warm. Ich habe alles durchlaufen. Es ist ein ungeheurer Bezirk; ich kam endlich zum Ziele. Der Enthusiasmus stärkte und ermüdete mich. Die angenehmen und ungemein edlen Cascaden, die man mit verschiedenen waagerechten Wassermassen zu bewerkstelligen gewußt hat; Gabriellens Thurm, wenn er auch schon ein wenig verfehlt ist, der kleine ne Garten und die Inseln, haben mich darüber getröstet, daß die kleinen Gebäude, das Haus des Philosophen, die Grotte, die Basreliefs, das Grabmal des J. J. Rousseau, die Einsiedelei, das Billard und die gemeinen Aufschriften, die entweder pedantisch oder von schlechtem Geschmack, entweder zu häufig oder am unrechten Orte angebracht sind, nicht so beschaffen waren, wie dieser schöne Ort sie verlangte.

Alles das machte eine überraschende Wirkung auf mich. Ich erinnerte mich erst lange nachher, daß diese Einöde nichts als eine traurige Heide, und zu ungleich und unbedeutend war, als daß man die Leute, die nach Ermenonville kommen, auf selbiger hätte herumführen können. Ich möchte doch jene Gegenden wiedersehen, sagte ich zu mir selbst. Ich kehrte also nach Ermenonville zurück. Ich dachte an nichts als an Julie. Ich glaubte sie weinen zu sehen. Ich habe ihren Geschichtschreiber gesegnet. Ich habe mich auf ihre Bank gesetzt. Man hat mir die Enten gezeigt, die sie aus ihren Händen ge-

gefüttert hat. Ihr Geschrei schien mir angenehmer, aber etwas ungerecht. Ich dachte darauf wieder an Julien. Ich ließ die Bemerkung über die wenige Aehnlichkeit zwischen diesem und dem wahren Clarens, was mir bekannt ist, nicht bei mir aufkommen. Aber ach! o Saint-Preux! ich habe dein Loos beneidet. Dein fünf und funfzigster Brief hat dir für die Bitterkeit deines vierzehnten Briefs Verzeihung bei mir erworben. Glücklich, tausendmal glücklich sind die, welche darin vorkommen!

Näher bei Paris ist ein Ort, der vielleicht noch mehr nach meinem Herzen ist. Als ich eines Tags jenen eitlen Wirbel verließ, und aufs Ohngefähr an der Seine hin irrte, verlor ich ihn bei Moulin joli aus dem Gesichte, und ich fand mich nun selbst wieder; denn auf dem Lande allein kann man sich selbst gehören. Wer ihr auch seid, wenn ihr kein verhärtetes Gemüthe habt, setzt euch zwischen die Arme einer Weide bei Moulin joli, am Ufer des Flusses. Leset, sehet und weinet; nicht Traurigkeit, sondern eine süsse rührende Empfindung wird euch Thränen in die Augen locken. Das Gemälde eurer Seele wird sich euch da vor Augen stellen. Euer verschwundenes Glück, wenn ihr dessen gehabt, das Glück, was euch künftig begegnen wird, und das Verlangen darnach, tausenderlei Gedanken darüber, Kummer, Freude, Wünsche, alles das werdet ihr hier auf einmal empfinden; Kämpfe — eure Einbildungskraft — euer Herz — der gegenwärtige Augenblick. — Gehet hin, ihr Ungläubigen — denket den Inschriften nach, die der Geschmack daselbst aufgestellt hat. Denket mit dem Weisen, seufzet mit dem Liebenden, und segnet den Herrn Watelet.

Die eigentlichen Franzosen verdammen die Wildniß der Insel. Es ist zu viel Rasen da, sagen sie, zu viel Gehölze, zu viel Unregelmäßigkeit; es sind keine Hecken, kein Parterre vorhanden. Diejenigen Franzosen, die es doch nicht völlig sind, tadeln die beiden pattes d'oie; *) aber sie entstehen aus der Lage selbst, sie sehen gar nicht so aus, als

ob

*) Gänge, so auf einen Punkt zu gehen.

ob sie absichtlich angeordnet wären, und sind nothwendig, um drei verschiedene Gesichtspunkte sehen zu lassen. Man muß üble Laune haben, wenn man sich derselben berauben will. Und der Contrast des Wassers und des schönen Grüns, den man am Ende dieser drei Gänge erblickt, soll nach Anglomanie schmecken.

Ich habe nichts reizenderes gesehen, als die beiden Brücken von Moulin joli. Die Holländische Brücke, jene zweite Insel unter der Brücke, und die andere fliegende und mit Blumen eingefaßte Brücke haben ein ganz bezauberndes Ansehen. Sie ist nicht natürlich, denn man weiß nicht, warum Kasten, Bäume und scheinbare Orangenbäume auf selbiger sind. Aber es ist die artigste Ungereimtheit von der Welt. Dergleichen Inconsequenzen gehören vorzugsweise den Chinesern. Ihre Gärten sind damit angefüllt, so wie ihre Zeichnungen; daher man in ihren Malereien oft Reuter auf dem Wasser und Schiffe auf den Bergen findet.

Nachdem ich gesehen, was die Herren Watelet und Girardin geleistet haben, hätte ich beinahe meine Anlagen aufgegeben. Nachdem ich ihre Bücher gelesen, hätte ich beinahe dem Vorsatze entsagt, über Gärten zu schreiben. Wie haben doch beide so viel neue, artige, philosophische und erhabene Dinge sagen können? Herr Watelet kömmt darin dem Herrn Robertson gleich. Er findet in den Gärten das Alter der Lehensherrschaft und den Geist der nachher mit den Zeitumständen modificirten Personalität. Herr de Girardin ist weniger Metaphysiker und vielleicht mehr Gärtner. Jener ist mehr Dichter und freier zu befolgen; dieser mehr Sklave der Natur. Ersterer würde sie der Gewalt seiner Einbildungskraft unterwerfen, wenn er Schätze besäße, die ihn unterstützen könnten. Letzterer scheint einen sicherern Weg vorzuzeichnen. Welcher von beiden hat mehr Seele und mehr Geist? Das eine suche man von der Frau, die er liebt, zu erfahren; was aber das andere betrift, so weiß ich nicht, wer im Stande ist, das zu entscheiden. Was ich zuverlässig weiß, ist, daß man bezaubert wird, wenn man sie lieset,

und

und daß man sich dann selbst befragt, was man daraus gelernt habe. Ich will und kann Niemanden bezaubern; aber ich hoffe von meinem Gärtner verstanden zu werden. Unstreitig deswegen, weil der Abbe' de Lille das Lob der neuern Gärten in den harmonischsten Versen besungen, deren Frankreich sich rühmen kann, hat Herr Fontane, um bemerkt zu werden, in artigen Versen, die aber weit unter jenen sind, die Parthei der ältern Gärten genommen, und behauptet seine schlechte Sache mit guter Art; aber sein Notenmacher weiset ihn über jeden Irrthum zurecht. Herr de Marnesia, ein anderer Garten-Dichter, schwebt zwischen beiden. Auch sein Gedicht ist nicht ohne Verdienst.

Der Herr Duc d'Harcourt hat noch früher und besser als die beiden andern geschrieben; denn er liefert mit der Vorschrift zugleich das Beispiel. Man sagt, seine Gärten sind wie sein Werk; er hat die Natur vor uns gesehen und besser als wir. Er hat in seinem Aufsatz jene Delicatesse, jene

Wohlanständigkeit, jenen Geschmack verbreitet, die man vormals an seinem Hofe bemerkte. Er hat die Gabe des Unterrichts wie ein Gärtner, den Ton eines großen Herrn, die Poesie des Anakreon, und den Pinsel des Albani. *)

Zu Chantilly glaube ich den großen Condé einher spazieren zu sehen. Mein Herz schlägt vor Freude und vor zärtlicher Bewunderung. Ich möchte die Schritte des Genie's küssen; aber das Genie geht nicht, es fliegt. Ich durchlaufe diesen wahrhaft bezauberten Ort, wo die Natur, mancher Fesseln ungeachtet, welche ihr der Geschmack der Zeit angelegt hat, oft entwichen ist, und ergötze mich 1) an dem Rasen bei den Ställen, ein Gebäude, das die Palläste vieler Könige übertrifft; 2) an der Ungleichheit des Erdreichs, welches beständig neue Ge-

*) Seine Werke sind von dem schändlichen Cerutti besungen worden, der, trotz seiner abscheulichen constitutionellen Noten, ein sehr artiges Gedicht über seine Gärten zu Betz geschrieben hat.

Gesichtspunkte gewährt; 3) an dem, was zwischen schönen Rasen-Abhängen mehr für Fluß als Canal gelten kann; 4) an den Waldspitzen, die in den Garten hereintreten; 5) an den natürlichen Cascaden.

Die Natur, die sich freute, den Händen ihrer Verfolger entgangen zu seyn, hat sich ihnen alsdann in Sylviens Bosket, auf der Insel der Liebe, die durch Feste und ihre Wasserspiele so berühmt ist, selbst überliefert; und ich kann ihre Gefangenschaft hier nicht bejammern. Tag und Nacht dringt das Wasser mit Kühnheit in die Höhe und fällt mit Geräusch wieder herab. Ganz Chantilly hat das Ansehn eines englischen Gartens, und noch weit mehr als das, was man seit einiger Zeit in dieser Manier anzulegen gesucht hat, wo das Dörfchen, das eben nicht malerisch oder hervorstechend ist, mir gar zu abgelegen zu stehen scheint. Nur durch ein wenig Veränderung, durch Verwandlung der kahlen Parthien in Rasen, und mit ein wenig studierter Unordnung in den Gewässern und Pflanzungen, würde

Chantilly, Frankreichs schönster Ort, zum schönsten Orte der ganzen Welt werden.

Das größte Unglück der Gartenanleger ist, daß sie, ehe sie ihre Anlagen anfangen, keinen Hauptplan entwerfen können. Man findet ein Stück Land in der Nachbarschaft des seinigen und kauft es. Man bringt sie mit einander in Verbindung, aber schlecht. Man ordnet an oder zerstört vielmehr. Man baut, ehe man pflanzt. Man versteht nicht das Angebaute mit Pflanzungen zu umgeben. Man isolirt sich mitten auf einer Fläche, die langweilig anzusehen ist. Man ist von allen Seiten gesehen. Man glaubt einen Garten zu haben: man hat alles, nur diesen nicht. Dies ist der Fall des Duc de Chartres *).

Man sollte das Wohngebäude, wenn man zum Garten hinein kömmt, nicht so-

gleich

*) Sein Name war damals noch nicht mit dem Namen Orleans befleckt.

gleich finden, ob man es schon, so viel, als es sich thun ließ, versteckt hat. Diese Anlage ist ein Modell, eine Art von Magazin, wo jeder Liebhaber sich das Beste heraus nehmen kann, um es bei sich nachzuahmen. Herr Carmontel *) hat hierbei das nämliche Verdienst gezeigt, was er in seinen trefflichen dramatischen Arbeiten besitzt. Es sind nichts als Scenen, aber Scenen von einem Frohsinn, von einer Wahrheit, die nichts zu wünschen übrig lassen, als ein zusammenhängenderes Ganze von einer geschickteren Hand als die seinige ist. Wenn jedoch die Baummassen, die ich angerathen habe, den offenen Marmortempel von der Brücke und der gothischen Mühle mehr abgesondert, und andere solche Massen der eingestürzten Colonnade ihre Trockenheit benommen haben werden; wenn in diesen zu zerstückelnden und einförmigen Ton mehr Mannichfaltigkeit, und das Ganze mit den Windmühlen und Steinbrüchen des Montmartre mehr in Verbindung gebracht seyn wird: dann wird

 die

*) Ist wohl ein Druckfehler und soll wahrscheinlich Marmontel heißen.
A. d. Ueb.

die Kritik weit weniger Gelegenheit finden, sich daran zu üben. Der Circus, sein Bassin, das Mausoleum, die Säulenstücke, eine Art von Hermen, die Weingärten, und selbst die alte Pfarrei, alles das ist nicht ohne Annehmlichkeit; aber ich wiederhole es noch einmal, es ist kein Garten. Geschmack ist da, aber ohne Urtheilskraft. Millionen stecken darin; aber kein Wasser, kein Spaziergang.*)

Dasjenige, was er später hinzugefügt hat, übertrifft alles übrige. Es ist ein Wintergarten von großem Umfang, durch Gläser erleuchtet, die mit Guirlanden von Laubwerk bedeckt sind, und nur ein dämmerndes Licht, wie Mondschein, zulassen. Es ist eine Grotte darin, über und unter welche man Musiker stellt, welche wechselsweise von oben und unten Concerte hören lassen; eine allerliebste Manier, die sich sehr angenehm dialogiren und unterbrechen läßt. Ein kleines

*) Dieses Urtheil ist noch sehr gelind. Ich fand daselbst vieles kindisch und lächerlich.
A. d. Ueb.

nes mit vielem Geschmack gebautes Dorf bei diesem Wintergarten besteht bloß aus nothwendigen Gebäuden, und die Treibhäuser, die sich am andern Ende befinden, sind durch zwei Spiegelsäle von der größten Schönheit, in welchen sich alle diese verschiedenen Gegenstände ohne Ende wiederholen, fast in gleichen Weiten von einander getrennt.

Diese reiche und erhabene Höhle macht dem Herrn de Monville, dessen guter Geschmack sich hier gezeigt hat, und von dem wir bald größere Wirkungen auf seinem Landguthe zu Desert bewundern werden, sehr viel Ehre. Man muß aber nichts vollendetes daselbst erwarten, um zu sagen, daß die oben abgebrochene Säule, die vier und vierzig Fuß im Durchmesser hat, und in welcher er eine vortrefliche Eintheilung von Zimmern gemacht hat, ein Gedanke ist, der ihm allein gehört. Da sie auf der einen Seite höher ist, so sieht man nur ein niedriges Stück davon und eine so beträchtliche Unterlage, daß man wohl an die ungeheure Grösse einer Säule glauben kann, die vor Zeiten so hoch war, als der Thurm zu Babel. Das Erdreich rund herum, ist ziemlich uneben. Alles ist daselbst malerisch, selbst die Pforte seines Parks, die ein Felsen ist. Diese erste Scene führet zu andern, die man nie auf einmal entdeckt. Es giebt nur einen Tempel da, der ganz ungezwungen über einem hohlen Wege steht und an Gehölze stößt, den man aus allen Gesichtspunkten sehen kann, und aus welchem sich ebenfalls alles übersehen läßt, kurz, der von allen Seiten zur Zierde dient. Der Kaiser von China würde dem kleinen Hause des Herrn de Monville, welches ein Muster von ausgesuchter Erfindung ist, seinen Beifall schenken. Am Fusse desselben kömmt aus einem dicken Fratzengesichte eine kleine Quelle hervor, die, nachdem sie ein niedliches Bächlein und zwei kleine Inseln formirt hat, mehrere terrassenartige Wasserstücke bildet und eine kleine artige französische Gartenparthie umgiebt. Dieses hebt die Unordnung der unregelmäßigen Theile, wo die Auswege oft Abwege des Geschmacks sind, der dadurch den Händen desjenigen, der ihn nicht fest zu halten weiß, entwischt, nur noch mehr heraus.

Wie

Wie gern sehe ich die Fortschritte der Künste! Wie schön ist es, daß man sie auch aus der Hauptstadt hinaus wandern sieht, um Verschönerungen auf dem Lande zu bewirken. Ein Reisender endigte sonst seinen Umlauf, mittelst eines armseligen Führers, den ihm sein Banquier verschaffte, ziemlich geschwind. Einige Mausoleen in einer düstern Kirche, einige Kuppeln, ein Domherren-Chor, zwei bis drei große Alleen, Manufacturen die sich einander ziemlich in allen Ländern gleichen — das war alles; man gieng dann wieder nach Hause, um seinen Verwandten zu schreiben, daß man alles gesehen habe.

Warum gehen die Müssiggänger nicht auf die Boulevards? Ich erlaube sie auch Kranken, die mir immer einen Spaziergang verleidet haben, weil man ihnen ansieht, daß sie sich in der Kur befinden. Ich wünsche freilich nur gesunden Körpern und warmen Herzen zu begegnen. Man muß nicht für verdorbene Magen, sondern für fühlbare Seelen arbeiten; und um dergleichen zu haben,

ben, muß man sich wohl befinden. Diese Gesundheits-Vorschrift empfehle ich allen meinen Spaziergängern. Allein, sie ist die Vorschrift des Glücks.

Entreisset euch dem, dessen ihr in der Stadt genießt, ihr glücklichen Leute, um es zu schonen. Wollet ihr aber auf das Land gehen, so muß es nicht geschehen, um da lange Weile zu haben. Man wird schon für euch arbeiten. Unglückliche werden daselbst ihren Kummer vergessen, den sie in dem großen Wirbel der Welt zurück gelassen haben. Sie werden ganz andere Gedanken bekommen.

Man renne nicht aufs Land, wie auf die Fuchsjagd. Ich verlange, daß man kühl ankomme, damit man mit Ruhe spazieren gehen, sich aufhalten, denken, weiter umher suchen, ausruhen und geniessen könne.

Man kann durch ein romantisches Gefühl hingerissen werden, wenn man Moulin joli und Ermenonville sieht. Es sind die

bei-

beiden vorzüglichsten romantischen Gärten, die ich in Frankreich gesehen, und von denen ich schon geredet habe. Aber der Verstand, der unpartheiischer urtheilt als das Herz, und das Herz, welches nicht so streng richtet als der Verstand, geben Lüzenci*) den Vorzug. Leset mich nicht nur obenhin, ihr Gartenkünstler. Verwischt meine Beschreibungen nicht, indem ihr drüber weg spaziert; dringet tiefer ein, und studieret vorzüglich diese.

Vom Sallon des Schlosses bietet der Garten eine Art von Landschaftsgemälde dar. Gleich vorne scheint ein schöner sorgfältig behandelter Rasenteppich, mittelst perspectivischer Wirkung, die aus den Unebenheiten des Erdreichs entsteht, sich an den Ufern der Marne zu baden; ein großer schiffbarer Fluß, welcher am äussersten Ende des Gemäl-

*) Es gehört dem Herrn Grafen Verczeni, dessen ungarischer Name Verschiny ausgesprochen wird. Sein vortreflicher Geschmack hat alles selbst geschaffen, alles selbst entworfen, alles selbst ausgeführt.

wäldes zur Rechten den Garten umschließt. Durch das Gehölze hindurch sieht man den Gipfel eines modernen, nach italienischer Manier überdeckten Pavillons, der unten eine Grotte formirt. Dieser Pavillon steht am Ufer des Flusses, und von diesem Orte übersieht man die Schönheit seines Laufs, die Bewegung, die er dem Lande giebt, eine decorirte Fähre, welche die Gegend belebt, den Reichthum dieser Gegend vermehrt, zur Linken an dichte Parthien von gewöhnlichen Pappeln und an einen schönen Rasenabhang stößt, der sich allmählig gegen den Strom zu verliert. Dem Sallon gerade gegenüber wird die Wiese durch eine steinerne Brücke von drei Bogen begrenzt, auf dessen Brustwehr man in der Mitte zur Rechten eine Pyramide errichtet hat. Diese Brücke sieht vermittelst ihrer perspektivischen Wirkung gerade so aus, als wenn sie über die Marne gienge und einer Straße zum Uebergang diente, die wirklich einen Theil des Gartens durchläuft, aber sich hernach hinter eine Anlage von Gehölzen verbirgt, und blos gemacht ist, um für das Auge den wahren Weg mit demjenigen zu verbinden, den

man

man angelegt hat, um die Täuschung hervorzubringen, als wenn er fortgesetzt wäre, und dadurch der Brücke den Anschein von Nützlichkeit zu geben. Diese Wahrheit wird vollkommen, wenn die Passagiere aus der Fähre steigen, oder in die Fähre treten; denn alsdenn sieht es völlig so aus, als wenn sie auf der Brücke wären. Von da entgeht dem Auge dessen, der im Schlosse ist, nichts: man sieht die ganze Schiffahrt; die Wiese ist mit Gehölzen umgeben; man hat einen sechseckigen Saal gebaut, der dem Hauptwege entgegen stößt. Die Baummasse, innerhalb welcher der Saal steht, verdeckt denjenigen Theil der Straße, der sich, wie ich bereits gesagt habe, dem Auge entzieht, und der zum Zweck hatte, das Haus des Baders zu verbergen; die Einfassungen schliessen sich an große Massen von Bäumen an, welche die nämlichen sind, die ich bei Gelegenheit des Pavillons erwähnte, um auf den Hauptweg zu stoßen und mit der linken Seite des Gartens eine Verbindung zu haben. Diese Verbindung ist durch eine Art von unterirdischem Gang bewirkt worden, dessen Eingang die Oeffnung einer Höhle ist, welche halb geborstene Felsen verursacht zu haben scheinen. An diese unterirdische Wölbung stößt ein hohler Weg, der mit Rasen bekleidet und mit blühenden Gesträuchen bedeckt ist, welche ihn für die Sonne undurchdringlich machen. Dieser Weg, der sich ein wenig krümmt, und fünfhundert Klaftern lang ist, führt zu einem Grabmal aus rohen Steinen gebaut und eine Pyramide vorstellend, welche den Inschriften zufolge das Grabmal des Zelis ist. Der Weg, der von da nun wieder hinaus führt, wird immer schmäler und krümmer, und führt zu einer ganz andern und überraschenden Scene; denn wenn man nun lange genug in diesem dunklen Gange fortgegangen ist, so befindet man sich endlich wider alle Erwartung am Ufer der Marne und am Fusse eines Thurms, der im Styl eines Leuchtthurms gebaut ist, dergleichen man zuweilen am Ufer großer Ströme findet. Hier stehen auch die Baummassen, die, wie ich oben gesagt habe, an die Einfassungen von Gehölzen stoßen; und alle Arten von ländlichen Spielen sieht man hier beisammen. Auf der einen Seite tanzet ein Schäfer mit einer Schäferin nach dem

Klang

Klang einer Schallmei; auf der andern schießt eine Schützengesellschaft mit Flinten, und weiterhin eine Gesellschaft von Bogenschützen nach einem Vogel. Die jungen Leute belustigen sich mit der Schaukel; ein anderer Trupp schiebt Kegel; und bei allen diesen Spielen sind rings umher Bänke angebracht, damit die Alten an allem auf eine bequeme Art Theil nehmen können. Den Hintergrund von allen diesen Gemälden machen angebauete Berge, deren Kranz sich vortreflich ausnimmt und alle Gartenstücke und Baumzwinger der Einwohner umschließt. Zur Rechten scheidet zwar ein Pavillon an einem öffentlichen Wege den Garten von einander; aber die Verbindung ist am Pavillon mittelst eines Bogengangs fortgesetzt, der mit Weinreben bewachsen ist. Durch ihn gelangt man zu einer Ruine von Säulen, die ganz mit Moos bedeckt ist. Zwischen diesen Säulen sieht man in der Mitte einen Altar von altem Styl. Entfernt man sich wieder von da, so führt der nämliche ländliche Bogengang zu einer gothischen Capelle, die am Ufer der Marne steht. Eine Terrasse, die fünf Fuß hoch und mit Pappeln be-

bepflanzt ist, leitet zum Pavillon zurück. Diese Terrasse und der Bogengang von Reben umschliessen eine schöne Wiese, die sich an sehr hohe Weinhügel lehnt. Der ganze untere Theil des Schlosses ist für die Gesellschaft bestimmt. Zur Linken kömmt man über kleine Berge, die mit immer grünenden Bäumen und Sträuchern besetzt sind, an den hohlen Weg zur Rechten des Schlosses. Dieß ist ein artiges Gebüsch, ein niedliches Thal, welches das Thal der Melancholie heißt, und mit einem ihr gewidmeten Altare geziert ist. Ein kleiner Bach, der eine Cascade bildet, verliert sich in die große Wiese; neben ihm läuft ein Fußsteig hin, der, wenn man ihn verfolgt, in ein Wäldchen von sehr alten Bäumen leitet. Unter diesen Bäumen ist ein schöner Rasen. Man sieht da ein Gebäude, welches vermuthen läßt, zur Bedeckung einer köstlichen Quelle errichtet worden zu seyn. Zwei auf Felsen gestützte Säulen, die noch andere tragen, bilden den Eingang in einen Felsen, der unter einer schönen Quelle, die cascadenartig herabfällt, ausgehölt ist. Diese Vertiefung ist mit Pfeilern unterstützt. Es befinden sich auch Nischen

schen da, in welchen alte bronzene Gottheiten stehen. Dieses Gebäude, welches sechzig bis achtzig Fuß im Durchmesser haben kann, ist nur von oben erleuchtet. Die gewölbte Decke ist oben offen, und sehr alte Bäume, die sich mit im Gebäude befinden, überwölben sie oben mit ihrem herrlichen Grün.

Wir wollen nun den Verschluß des Gartens verlassen und aufs freie Land wandern. Sich dergleichen zu verschaffen, hat man dadurch Mittel gefunden, daß man Fußsteige und Fahrwege angelegt, die zum Gebrauch der Einwohner des Schlosses bestimmt sind. Wir wollen zur gothischen Capelle hinaus und am Flusse hin gehen, bis wir an ein Wäldchen gekommen sind, welches auf einen sehr steilen Hügel gepflanzt ist, den man jedoch mittelst mehrerer Zickzacks leicht übersteigt. Man kömmt von da in eine Gegend, die man die Kohlenbrennerei nennt, und alsdenn durch sich immer fort krümmende Alleen zu einer Hütte. Man tritt einen Augenblick aus dem Gehölze heraus, und trifft dann auf ein anderes, das sehr gut mit Wegen durchschnitten ist, und Dianen-Tempel ge-

genannt wird. Man hat dem Mangel an Waldung, die der Gegend fehlt, durch Einfassungen von Gehölzen abzuhelfen gesucht, die viele Boskets mit einander vereinigen, und eine bedeckte Promenade von ausserordentlichem Umfang ausmachen. Verläßt man die letztere Anlage, so stößt man auf einen Obelisk, bei welchem mehrere Wege zusammen treffen. Der Pavillon und der Dianen-Tempel formiren den Gesichtspunkt beider Seiten. Von diesem Obelisk kömmt man zum Belvedere; dieß ist ein sehr hoher viereckichter Thurm, der aus zwei Stockwerken besteht, in deren jedem sich ein Sallon befindet, aus welchen man acht bis zehen Schlösser, viele Dörfer, eine große Strecke weit den Lauf der Marne und die Stadt Ferte' entdeckt. Vom Belvedere gelangt man zur Einsiedelei; die Kirche bildet einen artigen runden Saal; jeder Kreuzgang ist nach einem gewissen Gesichtspunkt gerichtet. Diese Einsiedelei liegt nicht weit von der Hauptstraße: man sieht aus derselben alle Wagen und Schiffe in einer Weite von ohngefähr drei Stunden.

Hier=

Hierauf steigt man wieder in die Ebene herab, und läßt die Anfahrt zum Schlosse, die eine schöne Waldstraße vorstellt, rechter Hand liegen. In der Mitte befindet sich die Statue des Marschalls von Berczeni zu Pferde in ungarischer Tracht; die einzige Inschrift an derselben ist: Monument filial. Ein schöner grüner bepflanzter Weg führet zu einer Ruine, in welcher sich ein sehr angenehm gestelltes Zelt befindet. Der nämliche Weg leitet zu einem alten verfallenen Gebäude, welches ein altes Schloß vorstellt, und den Namen des daran stoßenden Dorfes führt. Dieses Schloß liegt mitten im Gehölze, aus welchem man nicht eher wieder heraus kömmt, als bis man sich einer Fischerhütte zu nähern verlangt, die an das Gehölze und das Ufer des Flusses stößt. Durch den Leuchtthurm gelangt man endlich wieder in den Garten.

Hätte Ludwig XIV. einen solchen Gartenkünstler gehabt, was würde er nicht aus seinem traurigen und langweiligen Versailles gemacht haben. Denkt euch dasselbe unter die Hände des Generals Berczeni. Er würde ihm mehrere hundert Millionen erspart, und Wunder über Wunder! er würde, ja ich wollte darauf wetten, er würde ihm seinen Garten bis Luciennes fortgeführt haben. Denn mein Rath wäre gewesen, es so wie Marly in den Park von Versailles mit hineinzuziehen, um die Aussicht auf die Seine, nach St. Germain u. s. w. damit zu vereinigen. Mit zweihundert Millionen (Livres) würden die Reichthümer der Kunst besser aufgestellt und die Reichthümer der Natur gänzlich dargestellt worden seyn. Was für große und ungeheure Gegenstände! Der neue künstliche Felsen, der itzt lächerlich ist, weil er sich mitten in einer französischen Anlage befindet, wäre vortreflich gewesen, wenn man den nämlichen Ton in den umliegenden Anlagen befolgt hätte. Schlünde, Abgründe, große Wasserfälle, kühne Brükken, Palläste und Gärten aus allen Jahrhunderten und von allen Nationen, alles hätte man sich erlaubt und den größten Maasstab dabei angenommen. Anstatt jener schmalen Fußsteige, auf welchen der Besitzer eines Gartens, ohne zu sprechen,

eine

eine ganze Reihe von seiner Gesellschaft hinter einander führt, und immer hinter sich blickt, ob nicht ein Unbescheidener auf den Rasen tritt; hätten die großen und treflichen Kaleschen Ludwigs XIV. die la Valiere'n und die Montespan's in krumm laufenden und grünenden Alleen von vierzig Fuß Breite unter die Wölbungen dieser schönen Bäume geführt, die wir noch heut zu Tage sehen. Ich hätte die Büsten aller großen Männer Frankreichs in ihnen eigens gewidmete Boskets gewünscht. Alle Götter, mit gehöriger Würde behandelt, die man ihnen gewöhnlich nicht zu geben versteht, hätten hier, von ihrem ganzen Hofstaat umgeben, erscheinen sollen. Vulcan selbst würde die Feuermaschinen dirigirt haben; Neptun würde an der Spitze der Seen gestanden haben, dem Mars hätte ich einen Rasenteppich zugetheilt, um die französischen Garden auf demselben zu üben; Diana hätte dem Könige alle Jagdtage in ihrem Tempel ein Frühstück gegeben; und Thalia hätte es des Abends, mit Moliere, Corneille und Racine, übernommen, die ermüdenden Vergnügungen, die Bilder des Kriegs, zu verdrängen und ihm eine angenehme Erholung zu verschaffen. Amathunt wäre bei Luciennes gelandet und hätte seinen Sitz bei Marly genommen. Man hätte die Göttin, die Frau von Maintenon, an das Portal ihres Tempels stellen und dem Könige zwanzig artige Damen von ihrem Hofe vorstellen sehen, schön wie die Fontange und liebenswürdig wie Madame Henriette, welche beide seinem Herzen ehemals so werth waren. Die Flotten des großen Ludwigs würden in den Orient gesegelt seyn, die Ueberbleibsel von den Tempeln dieser Gottheiten den Ungläubigen zu entreissen, um sie so, wie sie wären, auf seine Rasenplätze zu stellen. Der Archipelagus, Persepolis und Palmyra, voll Erstaunen sich hier beisammen zu finden, wären in seinen Park eingeschlossen worden. Bevor man von der Fabel zur Geschichte, von der Geschichte zum Roman, und vom Roman zum Hirtengedichte herabgestiegen wäre, würde ich einen Sallon angerathen haben, wo die Grazien mit den Nymphen an der Hand imminente luna gekommen wären, und dann hätte man das trefliche Gemälde des Horaz: alterno quatiunt pede ausgeführt.

Den

Den fremden Thieren der Menagerie würde ich in einem Bezirke von zwanzig Morgen den Schein von Freiheit gegeben haben, und dieß hätte den Gedanken von Afrika und Asien erweckt. Vierzig Morgen hätte ich zu dem, was man zu Paris den Garten des Königs nennt, bestimmt, und in diesen hätte ich Amerika mit seinen heilsamen Pflanzen und allen seinen Vögeln, unter verborgene gläserne Behältnisse gebracht, und dem Aeskulap einen Tempel, und dem Hippokrates einen Altar errichtet.

Werden die Orangerien, hätte ich gesagt, diese lächerliche Ordnung immer beibehalten, die weder zu einem Wintergarten noch zu einem Sommergarten taugt? Während der Hitze stehen diese Bäume da, als wenn sie alle öffentlich versteigert werden sollten. Ist die eine Hälfte schön, so thut sie der andern Hälfte Schaden. Warum gräbt man ihre häßlichen Kübel nicht lieber ein? würde ich hinzu gesetzt haben; und warum ergötzt man durch wohlgeordnete Gruppen, bei welchen auf die Beleuchtung und auf die Contraste

des

des Wassers und Rasens Rücksicht genommen werden könnte, nicht zwei Sinne auf einmal? Ich hätte mich zu der edlen und schönen Fabel erhoben, und neue Hesperiden geschaffen. Ich würde einen Wald von dreißig Morgen daraus gemacht, und ihn den Jahreszeiten gewidmet haben; weiter hin hätte man an Orakel geglaubt, und noch weiter hin würde man sie befragt haben. Vielleicht, hätte man gesagt, hat Apollo in einem Winkel dieses heiligen Hains seinen Dreifuß auf einem mit kostbaren Gesträuchen umgebenen Hügel, bei irgend einer einfach gezierten Quelle gelassen. Den Winter über wäre diese ganze Parthie mit Fenstern bedeckt und umgeben worden; man hätte dann den großen Ludwig, besonders in seinen alten Tagen, drinn herum spazieren sehen; und der Winter hätte gefesselt zu des Königs Füssen gelegen, wie die vier Nationen auf dem Place des Victoires.

Was gegenwärtig in diesem so gerühmten Versailles noch das Beste genannt werden kann, ist die umliegende ungepflegte Gegend,

gend, die eigentlich nicht dazu gehört. Da erhebt sich mit einem Male eine leichte Skizze von der Hand der Grazien. Sie sind hier alle drei in einer vereiniget. (Hier habe ich die Note, welche die Königin von Frankreich betrift, weggelassen) Glücklicher Weise ist im kleinen Trianon noch nicht alles vollendet, sonst würde ich zu viel davon zu sagen haben. Man athmet da die Luft des Glücks und der Freiheit ein. Der Rasen erscheinet da schöner, das Wasser klarer; man ist da so vergnügt, daß man nie ein Gemurmel von ihm hört. Man würde ihm das so hingehen lassen; aber wenn man nicht Gewalt brauchte, so zweifle ich, daß den Bächen ihre eigene Gewalt gestatten würde, diesen bezaubernden Garten zu verlassen. Da Lob etwas Abgeschmacktes hat, so erlaubte ich mir eines Tages gegen die Königin diesen kleinen und muntern satyrischen Einfall. Ich komme von Trianon. Zu meinem Unglück kömmt dort Wasser in Ueberfluß an, und läßt sich treflich hören. Dieses Gemurmel, dessen ich mich nicht versah, hat sich also in diesem glücklichen Aufenthalte, den man nicht ohne Bedauern verlassen kann,

nicht

nicht länger zurückzuhalten vermocht. Man glaubt sich hier hundert Meilen vom Hofe entfernt. Uebrigens ist die Aussicht in die umliegenden Gegenden dieses artigen Gartens so weise benützt, daß man glaubt, sie gehören noch alle noch dazu, und daß er also zehenmal größer erscheint, als er wirklich ist. Die großen Bäume des Parks von Versailles machen, ohne die mindeste Regelmäßigkeit, einen herrlichen Rahmen dazu. Die Gottheit davon scheint über einen großen Bezirk zu herrschen, der ihr nicht gehört, so wie sie über diejenigen herrscht, die nicht unter ihren Gesetzen geboren sind. Vielleicht ist Zauberei dabei im Spiele.

Ich kenne nichts schöneres und besser gearbeitetes, als den Tempel und den Pavillon. Die Colonnade des einen und das Innere des andern sind das vollkommenste, was der Geschmack und der Meisel hervorgebracht haben. Ich wette drauf, die Bäume werden geschwind in die Höhe zu wachsen suchen, um einen Felsen zu verbergen, den ich nicht leiden kann; es ist eine ungeheure weiße

Mas-

Masse und zu nahe am Hause. Der Bach zeigt sich hier ein kleines Stückchen gegen den Tempel zu, vortreflich. Sein übriger Lauf ist versteckt und kömmt nur an schicklichen Orten zum Vorschein. Die Baummassen sind gut vertheilt, und trennen die Gegenstände, die sonst zu nahe beisammen stehen würden, von einander. Es ist auch eine vollkommene Grotte da, die gut angeordnet und sehr natürlich ist. Die Berge sind, nach meinem Ermessen, überflüssig, und eine Plate-bande von Blumen, die ein wenig zu bandartig aussieht, soll, wie man mir versprochen hat, gleich geändert werden. Die drei oder vier Fehler, die ich bemerkt habe, beweisen, daß, obgleich Klein-Trianon sehr geschickt ist, in Enthusiasmus zu versetzen, er doch nicht die Ursache ist, daß ich dafür eingenommen bin. Es ist nichts geziertes, nichts steifes, nichts ungereimtes darinn. Alle Formen sind angenehm. Es herrscht darin durchgängig ein richtiger und vortreflicher Ton *).

Bei

*) Hier habe ich eine kurze Stelle weggelassen, die

Bei Neuilly giebt es einen Garten, der sehr schön genannt werden könnte, wenn er nicht gar zu schön und wirklich ein Garten wäre. Mit 400,000 Franken weniger würde Herr de St. James etwas besseres hervorgebracht haben. Es sind zu viel Gebäude darin, die einander Schaden thun, weil sie zu nahe an einander liegen; doch man kann ihm das verzeihen, weil dessen ungeachtet viel Geist in seinen Anlagen herrscht.

Aber ein durch Beurtheilungskraft geleiteter Geschmack, ein guter Ton, ein feines und delicates Gefühl, eine wahre Kenntniß von allen schönen Künsten, edle Einfachheit, und dennoch Pracht, wo sie nöthig ist, herrschen zu Gennevillers. Ich rede, merke ich, von diesem Garten, als wenn ich von demjenigen spräche, dem er gehört. Es hat ganz das Ansehn, als wenn ich ihn selbst schildern wollte. Aber er ist zu sehr mein Freund,

die bloß in einem galanten Wortspiele der Wörter juste und justesse besteht, welches sich nicht wohl übersetzen ließ, und füglich wegbleiben kann. A. d. Ueb.

Freund, als daß ich von ihm reden sollte *). Sonst würde ich von seinem hohen Geiste, seiner gefühlvollen Gemüthsart, seiner alten ritterlichen Treue, und den alten und gegenwärtigen Sitten seiner Nation zu sprechen nicht aufhören können. Sein Gennevillers ist reizend, und sein Felsen ein wahres Studium für Künstler.

Es giebt in Europa noch einige barbarische Nachahmer des alten Geschmacks. Ich sehe sie zuweilen aus den Hauptstädten hinaus kutschen, jene reichen Kauze, denen die Vorsehung die Pracht zugetheilt hat, um sie für das, was sie oft auf Kosten großer Herren zusammen gerafft haben, zu bestrafen. Es ist indessen ein Glück, daß ihr schlechter Geschmack sie nöthiget, ihre Schätze mit Leuten zu theilen, die sie mehr verdienen, als sie. Auf euch, ihr armen Landleute, sollte das Glück seine Wohlthaten herab regnen lassen. Ihr wäret nicht hoffärtig, ihr wäret nicht hartherzig geworden. Ihr hättet dem Unglück-

*) Der Herr Graf de Vaudreuil.

glücklichen die Hand gereicht, dem Elenden geholfen, eures gleichen gutes gethan. Sie hätten euch nicht schaamroth gemacht. Ihr würdet eure Kinder gut erzogen haben; und jener Priester des Plutus, der dieß alles bewerkstelligen könnte, hält seinen Einzug in sein Dorf mit dem Pomp eines orientalischen Satrapen. Man neiget sich vor dem Götzen; glücklicher Weise hat er, wie ich schon erwähnt habe, keinen Geschmack; und wenn er hundert Arbeiter für den künftigen Tag anstellt, so geschieht das, um die Natur zu verunstalten, und nicht ihr zu Hülfe zu kommen. Er läßt nicht arbeiten, um eine Quelle besser ans Licht zu bringen, sondern um sie hoch empor steigen zu lassen, daß man sie ganz verliert. Er stellt sie nicht an, um einen niedlichen Grund zu verschönern, sondern um ihn auszufüllen und die beiden Erdhöhen, welche dieser Zwischenraum verschönerte, einander gleich zu machen. In diesem Grunde sollte er eure verschiedenen Bäche zu vereinigen suchen; da wären sie nöthig, das von den heißen und prallenden Strahlen der Sonne gedrückte und schmachtende Gras zu erfrischen. Hier sollte er einen

nen Tempel der Eintracht errichten. Alle Menschen sind einander Beistand zu leisten verpflichtet, sollte der Glücksritter sagen: ich will der Menschheit den Tribut entrichten, der ihr gebührt. Weiterhin würde ich der Armuth geben, was ihr gehört. Ich will das Elend lindern, aber das Bild davon entfernen; denn es würde mich schaamroth machen. Nach und nach würde ich endlich dahin kommen, daß ich es gänzlich vertilgt sähe. Aber hier sollen Freude und Wohlstand herrschen. Dieß Thal soll ein wahres Tempe seyn. Hier wird mir der Schnitter am Schlusse seines Tagewerks von seinen Verrichtungen Nachricht geben; hier werden mir die Bauern von ihren Hoffnungen, die jungen Leute von den Angelegenheiten ihres Herzens, die alten Männer, die in Kriegsdiensten gewesen, von ihren Feldzügen, und die Mütter von den Streichen, die sie im ersten Jahre ihrer Ehe ihren Männern gespielt, erzählen. Hier wird ein ländliches Abendessen alle zusammen erquicken, stärken, zufrieden stellen und aufmuntern. Ich werde da meine Audienzen ertheilen; der Prior wird mir da das Verzeichniß der Gebornen, der Verlobten und der Getrauten überreichen. Ich werde ihm die Kinder der Liebe empfehlen; und er wird mir erwiedern, daß er schon dafür gesorgt hätte. Ich werde diejenigen mit einander verheirathen, die im Stande sind, den ehelichen Bund mit einander zu schliessen. Ich werde die Mädchen, die nicht reich genug sind, ihre Liebhaber heirathen zu können, schon aufzurichten wissen. Ich werde für die alten Soldaten, die sich in meinem Dorfe befinden, und für die Taglöhner, die nicht mehr arbeiten können, ein Hospital errichten. Den alten Mütterchen werde ich Flachs und Hanf zu spinnen geben. Die Mädchen werde ich tanzen lassen. Töffels und Dortchens linkische und geschlenderte Menuet mit ihren rund gebogenen Armen, und ihre Geschichte in der Scheune, in welcher man sie beisammen ertappt hat, wird mich mehr belustigen und mehr zu lachen machen, als ein neuer Roman, den ich von Paris mitgebracht habe.

Götter! wie glücklich würde ich mich fühlen, wenn ich einen Guthsherrn so sprechen

chen hörte. Aber wie viel gehört dazu, um einen solchen zu finden! Thut das jener Lakai, der sein Glück gemacht hat, jener unbedeutende Einnehmer oder Unterbeamte, der sich bereichert hat, jener geadelte Banquier, der einen Adelichen verachtet, welcher nicht so reich ist als er, weil er seinen redlichen Unterthanen Gutes gethan hat? Thut das jener reiche Prälat, der mit seiner Nichte aufs Land geht, um der Versammlung der Stände seiner Provinz auszuweichen und allerlei Ränke wider den Hof zu schmieden? Wird das jener Finanzmann thun, von dem ich schon geredet habe, der nur zwei Tage auf seinem Landguthe zubringt, um alles, was noch hübsch daselbst ist, zu Grunde zu richten, und durch seine vielen Bedienten, die er aus der Stadt mit dahin bringt, die Sitten und die Gesundheit der Landleute zu verderben? Er, der sich mit zwei bis drei gutwilligen Narren, die er aus der Hauptstadt mit hinaus nimmt, ins Zimmer einsperrt, um ihnen ihr Geld in Whist abzunehmen?

Das sind nicht die Leute, welche von der Natur aufgenommen zu werden verdienen; sondern, noch einmal sey es gesagt, der Liebende, welcher denken kann, und der Weise, der sich des Seufzens nicht schämt, oder der beides zugleich ist, wie es immer seyn sollte. Lieben, denken, das ist eigentlich das, was man auf dem Lande thun soll.

So ist es vielleicht vormals in Frankreich gewesen, ehe die Kunst die Natur zu Grunde gerichtet hat. Man hat sie verlassen, um mit Schwierigkeiten zu kämpfen und Aufwand zu machen; denn ich bin überzeugt, daß der Garten des Montaigne so natürlich war, wie er selbst. La Fontaine hatte einen, der so vernachläßiget war, wie er. Moliere hatte einen, der ihm an Einfachheit glich, und der wahrscheinlich eine beträchtliche Aussicht hatte. Boileau hatte zum Unglück Taxbäume in dem seinigen zu Anteil, aber doch auch Geißblatt, Gießkannen und Melonen. Corneille gieng ganz gewiß zwischen Felsen und erhabenen Naturscenen spazieren; und Racine in lachenden

und

und zierlichen Gärten. Touraine und die Gegenden um Lyon rufen die ländlichen Gottheiten an sich; aber die Gegenden von Paris treiben sie durch ihr staubiges Grün und die Dürre des Mont-Valerien, des Montmartre u. s. w. von sich weg. Die Gräfin Bouflers hat in Frankreich eine Revolution im Geschmack hervorgebracht, wie Gluck in der Musik. Bei ihrer Zurückkunft aus England legte sie in ihrem kleinen Garten am Tempel, und darauf auch zu Auteil lauter Rasen an. Sie war die erste, die ihn pflegte, uud die von den geraden Linien abgieng; und nun sah man auf einmal eine kleine Carricatur in den Vorstädten ven Paris unter dem Namen Tivoli erscheinen. Herr Boutin schuf ein Gemisch von Englischem und Chinesischem durch einander und hätte durch seine vielen hervorstechenden Neuheiten, kleinen Berge, kleinen Tempel, kleinen Sallons, kleinen Bächlein, kleinen Weinberge, und viele kleine Ungereimtheiten beinahe gefallen.

Man muß sich auf einige Zeit Unrecht geben lassen, um dann Recht zu behalten; und man hatte in der einen Manier Unrecht, wie man es in der andern gehabt hatte. Vor dieser Chronologie des Geschmacks sah ich, und zwar noch ziemlich jung, einige Meilen von Paris, an der Straße von Fontainebleau, die Fontaine Büde', die Herr von Voltaire durch Verse besang, welche an derselben auf weißen Mormor eingegraben sind, schon mit einigem Unwillen. Gewiß hatte sich eine Gottheit diese Gegenden zu einem Wohnplatz auserseheu; und war es eine verliebte Gottheit, so möchte ich ihr es noch mehr Dank wissen; denn kühle Schattenparthien sind gemacht, die Glut des Herzens zu stillen. Ohne daß jedoch ein Liebeshandel dabei zu vermuthen war, ohne daß irgend ein Geheimniß zum Grunde lag, war es vielleicht bloß das Bad der Hamadryaden, denn das dichte Gehölze, womit die Ufer bepflanzt waren, konnte sie schon wider jedem Ueberfall schützen.

Ein grausamer Besitzer hat daselbst Becken ausgehölt und Schlingen gelegt, wo er nur Hindernisse entgegen stellen sollte; er hat das, was mit so vieler Anmuth dahin floß, in die Höhe zu springen genöthiget, Steine dem Moos vorgezogen, und das geöffnet, was ohne Zweifel nur wegen großer und heiliger Geheimnisse verschlossen war. Er hat dasjenige, was durch Umwege verborgen wurde, die eben so ungewiß waren, wie die Gedanken derer, welche darin träumten, durch vier oder sechs Alleen auf einmal sehen lassen. Er hat gezeigt, daß ein Ende da ist, wo vorher keines war, und hat mir die Lust benommen, dort auf immer zu leben und selbst nach meinem Tode dort zu wohnen. Es war ein glückliches Plätzchen, um sein Grabmal hin zu versetzen. Die hohen Bäume schützten es vor Winden. Die Zephyrs wagten es nicht, in ihrem Laube zu spielen; die Stürme hatten Ehrfurcht vor der vernachlässigten Ordnung ihrer Aeste, weil die Natur majestätisch, weil sie einfach, weil sie edel, weil sie älter ist als die Kunst. Die Stille, welche daselbst herrschte, war wie die Stille unsers Daseyns, wenn wir nicht mehr

 sind.

sind. Es wehte da ein Friede, wie er in uns aufleben wird, wenn der Körper, diese schlechte Hülle, einmal von unserer Seele geschieden seyn wird.

Die Melancholie ist derselben so angemessen, daß, wenn sie auch keinen Grund zur Traurigkeit hat, und kaum ein Vorgefühl von künftiger in sich empfindet, doch zuweilen eine ähnliche ungewisse Regung in unserm Herzen herumschleicht, gleich der Liebe in unsern jüngern Jahren, die uns oft eine ähnliche Unruhe macht, wenn sie noch auf keinen gewissen Gegenstand gerichtet ist. So etwas ähnliches empfand ich daselbst. Mein Gott, rief ich dann aus, giebt es denn keine sichere Freistadt mehr? Man hat mir diejenige geraubt, die ich mir bestimmte. (Denn ich hatte damals das Cabinet des Todes in meinem philosophischen Garten, wo meine Asche den Blumen nützen, und wo eine trauernde Pflanzung das, was ich der Erde nach und nach ganz wiedergeben werde, beschatten wird, noch nicht geschaffen.) Wohlan, sprach ich, ich werde mir einen andern Zufluchtsort su-

suchen. Ich kann jene wilden Höhlen nicht leiden, die schwarz wie der Tod sind und den Lebendigen Furcht einflößen. Ich wünsche, daß sie sich an diese Veränderung ihres Zustandes gewöhnen, und mag ihnen kein Grauen erregen. Diejenige, die ich in meinem Leben am meisten geliebt habe, wird zu meinem Grabe kommen, es mit Blumen bestreuen und einige Thränen auf demselben vergießen. Und meine Freunde — aber hat man ihrer auch? O ja, unstreitig, freilich aber nur wenige. Der eine wird seinen Namen nebst dem meinigen an demselben eingraben; ein anderer wird einige Cypressen drum pflanzen, ein dritter es mit einigen Trauerweiden beschatten und mit ihnen weinen. Diejenige, welche schöner ist als alles, was sich in der Welt befindet, wird auf den Verlust dessen, der sie am meisten liebte, eine Romanze verfertigen; eine ihrer Freundinnen wird sie singen, und eine andere auf den Rasen um mein Grab herum schreiben.

Warum befinde ich mich nicht noch itzt in jener Trunkenheit, zu welcher mich eine thö-

thörichte Einbildungskraft hinriß? Ich wollte gern nicht zu viel verlangen, wenn ich noch lange den Genuß davon haben könnte. Alles was die Poeten, die Troubadours, die Liederdichter mir vom Landleben und von dem einfachen Schmucke der Fluren erzählt haben, was sie immer predigen, ohne es zu kennen, hat mir nie den Kopf verdreht. Sie sangen mir von dem schönen Rasen und von allem dem was auf demselben liebliches vorgenommen wird. Aber ich habe nie auf demselben schlafen können. Troz aller dieser jugendlichen Ueberspannungen nimmt die Liebe zum Landleben mit den Jahren zu; es beschäftiget, unterhält, beruhiget und verbreitet eine Annehmlichkeit über das ganze Leben.

Diese Fontaine, bei welcher mich ein Ueberbleibsel von Schäfer-Herzen zu lange zurückgehalten, erinnert mich an eine andere, nicht weit von Lüneville, die in der neuern Manier behandelt worden, ehe es noch Mode war, nach England zu rennen, und gleich, schön! schön! auszurufen, ehe man sich erst in in Calais eingeschifft oder das häßliche Schloß von Dover erblickt hatte. Man nannte sie Fontaine royale: sie war das einzige, was von dem Königreiche des kleinen Königs, der in seiner kleinen Provinz recht artige kleine Sachen machte, noch übrig geblieben war. Man sieht daraus, daß er etwas errathen hatte, was er noch nicht wußte; aber das, was er wußte, machte er vortreflich. Ich wollte von seinen Schlössern zu Chandeu, Jolivet, la Mallegrange, von seinen Wasserschlössern, von seinen Felsen, von seinen beweglichen Gemälden, von seinen Kiosken und seinen Brücken mit Fleiß nicht reden. Es waren wirkliche Feen-Anlagen. Die Feen (denn die Zauberei nahm kein Ende) fühlten sich gröblich beleidiget, ihr Werk zerstören zu sehen. Doch ich hatte ja geschworen, nicht davon zu reden. Seine sonst schön ausgeführten Wasserparthien und seine Gemälde waren vielleicht ein wenig zu leicht behandelt. Es sind Skizzen, die vielleicht besser hätten vollendet werden können. Es war mehr Geist als Genie in seinen Werken; aber das Detail war doch unterhaltend. Ich wenigstens

stens habe in den Gärten von Lüneville und Commercy nie lange Weile gehabt.

Ich sehe, daß alle Nationen viel aus der Sonne machen, und daß alle Gärtner sie anbeten, wie die Incas. Aber keine haben so ein mechanisches Wesen draus gemacht, wie die holländischen; denn auch nicht einen ihrer Strahlen lassen sie durch, ohne ihn in Contribution zu setzen. Gehet nur hin in dieses Land und sehet, ob man die Sonne nicht wie einen Handlanger, wie einen Tagelöhner, wie einen geringen Handwerker behandelt, der dem betriebsamen Geize eines schwerfälligen Gärtners zu Gebote stehen muß, welcher von poetischen und philosophischen Gedanken nicht das Mindeste weiß, und dabei nach der Sonne strebt, ohne ein Adler zu seyn. In jenen Gewächshäusern weiß er sie, mit Hülfe mehrerer oder minderer Läden und Fenster, aufzusuchen, anzulocken, im Augenblick, wo sie durch die Wolke hervorbricht, zu erlauern, fest zu halten, und sie an seinen Pfirsichbäumen und seinen Ranunkeln wie einen Züchtling arbeiten zu lassen.

Es

Es wäre hierin den reichen Leuten aller Länder ein schöner Luxus zu empfehlen. Ja, ich würde darin noch weiter gehen; ich würde mit der Absicht, alle Farben in einem Parterre zu vereinigen, auch zugleich die Absicht verbinden, alle mögliche Wohlgerüche mit einander zu vermählen. Warum macht man nicht ein ganzes Bosket zu einem Blumenstrauß, zu einem Kräuterkissen, zu einem Potpourri, zu einer großen Räucherpfanne? Man sollte die Nelke, die Rose, die Orangenblüthe und den Jasmin unter einander mischen, und auf diese Weise den Geruch zu befriedigen suchen, so wie andere darauf denken, das Auge zu vergnügen. Ein kleiner Bezirk mit wohl ausgewählten Blumen würde ein vortrefliches Pommadenbüchschen, ein gar liebliches Riechfläschchen abgeben. Bei einem solchen Bosket würde man an das denken, was man Sultanen nennt; und diese neue Manier, zwei Sinne auf einmal zu ergötzen, würde jenen Holländern, welche die Mittel dazu haben, alle mögliche Versuche in allen Arten anzustellen, gewiß Ehre machen. Alsdann wird man zu ihnen hin reisen, um sie zu bewundern, anstatt daß man itzt hin kömmt, um sich über solche Gärten aufzuhalten, wie z. B. der Garten des Herrn Beck zu Rotterdam ist. Dieser ist der Gipfel der Unvernunft in kleinen Goldvögeln, in mit Auster- und Muschel-Schaalen ausgelegten Bassins, in gläsernen Wasserspielen, in weissen, rothen, gelben und schwarzen Parterren. Der Garten eines Wiedertäufers bei Harlem, ist etwas weniger holländisch als die übrigen; aber zwei große spitzige Berge geben ihm ein lächerliches Ansehen. Der Garten an der Seiden-Manufactur bei Utrecht und alle diejenigen, welche längs dem Canale zwischen Utrecht und Amsterdam liegen, Vandusmer's und Termaer's Garten, so wie der, welcher einem alten sehr reichen Hebräer gehörte, sind alle in einer abscheulichen Manier angelegt. Alle diese Herren haben in ihren verschiedenen Gärten nicht genug zu verschwenden gewußt. Sie gleichen sich einander alle in Ansehung ihrer theuern Vasen, in Ansehung der kleinen Bosheiten, die jenen traurigen Gärtnern sehr übel stehen, welche die Neugierigen naß machen, ohne dabei zu lachen, und in Ansehung ihrer Grotten, in wel-

welchen die Reichthümer aller Meere und der beiden Indien auf einander gehäuft sind.

Hierbei erinnere ich mich einer Grotte, die ich zu Klosterneuburg in Oesterreich in einem Lusthause gehabt, was ich verkauft habe. Sie hatte unermeßliche Summen gekostet; das Wasser war ansgeblieben; alle Röhren waren durch Kröten verstopft; sie war so voll Muschelwerk, Spiegel, Malereien, hübscher Steine, kleiner Quaderstücke, Sirenen, Götter, Jahreszeiten — und hatte einen Plafond! — Ich wette, ein Pensionair oder Greffier der Republik hätte mir 60,000 Franken dafür gegeben.

Es ist eine zu Utrecht, die über 60,000 Gulden gekostet hat. Pinto's Grotte hat noch mehr gekostet. Sie stellt eine Jagd vor. Der Hirsch befindet sich ganz oben an der Cascade. Die Hunde und die Menschen, die ihn verfolgen, bestehen aus dem kostbarsten Muschelwerk. In diesem Lande sieht man häufig Augen von Carniol, Nasen von

Smaragd, Backen von Topas, Stirnen von Agath. Unglücklicher Weise habe ich nur keine Lippen von Korallen und keine Zähne von Perlen daselbst angetroffen. Alles dasjenige, was in Naturalien-Cabinettern so langweilig anzusehen ist, steht in Parade da. Aber Seegewächse, Pflanzensammlungen und Versteinerungen gelten bei ihnen für ländlich und werden ganz nachläßig gehalten. Man möchte sagen, daß sie der Armuth anderer Nationen spotten; aber der Gott, dessen Geschichte und Chronologie zu schreiben ich mir das Ansehn gebe, dieser reizende Gott, ohne welchen die andern Götter nicht gefallen können, und der dem Gott des Reichthums beständig den Krieg ankündigt, rächet uns zur Gnüge an ihnen.

Dieser Gott läßt sich nie betrügen. Man wollte sich in Holland mittelst einer äusserlichen Reinlichkeit durchschleichen. Er verläßt sich aber nicht auf den Schein, bricht durch die Boskets hindurch, dringt in die Häuser ein, durchforscht die Canäle bis auf den Grund; und sobald er Unflath darin

merkt,

merkt, sobald er überall eine dicke und ungesunde Luft athmet, so schwimmt er auf dem Wasser davon und landet wo er kann. Weil er es nun daselbst wegen Feuchtigkeit und Kleinheit des batavischen Gebiets und Genies nicht länger aushalten konnte, so machte er einen Versuch mit den österreichischen Niederlanden.

Ich habe schon von dem Zufluchtsorte gesprochen, den ich ihm zu Beloeil bereitet zu haben glaube. Nicht weit von den Ufern des schönsten Canals, an welchen sich Wiesen, Gehäge und angenehme Häuser hinziehen, und der zugleich mit den schönsten Bäumen eingefaßt ist, die den Reichthum und das Glück des Landes verkündigen: erblickt man ein Lusthaus von gutem Geschmack auf einem vortreflichen Rasen nebst Pavillons von Gitterwerk. Es ergötzte die Vorbeireisenden, die auf der Hauptstraße anhielten, um ein angenehmes und edles Amphitheater zu sehen. Nachdem aber Herr von Walckiers die Gaffer damit belustiget hatte, kam er auf den Gedanken, auch für sein eignes

Vergnügen zu sorgen. Ohne daß er die Anordnung eines scheinbar französischen Gartens zerstört hat, ist man erstaunt, in demjenigen Theile, welchen man für ein gewöhnliches Gartenstück hält, zur Rechten und Linken Boskets zu finden, die mitten durch den Rasen auf eine geschickte Weise mit dem natürlichen Garten verbunden sind. Betrachtet man dieses vollkommene Gemälde aus dem gehörigen Gesichtspunkte, so hat der Urheber desselben immer Recht. Seine Grotte ist allerdings zu billigen, weil sie zum Uebergang aus einer Scene in die andere dient; und man ist beim Heraustreten ganz verwundert, die Ruine von Tivoli zu erblicken. Seine große Brücke, die mit dem ganzen Grunde in jener zweiten Gartenscene nicht gut zusammenhängt, wird, wie ich hoffe, geändert werden; so wie sein Bach, der so krumm gemartert ist, daß er fast wie eine Bandschleife anssieht. Es ist auch nicht hübsch, daß man beim Herumgehen selbst ein wenig gemartert wird, weil man beständig auf und niedersteigen muß. Es ist alles vortreflich zum Zeigen, aber nicht angenehm zu benützen. Der schöne Rasen, das

das Grün aller Jahreszeiten, die Auswahl von kostbaren Gesträuchen aller Länder, die Anordnung der Pflanzung, die sorgfältigste Unterhaltung derselben, sind wahre Muster zur Nachahmung. Es ist recht gut, wenn man, wie wir schon erwähnt haben, seinem Grundstück einen Anschein von größerem Umfang zu geben versteht; aber man muß das Bestreben, eine solche Täuschung zu bewirken, nicht zu weit gehen lassen. Herr von Walckiers sollte dem seinigen von Zeit zu Zeit durch große Boskets von Gehölzen in pyramidalischer Form Grenzen zu setzen trachten; denn sonst gilt auch hier das Sprüchwort: Wer zu viel beweiset, beweiset nichts. Ich liebe das Weitschweifige weder in Redensarten, noch in Gärten. Der Canal, der Fluß und die Wiesen, die dem Herrn von Walckiers nicht gehören, huldigen ihm dennoch. Man möchte sagen, die Natur lächle demjenigen, der sie so gut zu behandeln weiß, und wünsche bloß von ihm abhängig zu seyn.

Der Herzog Albert von Sachsen-Teschen hat den schönsten Sallon, der in der christlichen Welt zu finden ist, erfunden, selbst gezeichnet und als Künstler ausgeführt, und zwar ganz im Styl der alten heidnischen Welt, welcher prächtiger war, als der heutige. Gewiß würde sie auf dieses vortrefliche Gebäude stolz gewesen seyn, das in Absicht auf Verhältniß von so schöner Form, und so richtig, edel, reich, zierlich, majestätisch, angenehm und vollkommen in Absicht auf Wirkung und Verzierungen ist. Obgleich das Schloß wirklich schön ist, so thut ihm doch dieser herrliche Saal ein wenig Schaden; denn selbst das Schloß zu Versailles würde dazu noch nicht gut genug seyn. Aber sich selbst darf man schon ein wenig Nachtheil zufügen, und es ist immer ein schönes Unrecht, was man begeht, wenn man dem guten Geschmack und Reichthum zugleich ein solches Opfer bringt, da dieß so selten der Fall ist. Der Mittelpunkt von Dodonens Haine oder die Mitte eines vortreflichen Waldes, in welcher sich zwölf durchgehauene Wege vereinigten, würde für diesen erhabenen Tempel der angemessenste Platz seyn; und hätte Diana dem Olymp ein ihm angemessenes Fest geben wollen, so würde ich ihr gerathen haben, die Hochzeit einer ihrer Nymphen darinn zu feiern.

Von diesem Sallon, den ich ungern verlasse, geht man über einen Rasenplatz, der so breit ist als das Schloß, und über gut gewählte Abhänge, bis zu einem Fluß hinab, der ein vortreflich angelegtes Bette hat und aus ansehnlichen Gewässern entsteht, die von einer sehr schönen Cascade herabkommen, welche aber zum Unglück nur einige Stunden in Bewegung seyn kann, da sie bloß mittelst einer Feuermaschine hervorgebracht wird. Dauerte diese wogende Fluth in diesem ungeheuren Felsen beständig fort, so würde sie unter die Wunder der Welt gehören. Alle diese Gewässer werden hoffentlich mit dem großen Canal, der nach Holland geht, in Verbindung gebracht werden, damit man auf Booten unter der daneben hin laufenden Dammstraße wegfahren könne. Dieß wäre wirklich nothwendig und würde den Fluß weit interessanter machen; denn gegenwärtig ich er für die wenige Länge, die er hat, etwas zu breit. Zur Rechten und Linken des Rasenplatzes giebt es in den angepflanzten kostbaren Gehölzen, wo zuweilen hohe Bäume die geschmückten Gegenden der Hauptstadt ganz verdecken, sehr angenehme Spaziergänge. Linker Hand ist ein offener Tempel, der vielleicht nicht genug bedeckt ist, aber ganz vortreflich auf einer Anhöhe liegt, von welcher man die Stadt, den drüber hinaus liegenden Wald, und die unterhalb derselben befindlichen Wiesen übersieht; zur Rechten ist ein verschlossener Tempel nicht weit vom Canal, wo der Rasenplatz aufhört, mit einem Saal und vier Cabinettern; weiter oben liegt eine sehr artige Hütte, die der Freiherr von Seckendorf mit vielem Geschmack angelegt hat, und die zuweilen von ihm bewohnt wird. Die vortrefliche chinesische Pagode, die Orangerie und andere ernsthafte und angenehme Gegenstände auf den Promenaden, verbreiten Mannichfaltigkeit und veranlassen kluge Anordnungen in Nebendingen und sehr interessante Gesichtspunkte.

Weiter hin, am nämlichen Ufer dieses Canals sieht man ein Haus von einem vollkomkommen schönen und einfachen Ton. Herr von Gamarache, dem es gehört, giebt ausser dem Beispiele, daß er einen schönen Garten angelegt, auch das Beispiel, daß er Fehler verbessert, so oft er deren begangen hat. Es ist auch fast nicht möglich, daß sie sich bei solchen Anlagen gänzlich vermeiden lassen. Ich muß bekennen, daß es mir nicht besser geht, und ich mache mir eine Ehre daraus. Es ist mit einem malerischen Garten beinahe wie mit einem litterarischen Werke. Freilich macht es ein wenig mehr Mühe, schlecht aufgethürmte Berge wieder nieder zu reißen, eine Brücke zu ändern und ein Gewässer auszufüllen, als etwa ein Dutzend Verse wieder zu durchstreichen. Aber dadurch muß man es lernen. Man muß von weitem, in der Nähe, von hinten, kurz von allen Seiten, untersuchen, was die Wiesen, die Gewässer, die Gehölze, vielleicht eine Büste, und selbst die Lichtstrahlen für eine Wirkung thun, und sich diese sogar voraus denken können. Herr von Gamarache wird vielleicht, wenn er es möglich machen kann, noch einen kleinen Berg wegschaffen, einen Tempel verbergen, der zu

 viel

viel Aehnlichkeit mit einer Capelle hat, und zwischen seinem Fluß und dem Canal Pflanzungen anlegen. Aber in Rücksicht auf Gesichtspunkte, die mit so vieler Geschicklichkeit benützt sind, daß man den Umfang seines Gartens für weit größer hält, als er ist, bleibt ihm nichts zu wünschen übrig.

Hätten die reichen Einwohner dieses Landes das Landleben wahrhaft geliebt, so würden sie sich einen Strich Land im Walde von Soigne gekauft haben, und mit Hülfe der Axt würden sie, wie ich schon oben bemerkt habe, aus ihrem Wohnhause, umgeben von starken Bäumen und am Rande großer vom Walde halb umzogener Teiche, den reichen Kessel der Hauptstadt der Niederlande mit einem Gemisch von Quellwassern, Gärtnerhäusern, Küchengärten, die rings um diese bergige Stadt herum liegen, ihren Canal, ihre Wiesen, zwei andere Städte und vier große Abteien oder Klöster zu ihren Füssen gesehen haben.

Da

Da ich nie eine Gelegenheit vorbei gehen lasse, selbst Betrachtungen anzustellen, und auch andere darauf aufmerksam zu machen, so theile ich diese ebenfalls den Liebhabern mit. Jene drei Landhäuser geben, wie man sieht, Veranlassungen genug dazu: drei andere in diesem Lande sind eben so gut zu studieren. Schreiben, beschreiben, loben, tadeln, Regeln auf Beispiele gründen, das ists, was man, meiner Meynung nach, thun muß, und was meine Kameraden nicht thun, die von der Stadt aus, Bücher vom Landleben schreiben, wohin sie nie kommen. Ich glaube nicht, daß Hirschfeld *) und Whately, die ich nicht gelesen habe, gereiset sind. Aber warum rede ich von einem so unbeträchtlichem Garten? Eben darum —

Weil

*) Hirschfeld hat zwar keine so großen Reisen gemacht, als der Hr. Verf. dieses Buchs, aber er hat sein Werk auch nicht von der Stube aus geschrieben, und in der Schule der Natur, in den Alpen der Schweiz, den Gedanken dazu gefaßt. Dieß schon müßte ihn veranlaßt haben, es zu le-

Weil ich zeigen will, daß man kleine Dinge auch groß behandeln kann. Ich weiß es Niemandem Dank, der viel Land zu verlieren hat, wenn er durch eine große Allee und eine große Leere, die mir nichts als die Leere seines Kopfs beweiset, seine Ueberlegenheit zeigen will. In einem kleinen Raume enthüllt sich das Genie weit besser; und behandelt man zusammengedrängte Parthien in einem solchen auf eine edle Weise, so hat man, in meinen Augen nur desto mehr Ehre davon. Dieß ist zu Hingen geschehen, was dem Herzog von Ursel gehört, wo eine patte d'oie und ein Stern mitten unter den stärksten Bäumen mit so vieler Einsicht angeordnet sind, daß sie ein kleines Gehölze und einen großen Wald sehen lassen, der den ganzen Bezirk bis an die Schelde zu bedecken scheint, und wo man durch Quincunxe*) und auf

lesen, wenn ihm das bekannt gewesen wäre, und es ist zu erwarten, daß er demselben die ihm gebührende Achtung nicht versagt haben würde, wenn es schon hie und da gewisse strengere Anfoderungen noch unbefriediget läßt. A. d. Ueb.

*) Fünffache Reihen Bäume, die immer eine Linie bilden.

auf Wiesen, die durch Teiche unterbrochen werden, zu einem Pavillon vom größten Styl gelangt, der mit Säulen umgeben und auf dem Damme errichtet ist.

Um meinen Geist der Pedanterie in den auf Beispiele gegründeten Vorschriften noch mehr zu rechtfertigen, so schlage ich vor, alle Aufmerksamkeit auf die Werke des Herrn Herzogs von Croy bey Conde' zu richten, wenn sie schon in einer andern Manier sind. Ohne dem edlen Plane seines Waldgartens und der Schönheit der durchgehauenen Bahnen, deren sechszehen von seinem Hause ausgehen, etwas zu benehmen, hat er, ohne daß man es erwartet, in den ersten Parthien, die es umgeben, so viel Spaziergänge angelegt, daß sie wohl vier Stunden zum Durchgehen erfordern würden. Man ist verwundert und erfreut, nach und nach Boskets, die ein Bild von allen vier Jahreszeiten geben, Berceau's, runde Rasenplätze, Arten von Schenkhäusern, kleine Nischen, ein sehr schönes Theater, wovon, wenn man will, der Wald den Hintergrund ausmacht, auf denselben zu fin-

finden. Dazu kommen nun noch die Nebengebäude, die Wagenschuppen, die Stallungen, kleine Häuschen, die zu kleinlich scheinen würden, wenn sie nicht den bei Seite in der Komödie oder den Episoden in einem Gedichte glichen. So etwas heiße ich Geschmack und Geschicklichkeit.

Vormals schrie ich auch wider die Mönche, ehe ich die nothwendige Verkettung dieser Classe von Menschen an die übrigen Classen der Gesellschaft durch Erfahrung einsehen lernte. Und in meinen andern Ausgaben sagte ich: wann ihr Maaß voll seyn wird, wenn man einmal die Gefährlichkeit der einen und die Unnützlichkeit der andern hinlänglich wird eingesehen haben, so wird man bei Zerstörung der Klöster mit einem Streiche die Vorurtheile in den Gärten, wie in der Theologie, zerstören. Doch laßt uns diese in Ehren halten und nur jene zerstören.

Da sie die ersten waren, die etwas wußten, als man gar nichts mehr wußte, so mach-

machten sie Bücher und Gartenzwinger. Jene las man endlich nicht mehr, diese aber sind noch itzt vorhanden, und man sieht darin kleine zusammengedrängte Ideen, die so armselig sind wie jene Schwachköpfe, die sich, ihnen zu Gunsten, ihrer Güter beraubten. Um sie für die ungeheuern Stücke Landes, die sie ihnen abnahmen, zu bezahlen, verkündigten sie ihnen das Ende der Welt, und legten ihnen Gärten an, wie man sie noch itzt bei allen Schlössern findet. Besonders thaten sich die Capuziner, die grossen Meßredner auf Landhäusern darin hervor. Daher kommen auch die Menge von Capüciniere'n, wo ein kleines mit einer Taxhecke umgebenes Bassin das erste Ding ist, auf das man stößt, sobald man aus dem Hause heraus tritt.

Es ist nur ein einziger darunter, dessen Werke man segnen muß; man erblickt darin nur den grossen Herrn, und er hatte auch damals den Geist seines Standes noch nicht angenommen. Es ist ein Capuziner aus dem Hause Aremberg, der die Colonnade, die

die Bogengänge und mehrere Wasserparthien zu Enghien angelegt hat. Was man seit dem ehrwürdigen Pater daselbst gemacht hat, wie die Meierei und derjenige Theil, wo sich die wilden Schweine befinden, würde unstreitig viel zur Schönheit dieses Parks beitragen, wenn man alle Buchenhecken niederrisse, und wenn man alles das mittelst einiger kleinen Wiesen, welche die Pflanzungen unterbrächen, etwas sehen ließe und von einander sonderte. Der Canal, den man vor nicht langer Zeit daselbst gezogen, die Ansicht der Hütte und der Stadtmauern, aus welcher die Stadt das Ansehen eines Landungsplatzes bekömmt, werden sich interessant genug machen; und gestattet man hauptsächlich diesem künstlichen Flusse mehr Freiheit, und legt an den Rändern der Wiese, gegen die Ebene zu, Pflanzungen und Baum-Massen an, so wird man es dahin bringen, daß man glauben wird, der Bezirk auf der rechten Seite sei eben so groß, wie auf der linken.

Die Niederlande sind das Land der Bäume, der Früchte, der Blumen und selbst des

Rasens. Hier ist das schönste, reichste, schnellste Pflanzen-Wachsthum zu finden. Aber ein einziger großer Fluß, der wegen der Nacktheit seines Laufs nicht sehr interessant ist und keinen einzigen Berg an seinen Ufern hat, ein durch die Industrie überall durchschnittener Landstrich, welche selbst Gesichtspunkte verdecken würde, wenn deren vorhanden wären, erfordern gewaltige Summen, um da Gärten anzulegen. Indessen will ich beweisen, daß sich das Genie selbst in barbarischen und wüsten Ländern, Wege bahnen kann, die denen unbekannt sind, welche keines haben.

Mehr gesunde Vernunft in England, weniger Ordnung in Frankreich, weniger Architektur in Italien, mehr Bevölkerung in Taurien, mehr Witz in Holland nnd Berge in Flandern, mehr Sonne in Rußland, mehr Bäume in Ungern, weniger Sand in Preussen, mehr Flüsse in Böhmen, mehr Reichthum in der Schweiz, überall mehr Geschmack: das ist, was ich den Gartenanlegern aller dieser Länder wünsche; und hauptsächlich mehr Opfer für die Natur. Doch die Natur muß selbst Opfer und Altar seyn.

Man verzeihe mir, wenn ich mich ein wenig vergesse, wiederhole und vielleicht zuweilen in Declamation verfalle. Für die Begeisterung findet keine Regel statt. In einem so viele Jahre hindurch verfertigten, wieder vorgenommenen, verbesserten, durchgestrichenen und wieder umgeschmolzenen Werke giebt es keine Regel, die nicht Verschiedenheit in die Begriffe und Veränderung in die Beschreibungen brächte. Laßt uns jene reizende Zeiten zurückrufen, wo jede Leidenschaft vergöttert wurde. Sie würden uns in eine unaufhörliche Trunkenheit versetzen, in welcher uns unsere Einbildungskraft über uns selbst erhübe. Aber wie verschieden sind die Boskets von Amathunt gegen die Boskets von Versailles! Wie wenig gleichen die Canäle, die man heut zu Tage überall anlegt, dem Flusse Cephissus! Wie glücklich wären die Bewohnerinnen unserer Dörfer, wenn jene alten wunderbaren Gebräuche erneuert würden, und sie noch immer

mer beim Baden befürchten könnten, von dem Gotte, der sie mit einigen Wirbeln seiner Gewässer bespritzt, in sein Bette hinein gezogen zu werden.

Man sehe und denke sich alles als schön. Der Bewohner der Apenninen segne den Himmel, der ihn dahin gestellt, daß er ihn sich näher gebracht hat. Er betrachte sich als den Verwahrer seiner Schätze, um den Boden zu bauen, und ehe er sie über die Königreiche verbreitet, die zu seinen Füssen liegen, verschönere er seine Felsen. Die Gewässer derselben werden ihm anfangs zu entwischen scheinen, aber er wird sie ein wenig zurückhalten, um sie dann auf einmal mit einem Brausen dahin schießen zu lassen, was die Reisenden in Schrecken setzen wird.

Der amerikanische Wilde wisse es ihm Dank, daß er ihn von Winden, von Hitze und Kälte befreit hat. Er decke seine traurigen Wohnungen nicht auf, sondern mache sich an der Morgenseite eine kleine Oeffnung, um die ersten Strahlen des wohlthätigen Gestirns zu empfangen, was das Weltgebäude durchläuft. Er bedecke vier bis fünf Bäume von gleicher Höhe, die auf einem kleinen Berge beisammen stehen, mit Rinden; er wird ihn dadurch bis zum Gipfel der übrigen zu erheben vermögen. Da betrachte er den Lauf desselben, und bete den Vater der Natur an. Er bahne sich einen Fußsteig bis zu seinem Kahne und besäe ihn mit den wohlriechendsten Pflanzen, die er in seinen Waldungen antrifft. Er bereite sich ein angenehmes Plätzchen an seinem Flusse nahe bei einer Ansurth, vermittelst einer Rasen-Terrasse, und bepflanze sie mit Blumen, die so wild sind wie er.

Was ihr wunderlich seid, ihr Liebhaber der Wunderlichkeit! Ihr beklaget die Ungern, daß sie in jenen unermeßlichen Ebenen geboren sind? Sie gleichen dem Ocean, wenn er ruhig ist. Sie schildern die Ruhe der Seele, die von keiner Leidenschaft gestört wird. Jene Carpathischen Gebirge, werden sie sagen, die wir in weiter Entfernung

se-

sehen, und die vormals der Hüter von Neptuns Heerden bewohnte, sind ein Bild des Chaos; aber hier entdeckt man etwas, was noch älter ist. Wenn dieß das Nichts ist, so ist das gar keine so schreckliche Sache. Die Trägheit führt dazu hin, und es ist so hübsch, träge zu seyn. Das Firmament ist nie schöner, als wenn es unbewölkt ist. Es schmückt sich bisweilen mit seinen Regenbogen. Warum putzen die Ungern ihre Dörfer nicht auch mit zwanzig verschiedenen und lachenden Farben auf! Der Fürst Bathiany hatte dem seinigen einen blaßrothen Anstrich nach holländischer Art gegeben. Möchten sie doch durch Massen von Bäumen (die sie in Wahrheit erst müssen pflanzen lernen) die Einförmigkeit ihrer ungeheuern Landstrecken wegzuräumen suchen! Möchten sie doch die Blicke fast überall aufzuhalten suchen! Die, welche daneben fielen, würden sich dann einer desto schönern Aussicht erfreuen.

Es ist ein überaus glücklicher Umstand für den Fürsten Esterhazy, daß er aus den Fenstern seines Pallasts zu Esterhaz, was bei-

beinahe eine halbe Meile in der Breite hat, auf der einen Seite seinen Park, der mit einer Patte d'oie von sehr gutem Verhältniß durchschnitten ist, und auf der andern seine weitläuftige Herrschaft und einen der schönsten Seen von der Welt übersehen kann. Dieser See ist von etwas anderer Beschaffenheit, als die selbstgemachten, welche die Gärtenmacher eben so zu benennen belieben. Es ist ein wirklicher See von sehr großem Umfang, größer als die Seen der Schweiz, und mittelst einiger Arbeit für Landungsplätze, Schiffahrt und Handel empfänglich. Auf der andern Seite liegt Eisenstadt, eine herrliche Besitzung mit einem Schloß, die dem nämlichen Fürsten Esterhazy gehört, der sich zum Neptun von Ungern ernennen lassen sollte. Er sollte den Strich, welcher den See vom Schloße trennt, mit Moos, Thymian und Quendel bedecken, und Rinder und Schaafe zu Tausenden bis an die Ufer dieses kleinen Meers, welches mit seinen Galeeren bedeckt seyn müßte, herum springen lassen. Mit Leuchtthürmen, einem Wachtthurm, vermeintlichen Klippen, eingebildeten Seeungeheuern, Corsarengeschich-

ten,

ten, Fischerhütten, Inschriften auf Schiffbrüche, einem Tempel des Meergottes, steinernen Treppen und Balustraden, um in seine Yachten, Gondeln und Schiffe aller Nationen hinabzusteigen, würde er ihn ungemein interressant machen. Wenn ich aber von einem Tempel rede, so will ich, daß es auch wirklich einer sey. Er hat die Namen der Götter schon zu sehr gemißbraucht. Der Tempel, den er der Glücksgöttin gewidmet, könnte der Oekonomie zugeeignet werden, wenn nicht für eine Million Meublen, die sich in dieser Residenz befinden, und die Feste, die er darin giebt, bewiesen, daß er der Pracht und dem üppigsten Luxus opfert. Sein Amortempel könnte eine Wohnung für seinen Fasanenwärter abgeben. Die äußere Verzierung oder das Innere muß der Gottheit immer angemessen seyn. Man entweiht, zum Beispiel, diesen Amor in allen Gärten ein wenig zu sehr. Dieß sollte schlechterdings verboten werden. Er erkennt nur einen solchen Tempel als seiner würdig, wo man sich in jene reizende Trunkenheit versetzt fühlt, die sogleich das Verlangen erregt, einen benachbarten Tempel eines andern Gottes aufzusuchen, der nicht leicht fehlen würde. In dem einen müßten die Fenster mit Ziehgittern, in dem andern mit Gaze bekleidet seyn. Das Gitterwerk, die gewölbten Gänge, der Esterhazer St. Marcus-Platz, alles das ist von großer Schönheit. Aber warum ist alles so eingesperrt. Hier sollten die Aha's der Engländer angebracht werden. Die Ungern lieben die Freiheit so sehr wie sie, und haben sie auf eine edlere Art behauptet.

Ein anderer Esterhazy, der Kanzler von Ungern ist, schließt Niemanden ein. Er hat gesucht und gefunden. Er hat sich mit seinem Lanschitz viele Mühe gegeben, und nicht verlangt, daß sich ihm alle Schönheiten mit einander aufdrängten. Seine Gebäude in seinen Gärten und in seinen drei Gehölzen, sind verständig und zierlich. Ich wünschte, er verbände diese drei Gehölze durch eine unregelmäßige Einfassung, damit man aus dem einen zum andern im Schatten gehen könnte; auch das Wild würde dann von einem ins andere wandern. Es wür-

würde dann unter seine Fenster kommen, und eben so oft uud eben so nah, als alle, welche da zu thun haben, einen großen Herrn und einen großen Minister, der nichts als gutes thut, zugleich zu sehen.

Die Donau läuft zu ihm hin, um ihm zu huldigen. Lanschitz hat eine vortrefliche Lage. Man findet daselbst ein schönes Schloß, einen kleinen Fluß, einen beträchtlichen Grund, schöne Rasen-Teppiche und die mannichfaltigste Aussicht. Aber das Merkwürdigste davon ist ein Gehölze, ohngefähr eine halbe Stunde davon; man sollte schwören, wenn man dort ist, daß man sich auf einer Insel befände. Man kann nicht begreifen, wie man hat zu Wagen dahin kommen können. Es sind Sterne, durchschneidende und querüber laufende Gänge und pattes d'oie daselbst angelegt; überall sieht man die Donau, bald ganz in der Nähe, bald wieder in ziemlicher Entfernung. Alles das macht diesen Ort zu allen möglichen Festen geschickt (ich habe für den Besitzer einen recht artigen Entwurf zu einem gemacht, wobei

bei auf Jagd, Fischerei und Illumination zugleich gedacht ist), und das Bezaubernde der Gehölze und der Gewässer könnte, wenn es wechselsweise mit mehr Geschicklichkeit benutzt würde, einen Ton hervorbringen, den man sonst nirgends antreffen würde. Man findet daselbst eine Insel mit einer Brücke, einen chinesischen Parasol, der zum Sallon dient, einen Park mit wilden Enten und seltenen Vögeln, mitten auf dem Fluß ein Kaninchengehäge, das tief in die Erde herab mit Mauern eingefaßt ist, eine Menagerie, worin jede Niche ihr eigenes Springwasser hat, und in der Mitte eines großen Sterns, innerhalb welchem sie liegt, einen schönen Pavillon. Eine neue Colonnade hingegen, deren Zweck sich nicht einsehen läßt, die mit nichts zusammen hängt und sich unschicklicher Weise an ein unbedeutendes Gehölze lehnt, hat mir nicht gefallen. *)

Ihr,

*) Seit dieser Zeit haben die Grafen von Zichy, der Fürst Bathyany zu Kermen, der Baron von Veczey, und mehrere Grafen Esterhazy das Königreich mit Gärten neuerer Art verschönert.

Ihr, welche der Schöpfer in eine so gute Lage und in solche Bequemlichkeit gesetzt hat, lästert ja nicht auf die Einförmigkeit. Denkt nicht etwa darauf, sie durch beträchtlichen Aufwand zu unterbrechen, und euch durch kühne Springwasser wider ihn zu erheben. Eure Gewässer, die zu eurem Besten in ihrer ruhigen Fläche bleiben, würden bald mit allen euren Gebäuden auf euch hin stürzen. Eure Wasser-Maschinen und Wasserschlösser würden das Schicksal von Babel haben. Bringt euer Wasser zum fließen, wenn ihr könnet. Habt ihr Moräste, so grabet Seen aus. Stehende Wasser stehen nie ganz still, sobald sie eine große Masse ausmachen. Der Wind giebt ihnen mehr Bewegung, als fließende Wasser haben. Habt ihr nicht Wasser genug, so legt kleine Fischteiche an und schmückt ihre Ufer mit blühenden Gesträuchen. Spiegelt die Absicht des Nutzens vor, und sprecht, ihr liebet den Fischfang und das Wassergeflügel. Bauet Baldachine auf Pfähle, Fischerhütten mit Binsen gedeckt und mit Netzen umhangen; viele offne Gebäude machen sich treflich. Einige seien zum heimlichen Lauern be-

bestimmt, um die Jäger zu belustigen, andere zu einem Aufenthalt, wenn ihr etwa daselbst etwas zu genießen gedenkt. Leget Hütten zum Entenschießen an; Bogenlauben schicken sich vorzüglich dazu. Leget Canäle an, die in der Gestalt einer patte d'oie auf einen Punkt zusammentreffen, Wasser-Parterre, Boskets von Schilf und andere ähnliche Dinge. Stellt zugleich etwas auf, was an die Liebschaft des Pan und der Syrinx erinnert. Aber noch einmal, schließet weder eure Gewässer, noch eure Gärten, noch eure Wälder ein.

Mit Verdruß sieht man Reichthümer, Arbeit und Zeit verschwenden. Schönbrunn, zum Beispiel, was so viel gekostet hat, und so oft verändert worden, ist schlecht angelegt. Der obere Tempel sieht wie eine Crokante aus. Aber der Tempel, welcher etwas eingesunken zu seyn scheint; die Eguille, die Menagerie, die Gewächshäuser, der Pflanzengarten und die erhabenen Wölbungen der majestätischsten Alleen verdienen bemerkt zu werden.

Laxenburg würde es auch verdienen, wenn man es näher an die Gebirge rücken könnte. Joseph der Zweite hatte Lust gehabt, für seinen Hofstaat, theils im Gehölze, theils auf dem Rasen, Häuser zu errichten, deren jedes im Styl eines der verschiedenen Königreiche und Länder seiner Herrschaft, die vom schwarzen Meere bis fast an den Ocean, und vom adriatischen Meere beinahe bis an den Rhein reicht, gebaut werden sollte. Da wäre ein neues, hervorstechendes, Mannichfaltigkeit enthaltendes und belustigendes Project auszuführen gewesen; und die kleiuen Vierecke oder unregelmäßigen Rundungen, in welche jede Wohnung wäre eingeschlossen worden, würden auf die nämliche Weise behandelt worden seyn.

Bei Verschönerung des Praters, von dem ich schon geredet habe, hat man einige Fehler begangen. Die patte d'oie ist überflüßig. Was kann das für ein Vergnügen machen, den Himmel in gerader Linie durch die Oeffnung zweier kurzen und breiten Alleen

leen zu sehen? Ich würde nur eine einzige lassen, und den großen runden Platz, dessen unbedeutende Leere diesem sonderbaren Walde einen Theil seiner Annehmlichkeit benimmt und ihm auf keine Weise vortheilhaft ist, würde ich mit den stärksten Bäumen ausfüllen lassen, die ich auftreiben könnte. Mittelst zweier großer Alleen würde ich, ohne unbedeckt zu seyn, auf der einen Seite bis an die Vorstädte und auf der andern bis an den Augarten gehen, den ich durch eine bessere Verbindung mit der Brigittenau zum schönsten, halb geschmückten, halb natürlichen Garten machen wollte. Um den Prater näher an die Stadt zu rücken, würde ich auf der Straße der Leopoldstadt zur Rechten und Linken nahe bei einander hohe Bäume an die Häuser setzen; das nämliche würde ich auf beiden Seiten der Straße thun, die von der Stadt nach dem Augarten führt; und so würde ich den Wald bis nach Wien hinein ziehen.

An der Stelle der österreichischen und baierischen Herren, würde ich gemachte Gärten

ten in Ober-Oesterreich oder im Salzburger Gebiete kaufen, welches erhabene Scenen mit lieblichen vereiniget. Freilich kann man sich dessen überheben, wenn man das große Verdienst besitzt, so schöne Strecken Landes für Gärten aufzuopfern, wie der Graf Prosper von Sinzendorf zu Ernstbrunn, einige Posten von Wien. Er hat sich damit bis an seine Grenzen ausgedehnt. Zu seinen Pflanzungen hat er pittoreske Gegenstände gehabt, die von den Anhöhen begünstiget sind, und einen ungleichen Boden umher, wo er überall Verschönerung angebracht hat. Ich mag seine breite Ruine recht gern. Ich liebe diese Ausdehnung, die ein größeres Gebäude verkündiget, als jene, welche immer mit verkleinerten Stockwerken überbaut sind. Sein Tempel ist nicht mehr als er seyn soll, und von großem Styl. Sein Obelisk, den er dem Feldmarschall Laudon gewidmet hat, ist schön und kühn. Das alte Thor hat einen vortreflichen Ton. Und die waldichten Parthien haben in den angenehmen Vertiefungen einen lieblichen Rasen. Dieser reizende Ort ist original, und hat nichts von jenen andern Landhäusern des servile imitatorum pecus.

Fast

Fast überall sehen wir itzt in Böhmen, Dank sei es der Entfernung der Kriege, Blumengefilde statt der Schlachtfelder. Es ist itzt durch Schönhofen noch berühmter geworden. Der Garten des Herrn Grafen Czernin ist eigentlich kein Garten; es ist auch kein Park; eben so wenig ein Wald; die Kunst hat ihn nicht ganz gebildet; er ist aber auch nicht ganz Natur: es ist ein Gemisch von allem, das seine Besitzung heraus hebt und den Besitzer sehr glücklich macht. Er ist der einzige, der das ausserordentliche Verdienst besitzt, sich ganz und gar nicht einzuschließen. Hasen, Füchse, Uebellaunige, Reisende, Kranke, die Carlsbad verlassen, um die Bäder von Teplitz zu brauchen: alles geht dahin, alles kann hinein, alles darf darin herum spazieren. Er wird für diese Freundlichkeit gesegnet, und was das sonderbarste ist, er hat sich über keine Verwüstung zu beklagen. Die Hasen selbst scheinen da manierlicher zu seyn, als an andern Orten. Man ißt ihm nichts, man stiehlt ihm nichts, man verdirbt ihm nichts, und man ist ganz bezaubert von dem Herrn Grafen von Czernin. Der Anfang der

Pro-

Promenade ist etwas ermüdend; es giebt viel auf- und abzusteigen *). Man trifft bald auf eine heimliche Scene, wo sich in einem geheimnißvollen und ernsthaften Tempel, mitten unter alten und vortreflichen hohen Bäumen ein schöner Saal befindet; weiter hin ist eine wilde Parthie in einem Grunde; und dann gelangt man durch das Haus oder vielmehr durch den Felsen eines Einsiedlers am Fuße eines Bergs, auf welchem sich seine Kirche befindet, zu einer religiösen und ländlichen Scene. Von da geht man über eine Brücke, welche zwei Gründe mit einander verbindet und auf den Häuptern mehrerer hohen Bäume ruht, und steigt dann in eine Höhle hinab, wo sich ein Grabmal und eine Quelle befindet. Man ist erstaunt, wenn man diese fast unbearbeitete Par-

*) Man wird schon an mehrern Orten bemerkt haben, daß der H. V. das Steigen nicht liebt, was vielen andern Vergnügen macht. Auf keinen Fall sind wohl Bergparthien, die ungemein viel Schönheit und Anmuth gewähren können, für fehlerhaft zu halten. A. d. Ueb.

Parthie verläßt, in eine Allee zu kommen, die eine Art von Terrasse macht, von welcher man alle umliegende Gegenden übersieht. Zur Linken steigt man nun auf Stufen, die in einem künstlichen Felsen angebracht sind, in die Höhe, und wird noch weit mehr durch eine große Wasserparthie überrascht, über welcher eine Art von Höhle ist, und oberhalb welcher man ein chinesisches Gebäude erblickt. Von da steigt man unvermerkt zu einer gothischen Kirche hinauf, die er eben itzt anlegen läßt, aus welcher man das ganze umliegende Land übersieht. Weiterhin ist eine holländische Meierei, die durch Boskets von einer neuen Pflanzung getrennt ist. Wenn man dann durch eine kleine Umzäunung gegangen, wo sich einiges zahme Wild befindet, und nun wieder nach dem Hause zurück geht, so ist man ganz bezaubert, auf einen sehr schönen Saal von acht Säulen zu stoßen, welcher zu erkennen giebt, daß man nun anfängt prächtig zu werden, nachdem man Bergbewohner, Pachter, Gothe und Mandarin gewesen. Man kömmt darauf zu einem kleinen See, der eine sehr schöne Cascade aufnimmt, und sich auf der einen

Seite

Seite bei einer Fischerhütte endiget, die im vortreflichsten Geschmack angelegt ist. Von da führt ein sehr angenehmer Weg durch ein mit Gehölze bedecktes Thal zu einer sehr grossen Wiese, die ausserordentlich schön ist. Hier steigt eine vortrefliche, hohe, reiche, lange, gekrümmte und wasserreiche Cascade mit größter Schnelligkeit von der Höhe des Bergs herab, wo sie das Ansehn gewinnt, als suchte sie sich mitten durch das Gehölze einen Weg zu bahnen. Einer Art von Bassin gegenüber, mit dem man meines Erachtens einige Veränderung vornehmen könnte, führet sie ihre Gewässer hin, und man kann ihrer so lange geniessen als man Lust hat. Man findet da einen verschlossenen Tempel von einer sehr schönen architektonischen Ordnung. Hierauf führen zwei Wege an den Ufern eines sehr breiten und mit Wasser hinlänglich versehenen Bachs, wo weder zu viele noch zu wenige Hindernisse ein angenehmes Murmeln desselben bewirken, den zufriedenen Spaziergänger zum Schlosse zurück. Der Reichthum an ausländischen Gewächsen und Gebäuden und die vortrefliche Unterhaltung der Wege und Gänge übertrifft alles, was ich vormals in England und Frankreich schönes gesehen habe; und es verdient dabei bemerkt zu werden, daß dieser verschönerte Bezirk des Herrn Grafen von Czernin von sehr beträchtlichem Umfang ist.

Als ein guter Patriot achte ich mich verbunden, die Stützen des Angenehmen, des Geschmacks und der schönen Künste in unsern Königreichen zu nennen. Im Namen derselben hat die Frau Gräfin von Bucquoy Anlagen zu Cratzen gemacht. Man würde mich für einen Romanen- oder Idyllen-Dichter, für einen Nebenbuhler von Geßner oder Berquin halten, wenn ich Vallon chéri und alles was ihre dasige Schöpfung so interessant und göttlich macht, schildern wollte. Man gehe hin und bewundere ihre Rasenparthien, das Denkmal, den Bach und den ersten Wasserfall desselben, von dem man schon bezaubert wird, ehe man noch beim Hingehen die majestätische und immer fortdauernde Cascade entdeckt hat, die mittelst der Wolken den Himmel mit der Erde zu verbinden scheint.

Man

Man ist auch in Dux thätig*); Dux ist das Chantilly von Böhmen. Dux wird noch schöner werden, wenn einmal der ländliche Theil auf Unkosten zweier Heckengänge, die zum Unglück so schön sind, daß man sie nicht gern wegreißt, es vergrößern wird. Durch Wegnehmung von dreißig bis vierzig Klaftern Mauer, und durch vier Reihen Bäume um den beträchtlichen See, wollte ich diesen in den Park hinein ziehen, und dann würde derselbe mit den drei schönsten Gärten, die ich in der Welt kenne, um den Vorzug streiten.

Ich liebe Entwürfe, deren Ausführung wie durch Berührung eines Zauberstabs hervorgebracht zu seyn scheinen, und auch denjenigen, der ihn so zu gebrauchen weiß. Einer meiner Bekannten, zum Beispiel, kam auf ein Landgut des Herrn Grafen von Chotek, welches die Insel heißt, wo er seit drei Monathen nicht gewesen war. Er glaubte, man habe ihn irre geführt, oder habe dem Postillion aus Zerstreuung einen an-

*) Es gehört dem Grafen von Waldstein.

andern Ort genant. Er fand weder den Canal, durch welchen er sonst fahren mußte, noch die Anfahrt zum Garten, noch den Garten selbst wieder. Die Weiden-Allee, die Parterre, die Terrasse, die Rampen, die ausgehauene steinerne Balustrade, alles war verschwunden. Diese ganze bedeutende Strecke ist nun mit einem schönen Rasen überdeckt, der sich durch einen unmerklichen Abhang vom Canal bis zum Schloß erhebt, welchem kein dazwischen befindlicher Gegenstand mehr die Aussicht nimmt. Der ungleiche Boten, der sich terrassenartig erhob, und eine Erhöhung von etlichen Klastern bildete, ist gänzlich geebnet, und macht nun bloß eine geräumige, gleichartige Fläche aus, die mit einem vortreflichen grünen Teppich überlegt ist.

Der breiter gezogene Canal ist ein prächtiges Wasserstück geworden, was sich in einem Bogen endiget, und auf der einen Seite lachende Rasen-Ufer badet, auf der andern aber durch einen mit Rasen bekleideten und mit anmuthigen Gesträuchen bekränzfränzten Damm aufgehalten wird. Der Weg, welcher gerade nach dem Schlosse zuführt, nimmt einige kleine Umwege durch diese Boskets, und darauf gelangt man an eine schöne hölzerne Brücke, die sich hoch über das Bette des Canals erhebt und auf Massen behauener Steine ruht, die zugleich das Erdreich zusammenhalten und sich mit einem terrassenartigen und mit Rasen belegten Damm verbinden. Beim Hinübergehen über diese Brücke, deren Bau und Lage wahrhaft malerisch sind, schwebt das Auge über dem Wasser hin, und findet auf allen Seiten ein eben so überraschendes als unerwartetes Schauspiel.

An dem Orte, wo man alle Schönheiten des Dorfs mit einem einzigen Blick am besten übersehen kann, hat man die Sorgfalt gehabt, eine Ruhebank von Rasen anzubringen, die durch zwei Pappeln von einer ungeheuren Höhe und Stärke, welche ihre stolzen Wipfel bis an die Wolken empor zu richten scheinen, beschattet wird. Will man auf diesem ländlichen Sitze, der zwanzig

Personen fassen kann, der Ruhe genießen, so hat man zu seinen Füssen längs dem Canal eine Art von Ufergemäuer, welches zur Rechten und Linken in die Boskets der Fasanerie führt. Gegenüber zeigen sich die Wasserparthie, der Rasen und das Schloß, welches sich in dem flüßigen Krystall spiegelt, in ihrer ganzen Schönheit. Einige einzeln stehende oder gruppirte Bäume, hie und da mit Geschmack und Ueberlegung gepflanzt, und mehrere andere neue Gegenstände, die unter einer geschickten Hand entstehen, können einen Landschaftsmaler, der sie gut aufzufassen weiß, glücklich machen.

Gemälde sind eben ein wahrer Probierstein der Geschicklichkeit der Gartenanleger. Bilden sie ein Ganzes, was ein Maler nachahmen kann, ohne etwas daran zu verändern, so sind sie würdige Oberpriester im Tempel des Gartengeschmacks. Ahmt aber keine Gemälde nach, um Gärten darnach zu schaffen: man sieht sich gar oft damit getäuscht. Die in der Malerei zusammen gerückten Gegenstände thun bisweilen auf

Grund

Grund und Boden eine schlechte Wirkung. Ich habe gesehen, wie sehr man durch Roberts Landschaften irre geführt worden.

Nach Teplitz muß man gehen, wenn man die weiseste Zerstörung und Umschaffung sehen will. Der Fürst von Clary hatte seit Jahrhunderten, in den Augen der Badegäste, den langweiligsten Garten von der Welt, ob er schon in seiner Art immer noch edel zu nennen war. Er hat den Steinen, den Mauern, den Treppen, den Terrassen, den Hecken den Krieg angekündiget; und wenn er gleich gegen die ältesten Bäume von einer heiligen Ehrfurcht durchdrungen war, so sah er sich doch genöthiget, viele davon niederzuschlagen, um die geraden Linien zu zerstören. Indessen hat er ihrer noch immer genug mit großer Geschicklichkeit beizubehalten gewußt, und sie mit unregelmäßigen Pflanzungen verbunden, um ein überaus majestätisches Wäldchen draus zu machen. Mit vieler Kunst hat er zwei sehr große Wasserpartien von einander geschieden, deren eine als ein wahrer See zu betrachten ist, und die andere einen moresken Tempel und eine reizende Insel hat.

Ohne Künstelei hat er eine Menge Gänge angelegt, und ohne kleinliche Zerstücklung Massen aufgestellt, wo sie Wirkung thun, ohne daß er ihrer zu viele gewollt. In Teplitz ist man sich selbst überlassen. Man wird da nicht, wider seinen Willen, durch einen Führer beschäftiget, welcher verlangt, daß man hundert Dinge auf einmal sehen soll. Er hat einen Obstgarten. Ein Obstgarten ist wohl an sich eine gute Sache; aber dieser war ein wenig kalt. Jtzt hat er ihn durch Hütten und eine Heerde belebt. Ein schönes Versammlungsgebäude für die Badegäste, die sich der heilsamen warmen Gewässer bedienen, erforderte eine Art von Regelmäßigkeit. Es erscheint nur aus einem einzigen Gesichtspunkte; übrigens ist der Platz vor demselben auf die nämliche Weise mit Rasen bekleidet, durch welchen sanft gebogene Wege gezogen sind, und hie und da ist er mit blühenden Gebüschen unterbrochen, so wie das Rasenstück, was seinem sehr artigen

gen Theater gegenüber liegt. Ein daran stoßender, inwendig sehr ausgezierter Sallon, dessen Aeusseres einen Tempel vorstellt, hat auf diese Weise sein Schloß, welches sonst bloß in der Stadt liegen würde, in den Garten hinein gezogen. Dieses Gebäude, welches ganz abgesondert zu seyn scheint, und doch das Ende vom Flügel des Schlosses ausmacht; dieser an den Seiten seines Eingangs endlich beschattete Tempel hat ihm zu thun gemacht. Es herrscht in allem eine Logik und ein Verstand, die ich immer zum Muster empfehlen werde. Ich wünschte, man legte den Engländern die Aufgabe vor, aus einem alten Garten, von welchem man ihnen den Plan mittheilte, einen angenehmen Garten zu bilden, um zu wissen, ob sich Jemand fände, der sie so aufzulösen verstünde, wie der Fürst von Clary.

Sein Park ist durch schweizerische Thäler und engländische Wiesen von sechs bis sieben Parks geschieden, wo sich Wildpret aufhält; wo sich grüne Sallons, Bänke unter ungeheuern Eichen, schöne Bahnen um um das Wild zu stellen, kleine Wege zum Spazierengehen, ein Wohngebäude, oder wenigstens Trümmern, die malerisch auf Felsen gestellt sind, befinden. Auch giebt es da natürliche Cascaden, schnell laufende Bäche und überall ganz vortrefliche Gesichtspunkte.

Mit Zeit und Geduld werden auch (das einzige, was ich da noch wünsche) die Wege mit Bäumen besetzt werden, um diese sieben Arten von wilden Gärten mit dem geschmückten Teplitzer Garten zu verbinden, der dann gleichsam unter ihnen die Hauptstadt seyn wird. Ein glücklicher Umstand mehr in diesem herrlichen Thale, welches mittelst der Quincunxe von Fruchtbäumen, die darin noch überdieß angetroffen werden, diese ganze Besitzung zu einem Garten macht, ist ein Berg, auf dem sich eine erhabene Ruine von einer alten Burgveste befindet, welche die Kühnheit der Schweden beweiset. Man kann da die Elbe entdecken und bis nach Sachsen hinein sehen *).

Ich

*) Das heißt, einige sächsische Berge, denn die

Ich gebe hiermit den wahren Kennern die Art und Weise, auf welche diese Landschaft behandelt ist, mit Strenge zu untersuchen; und ich wette, daß Jedermann, der die Werke des Besitzers von Teplitz sieht, eingestehen werde, daß er ungemein viel Geschmack, Gefühl, Geist und Planmäßigkeit besitze.

Man muß viele Länder gesehen haben, um sich eine Manier, wie die seinige, zu schaffen. Oft will man sie seinem Geschmack anpassen, aber das Grundstück läßt es nicht zu. Seen, Schwarzholz, aufgeputzte mit Vieh bedeckte Heiden, artige Colonien auf die umgerissenen Fluren, würden sich für Potsdam geschickt haben. Anstatt alles dessen hat Friedrich der Zweite, der nie anders als mit hunderttausend Mann gereiset war, und

die gegenüber liegende Kette von Bergen, an deren Rücken sich die sächsische Grenze hin zieht, ist höher als der Schloßberg, der mit seinen Ruinen allerdings eine verschönernde Behandlung und mehrere Pflanzungen verdiente. A. d. Ueb.

und der bloß alte schlechte Kupferstiche von Versailles und was man sonst etwa an den Wänden eines Wirthshauses findet, wo er vielleicht nach einer gewonnenen Schlacht sein Hauptquartier gehabt, eine unpassende Pracht zeigen wollen. Er hat geglaubt, er müsse die Natur durch die Gewalt seines Genies eben so zwingen, wie den Sieg, den Krieg, die Politik, die Bevölkerung, die Finanzen und die Industrie. Aber die Natur spottet der Helden. Sie zieht ihnen einen Pachter der Grafschaft Sommerset vor.

Es sind in seinem dürren Sanssouci nur zwei etwas wilde Parthien, die einige Annehmlichkeit haben; zum Glück sind sie bis itzt vergessen oder vernachläßiget worden. Auf der einen Seite sieht man einen Tempel von ziemlich ernstem Styl, in welchen sich Schätze von antiken Münzen und andern Seltenheiten und die Ueberbleibsel der Gallerie *) befinden, die ich im siebenjährigen Kriege zu Charlottenburg von den Kosacken zum

*) Ein Theil davon befindet sich in Charlottenburg. A. d. Ueb.

zum Theil habe verstümmeln und zu Grunde richten sehen; auf der andern Seite sieht man, gleichsam als Gegenstück, einen sehr schönen, erhabenen, prächtigen Tempel mit Säulen von Marmor, welcher der Freundschaft gewidmet ist. Hier ist das Mausoleum der Markgräfin von Baireuth, der Schwester des Königs; und an jedem Säulenpaar befinden sich Namen berühmter Freunde aus der Fabelgeschichte, wie z. B. Orestes und Pylades, Theseus und Pirithous, Euryalus und Nisus u. s. w. Seine großen sandigen Alleen in seinem sogenannten Garten und seine Hecken, welchen alle Anmuth gebricht, werden hoffentlich durch Windstöße, die in diesem armseligen Lande so häufig sind, nächstens umgeworfen werden *).

Es

*) Und doch hatte dieses armselige Land zu dem großen Schatze beigetragen, den Friedrich II. damals schon wieder gesammlet hatte, als Joseph der Zweite, beim Ausbruch des Kriegs wegen Baiern, nachdem er in Genua, Holland und der Schweiz kein Darlehn erhalten konnte, die Steiermär-

Es giebt in dem alten und neuen Sanssouci ein wenig zu viel Statuen, besonders sind die vergoldeten durchaus überflüssig. Die Eintheilung der Gemächer und ihre röthlichblauen Meublen sind abscheulich, so wie die versilberten Einfassungen und viele altväterische Gemälde, die ich durchaus nicht leiden kann. Die Gemäldegallerie ist von aussen ein prächtiges Gebäude, aber in Ansehung dessen, was sie enthält, mittelmäßig. Es befinden sich mehrere Copien von italiänischen Meisterstücken darin, die der König nicht in Original haben konnte, wie z. B. die Nacht des Correggio u. s. w. Ich habe zehen mit Marmor bekleidete Säle gezählt. Alle Sänlen, und unter andern auch die Säulen einer Grotte, sind von der schönsten Architektur. Die dem neuen Sanssouci gegenüber liegende Colonnade, welche die Gestalt eines Hufeisens hat, aber zu nahe am Schlosse ist, das Belvedere und der chinesische Pavillon, sind prächtig, und bisweilen mit viel Einsicht gebaut. Man sieht in allen

märkischen Klöster um Geld angieng, die ihm drei Millionen aus Genua verschafften. A. d. Ueb.

allen Werken Friedrichs des Großen, daß wenn ihn nicht die Umstände und das Land genöthiget hätten, ein Cäsar oder Alexander zu seyn, er ein Ludwig XIV. geworden wäre. Ueberall sieht man die erhabene Seele eines Helden, und troß dem, was man von ihm sagt, die Liebenswürdigkeit und Ruhe eines Philosophen.

Sanftere Formen, mehr Einsicht, mehr Ländlichkeit, 'mehr Ueberdachtes, mehr Poetisches und fast Historisches, und mehr wahre Philosophie bezeichnen den Wohnort des Prinzen Heinrich. Man sieht da nichts, was das Ansehn hätte, als solle man es schlechterdings für gültig halten; sondern er hat durch geschickte Mittel die Natur seinen Wünschen geneigt gemacht. Reinsberg macht dem Prinzen Heinrich Ehre. Seine Gärten sind ländlich behandelt; und das liebe ich. Er beschäftiget, zeigt Mannichfaltigkeit und weiß geschickt zu vertheilen. Der Tempel der Eintracht ist unglücklicher Weise nur gemalt vorhanden. Das Grabmal Virgils ist nur dem Namen nach schön. Das

Mausoleum des Prinzen von Preußen ist interessant. Die beiden Ruinen sind nicht reich genug. Die Höhle ist vom besten Styl, und der See ist das schönste Ding von der Welt.

Die Insel, das Schiffgeräthe, die Hütten, das Gemisch von Fülle und Leere, von hohen Bäumen und Feldern, auf die ich jedoch einige Bäume wünsche, daß die Schnitter darunter ruhen und sich erquicken können; die Wiesen, das Ländliche, das Zierliche, findet man nirgends so wie hier. Und so muß man eigentlich Gemälde zusammen setzen. Die Ausgänge, die Verbindungen der Wege, und der Weg, der am See hinführt, lassen nichts zu wünschen übrig. Es fehlen dem Prinzen nichts als Reichthümer, um seinem Geiste und seinem Geschmack eine Gnüge zu thun. Er hätte sich lieber der Tempel und Statuen ganz enthalten sollen, wenn er keine haben konnte, die eines so vortreflich behandelten Orts einigermaßen würdig waren. Er halte sich an die Pracht der Natur, und reiße seine Decorationen und

an-

andere aufgestellte Dinge, die zu Gesichtspunkten dienen, hinweg. Das beste, was man in diesen Gärten sehen kann, ist der Prinz. Ihr, die ihr nicht das Glück habt, ihn zu kennen, versteckt euch hinter jene hohen und majestätischen Bäume, wo er mit seiner Gesellschaft frühstückt, und höret da den Menschen und bewundert den Prinzen.

In Schlesien habe ich einige traurige Gärten gesehen, die gestorben sind, ehe sie geboren waren, wie die von Santir bei Liegnitz, und einige andere, die vielleicht nicht mehr vorhanden sind *). Unstreitig hat der Leinwandhandel die Lausitzer auf ihren Reisen nach Holland geführt. Sie haben die dortige Manier angenommen, und sind durch den Boden besser bedient. Die Holländer würden ihn mehr zu benützen wissen, aber immer in ihrer kleinlichen Manier. Ich habe wenig so erstaunliche Wasserspiele gesehen, als zu Schönau, auf der Höhe von

 Hen-

*) Seitdem sind auch in Schlesien mehrere Gärten verändert und neue Anlagen gemacht worden. A. d. Ueb.

Hennewalde. Auch in Zittau giebt es Kaufleute, die in den Vorstädten kleine Häuser besitzen, welche, ob sie gleich von schlechtem Geschmack sind, doch viel Angenehmes haben.

Der katholische Theil des deutschen Reichs hat uns schöne geistliche Residenzen verschafft, die an den Ufern des Rheins liegen, dessen sich die drei geistlichen Churfürsten nicht zu Nutze gemacht haben. Baiern besitzt das allzu regelmäßige Nymphenburg, wo ich venetianische Gondeln auf der Fläche seiner schönen Seen ganz enge beisammen habe hinfahren sehen, wo man zugleich Hirschjagden anstellt, dergleichen man nirgends weiter als zu Lichtemberg sieht *).

Der protestantische Theil schien gegen die neuere Gattung von Gärten zu protestiren, und stellte uns nur weitläuftige und schö-

*) Schwetzingen in der Pfalz hätte, einiger schönen Parthien wegen, ohne Zweifel mit genannt werden können. A. d. Ueb.

schöne Palläste dar, wo man bis auf die Mauern eines Parks, den man sorgfältig zeigte, keine andern als weiße, oder abgekrazte, und viereckichte oder runde Kasten von sogenannten Boskets sah. So fand ich es auch bei andern großen und kleinen regierenden Herren und ihren Ministern, die sich alle in ihre schönen Hecken-Gefängnisse einschlossen. Der Herr Baron von Groschlag hat dieses Joch zuerst abgeschüttelt. Ich weiß, daß sein Garten allerliebst ist und seinem Geschmack Ehre macht, aber ich habe ihn noch nicht gesehen. Ich weiß, daß der Herzog von Weimar mit dem Siegel des Genies vortrefliche Dinge gemacht hat, und ich werde bald hin gehen, um ihn zu bewundern *). Ich kenne seinen berühmten unterirrdischen Garten, aus welchem man heraus tritt, um eine vortrefliche Cascade und den Fluß Unna zu sehen und zu hören. Ich habe von den Gärten des Herrn Grafen von Lindenau und des Herrn von Hoffmann viel gutes sagen hören. Ich habe alle Ur-

*) Hier sind die Anlagen bei Gotha, und der nun umgeschaffene Garten von Cassel übergangen. A. d. Ueb.

sache zu glauben, daß man den schlechten Geschmack aus dem Reiche auf immer vertrieben habe. Der Herzog von Würtemberg, der keinesweges frei davon war, erkaufte ihn so theuer, als er nur konnte. Ich bin Zeuge von den Millionen gewesen, die er auf der dürren Höhe, wo sich seine Solitüde befindet, ausgesäet hat. Aber er hat das durch eine Schöpfung von einer ganz neuen Art wieder gut gemacht, die so außerordentlich ist, daß ich, ungeachtet sich einige kleine Tadel anbringen lassen, Hohenheim erstaunenswürdig und bewundernswerth finde.

Es wäre vielleicht zu wünschen gewesen, der Herzog von Würtemberg hätte die reizenden Ufer des Necker gewählt, der in seinen Staaten überall in harmonischen Cascaden hinfließt, und eine Lage, wo er die Schönheiten Hohenheims weit vortheilhafter und weiter aus einander hätte aufstellen können. Aber er wäre dann zu glücklich gewesen; und ich weiß nicht, warum immer etwas an einem Hause oder an einem Garten mangelt,

daß

daß man nicht völlig damit zufrieden seyn kann. Anstatt die anmuthigen Thäler, Gewässer und Wiesen bei Canstadt zu wählen, hat man lieber der Kunst als der Natur zu huldigen gesucht. Aber zum Glück ist die Natur eine reizende Kokette, die nicht überdrüßig wird, ihren vermeinten Liebhabern zu lächeln, ob sie schon keine Aufmunterung von ihnen erhält.

Das Schloß Hohenheim ist oder wird durch die Menge seiner viereckichten Höfe, den Umfang seiner Gebäude und die zierlichen Wohnungen für seine Pferde, seine Rinder, seine Fasanen und seine Soldaten die prächtigste und seltenste Sache von der Welt werden. Ueberall herrscht eine Reinlichkeit, dergleichen man wenig Beispiele aufzuweisen hat. Vom Schloß gelangt man durch eine Reihe kleiner natürlicher Gärten zum eigentlichen Garten, welcher der geschmückteste, und zwar vom besten Geschmack, und vielleicht der bewundernswürdigste von allen Gärten ist, die zu finden sind. Es sind mehr als sechszig verschiedene Scenen darin, die auf folgende Art behandelt sind. Um nämlich dasjenige, was andere glücklich genug sind, in ihren Cabinettern auf Kupferstichen zu besitzen, in seinem Garten wirklich zu haben, hat der Herzog die schönsten Werke Italiens, in dem Verhältniß wie vier zu eins, aufführen lassen, so daß alle Verhältnisse seiner Gebäude einander gleich sind, und daß seine Säulen z. B. den vierten Theil von denen ausmachen, von welchen uns die Römer so schöne Ueberbleibsel hinterlassen haben, um uns anzureizen, ausdrücklich deswegen eine Reise an jenen köstlichen und belehrenden Ort zu machen. Ich werde von allem dem, was ich gesehen habe, keine Rechenschaft geben; ich werde nur sagen, daß die erste Scene eine Ruine vom goldnen Hause des Nero ist; dann folgen drei fast gänzlich in die Erde gesunkene vortrefliche Säulen; das Grabmal des Cajus Sextus mit Begräbniß-Urnen, der Sibyllentempel, die Bäder des Diocletian über einem angenehmen Bache, dem ich eben so viel Dauer als Schnelligkeit wünsche; ein römisches Begräbniß und zwanzig andere römische Denkmäler, die alle durch Baum-Massen von ein-

einander getrennt sind, zwei andere Bäche, Brücken oder Hecken; und in diesem allen herrscht nie Verworrenheit, und alles spielt sogar recht gut durch einander, wenn man etwa einmal von ohngefähr mehrere zugleich wahrnimmt. Die Massen, die diese verschiedenen Scenen von einander trennen, bestehen aus Pflanzungen, zu welchen die drei übrigen Welttheile beigetragen haben, womit sie der Himmel, dem Anscheine nach, dafür hat entschädigen wollen, daß sie nicht so eingerichtet und verfeinert sind als Europa. Dieser erste ausgeführte Plan würde schon hinreichend gewesen seyn, seinem Urheber Ehre zu machen, aber für seine reichhaltige Einbildungskraft und seine Glücksumstände bedurfte es noch eines andern. Um einen Vorwand zu haben, dieß alles anwendbar zu machen, hat der Herzog einem jeden seiner Denkmäler eine kleine Wohnung angehängt, welche das Ansehn einer Bauerwohnung hat. Man findet darin alle Geräthschaften, die ein Bauer nöthig hat, sein Nachtlager, seine Küche, und mitten darinn, was man am allerwenigsten erwartet, einen überaus reichen Saal, der zuweilen im beßten Geschmack ist. Man sieht auch Ruinen von einer Wasserleitung, die sich fünfmal durch mehrere über einander gesetzte Arkaden zeigt, und Hütten, die auf eine sehr malerische Weise eingerückt sind, worin sich Bäder, Boudoirs, Säle und artige Cabinette befinden, und dabei immer die kleine Bauerwohnung. Alle Wege, die von einer Wohnung zur andern führen, sind mit den kostbarsten Blumen eingefaßt. Ueberall findet man anmuthige Blumen-Büffets, wo große Oeffnungen sind, und sehr wohl unterhaltene Rasenteppiche. Die Auslegung aller dieser Anlagen, und die Erläuterung, die der Herzog darüber giebt, sind sehr sinnreich: er nimmt an, daß eine Kolonie, die in diesem Bezirk die Trümmern von den Gebäuden einer römischen Kolonie fand, sich derselben bediente, um ihre Wohnungen bei derselben aufzuschlagen. Meiner Meynung nach wäre es besser gewesen, er hätte lieber seine Gesellschaft und seinen Hofstaat darin einquartiert, als daß er sie durch den geputzten Saal, und durch die eingebildete Küche und den Backofen dieses vermeintlichen Bauers unnütz gemacht hätte. Es wäre eine vortreftrefliche Sache, eine gewählte Gesellschaft da beisammen zu behalten, und diese Art von Eigenthümlichkeit würde viel Anziehendes haben.

Ob nun gleich alles dieß die allerreichhaltigste Einbildungskraft zufrieden stellen konnte, so hat sie sich doch noch weiter zu andern Gegenständen verirrt. Man hat sich auch unsern Zeiten genähert. Die Mythologie ist dem Märtyrerthum gewichen, an welches die sehr künstlich in einen dicken Felsen gehauenen Katakomben erinnern: von der ersten Kirche ist man dann zu den gothischen Kirchen und Fenstern, zu einer Pfarrei, zu einem Heiligen von schlechter Gesellschaft und schlechter Bildung, zu einem Einsiedler, u. s. w. übergegangen.

Die Türken und Chinesen sind nicht vergessen worden; selbst vom Japanischen findet man etwas darin. Es ist auch etwas Engländisches da, ob man gleich nicht sagen kann, daß es ein englischer Garten ist, weil

es

es nur eine einzige Wiese darin giebt, die im Styl dieser Nation behandelt ist, von welcher der Herzog fast gar nichts entlehnt hat. Der Bezirk ist klein; aber man spaziert vier bis fünf Stunden drinn herum, ohne daß man es merkt, und man muß diese Zeit wohl zusammen nehmen, um nur alle Theile davon besehen zu können. Da dieß aber unglücklicher Weise doch einmal ein Ende haben muß, so macht man den Beschluß mit Betrachtung zweier Wasserfälle, die zur Rechten über einige Steine herab fallen; und einer vortreflichen Cascade zur Linken, die sich von einer erstaunlichen Höhe über ungeheure Steine vom schönsten und stärksten der Felsen ergießt, der ausserdem noch Grotten, Säle, Treppen und die malerischsten Gesichtspunkte enthält, die ich kenne.

Um durch den Enthusiasmus, den mir dieser schöne Ort eingeflößt hat, Niemanden ekelhaft zu werden, will ich zwei Fehler aufdecken, davon der eine leicht zu verbessern ist. Gleich nach dem Felsen entdeckt man ein großes Casernen-Gebäude, dessen unedler weisser

ser Anstrich die erhabene Rauhigkeit der Felsen entehrt. Ich habe gebeten (und der Herzog hat es mir versprochen) daß man es durch große Pflanzungen zudecke, die zugleich diesen Felsen in eine besondere Scene einschliessen können, wodurch er ein ernstes und düsteres Ansehn bekommen würde, was ihm nicht übel lassen müßte. Man wird drum nicht weniger durch die beschattenden Gipfel dieser dichten und wohlbelaubten Bäume, auf der andern Seite eines kleinen Grundes, ein großes Dorf entdecken, welches sich in diesem Gemälde vortreflich macht, weil es mit zu diesem lieblichen Dörfchen zu gehören scheint. Der andere Fehler ist unheilbar. Dieß ist der Mangel an Wasser bei dem Orte, wo es am allernöthigsten wäre. Dieses Wasser ist zwar vorhanden. Aber für wie viel Minuten? Ehe der Herzog in seinem Garten, den er nur allein zeigen kann (denn ein ungeschickter Führer würde bemerken lassen, daß jedes dieser Gebäude nur zwanzig Schritte von dem andern entfernt ist), Jemanden herum führt, muß man auf den Fluß warten, so wie man in der Oper wartet, bis sich die Acteurs umgekleidet haben.

ben. Nun ist er bereit dieser Fluß; endlich kömmt er: aber auf einen Zug und mit einer Schnelligkeit, die selbst der Nil nicht hervorbringen könnte. Man sieht ihn über Hals über Kopf kommen, um eure Füsse, die Blumen und die Gebäude zu küssen: dann kann man sagen: er ist dahin! und auf vier und zwanzig Stunden von ihm Abschied nehmen.

Ich kann nicht genug sagen, mit welcher Kunst und mit welcher Kühnheit die Wölbungen und Spalten ausgeführt sind, und wie viel Geschicklichkeit es anzeigt, daß man in den Bauten aller dieser anmaßlichen Bauern verstümmelte Statuen, Steine mit Inschriften angebracht hat, die mit den Ziegelsteinen und Stroh untermischt sind und daher das Ansehn haben, als wären sie von ihnen zusammen geraffet worden, um ihre zerbrechlichen Gebäude aufrecht erhalten zu helfen. Alles hat den Farbenton, den jede Sache haben muß; alles hat das Siegel des grauen Alterthums; die Tempel sind auf eine geheimnißvolle Art hin gestellt, und zu-

wei-

weilen sieht man zur Rechten und Linken eines antiken Denkmals die Flügel eines neuen Denkmals sich erheben, gleich als ob der Herr des Dörfchens den Plan seiner Colonie befolgt hätte. Das, was man, zum Beispiel das Rathhaus nennt, worinn sich die Schöppen dieses kleinen schlechten Dörfchens, was an diese prächtige Ruine angebaut ist, versammeln, ist im möglich schönsten neuern Geschmack gebaut. Auf diese Weise interessirt man die Einbildungskraft und die Gelehrsamkeit zugleich. Man gehe hin, man studiere da, man bewundere, man ahme nach, wenn man will, und mache es besser, wenn man kann*).

Sachsen, welches sich lange mit seiner Elbe und ihren reichen grünen oder bergigen Ufern begnügt hatte, bewunderte vorzüglich sein schönes Bassin von Dresden, ohne daselbst

*) Eine ernsthafte Kritik der Anlagen zu Hohenheim befindet sich in den Jahrgängen 1796 bis 1799 meines Taschenbuchs für Gartenfreunde, Leipzig bei Voß und Compagnie.

selbst Anlagen zu machen*). Man kannte nichts als jene vortrefliche öffentliche Promenade, der große Garten**) genannt, die ich

*) In einer so reizenden Gegend, wie diese, die so viele gemachte Gärten hat, wie der Plauische und andere Gründe, und die von vielen Fremden ein wahrer Garten genannt wird, konnte man dergleichen Anlagen wohl am leichtesten vergessen. Dieß schöne Bassin ist sechs bis sieben Meilen lang, zu beiden Seiten des Stroms vortreflich angebaut, auf der einen Höhe mit Weinbergen und auf der andern mit Gütern bekränzt. Es ist zu verwundern, daß der H. Verf., der doch für die schöne Natur so eingenommen ist, nicht auch die Gegenden von Dresden noch besser kennen zu lernen gesucht hat, als er sie zu kennen scheint.
A. d. Ueb.

**) Der große Garten ist im guten französischen Styl angelegt, der damals herrschend war; indessen erinnert beinahe nur der Hauptweg und der große Platz, in dessen Mitte der Pallast stehet, daran. Die Nebenparthien haben ungemein viel Natur, und würde man mit einem Male in einige derselben versetzt, so würde man kaum glauben, daß man sich in einem Garten befände. Der ganze große Garten, der ich etwas verwüstet habe, als ich mit meinem Regimente mich derselben bemächtigte. Was vielleicht dazu beigetragen hat, mir die geraden Alleen zu verleiden, ist der Umstand, daß ich darinn von einigen Kanonen bestrichen ward, welche einer Statue neben mir den Arm wegnahmen. Der Pallast und die Pavillons erinnerten an Marly, in dem Verhältniß, wie August II., der Ludwig XIV. Deutschlands, an den von Frankreich erinnerte. Es ist sonst nichts angenehmes da, als was nun die Weinbergshäuser sind, die an den Wald stoßen, welche aber die Unbequemlichkeit haben, daß man vier bis fünfhundert Schritte bis zum Fluß herabzusteigen

der einen sehr beträchtlichen Umfang hat, würde mit leichter Mühe in einen schönen Naturgarten umgeschaffen werden können, wenn es einem regierenden Herrn, der die Erfüllung ernsterer Pflichten seinem Vergnügen vorzieht, so leicht zu bewerkstelligen wäre, als einer reichen Privatperson. — Uebrigens sieht man, daß dem H. V. die näheren Promenaden nicht bekannt geworden sind, weil er den großen Garten für die einzige gehalten. A. d. Ueb.

gen hat *). Das Gartengebäude des Prinzen Maximilian ist äußerlich und innerlich von sehr schönem Styl. Seine Treppe ist ein Meisterstück. Sein Garten ist mittelmäßig und sollte ganz verändert werden, weil man zu eingeschlossen oder zu bloß darinn ist. Der Garten des Prinzen Anton ist viel besser und hat schöne Theile. **)

Ein

*) Dieß ist der Fall bei den Loschwitzer Weinbergen, die aber meist sehr schöne Spazierwege haben, ohne an den Fluß erst herabsteigen zu müssen. Sie machen aber nur einen kleinen Theil von den Weinbergen aus, die auf dieser Seite eine Strecke von vier Meilen einnehmen. A. d. Ueb.

**) Letzterer hat seitdem noch weit mehr gewonnen. Auch ersterer hat einige Veränderung erlitten und einen nicht unbeträchtlichen Zuwachs erhalten, der gegenwärtig die Pfirsiche und Aprikosen aufgenommen, weswegen man sonst die Mauer gegen die schöne Osterwiese wünschen konnte. Der Plan war aller Vermuthung zufolge nach einem größern Bezirk berechnet, den der Garten bis itzt noch nicht erhalten konnte. Aber er ist auch so nicht ohne Annehmlichkeit. — Pillnitz wird vom H. Verf. ganz übergangen. Der Garten, der im natürlichen

Ein Muster-Garten, eine Probe und Essenz von artigen auf einem Raume von einigen hundert Quadrat-Schritten zusammen gestellten Sachen, verdient in einer Vorstadt gesehen zu werden. Er gehört dem Baron von Adlerstal, der auf diesem Bezirk einen französischen Garten, einen chi-

lichen Styl angelegt ist, hat gewiß schöne Parthien; aber man muß ihn noch von einer andern Seite betrachten. Er enthält einen beträchtlichen Reichthum von Bäumen und Pflanzen, die in dieser freiern Manier gepflanzt sind, ohne daß man dabei zur Absicht gehabt hat, einen völligen sogenannten englischen Garten anzulegen, wo die Pflanzungen mehr des Gartenplans, als der Boden der Pflanzen wegen da zu seyn scheint. Und die beschatteten Wege auf den Porschberg, von welchem man auf dreihundert namhafte Orte übersehen kann, sind sehr bequem und vortreflich zu nennen. — Vom Lockwitzer Grunde und Garten, vom Röhrsdorfer Grunde, vom Seifersdorfer Thale, die alle in der neuern Manier behandelt sind, scheint der H. Verf. bei seinem hiesigen Ueberblick ebenfalls keine Kenntniß eingezogen zu haben.

A. d. Ueb.

nesischen Garten, einen englischen Garten, einen Tempel, ein Belvedere, einen Felsen, eine Cascade, Bäder, Höhlen, eine Grotte, einen Pavillon, einen Kiosk, eine Colonnade, ein fliessendes Wässerchen, ein Wasserspiel, einen Porticus, einen Sallon, ein Cabinet, eine Sala terrena, einen gothischen Thurm, eine Brücke, ein Vogelhaus, ein gemaltes Perspectiv, Mauern von Baumrinden, ein Mausoleum, eine Pyramide, einen Obelisk, Gruppen, Denkmäler, Statuen, Gewächshäuser, Orangerie, Rasen, Bäume, Blumen und ein artiges, inwendig überaus reiches, und von außen sehr zierliches, Haus besitzt. Man könnte hundert Morgen Landes damit ausstaffiren. Es ist der amüsanteste Garten von der Welt.

Warum nicht lieber bei einer Manier geblieben? Man glaubt, wenn man traurig ist und traurige Gegenstände malt, es sei nun alles damit gesagt. Es giebt keinen scheinbaren Melancholiker, sagt man, der sich nicht im Stande glaubte, mit zwei bis drei gebogenen Wegen einen Garten anzulegen, um

darin

darin Betrachtungen anzustellen. Aber mag denn melancholisch seyn, wer da will. Alle diese Gärten in Young's Manier sind oft nichts als Gärten langweiliger Menschen, die aus Mangel an Einbildungskraft auf eine langweilige und leichte Manier gerathen; und den deutschen und englischen Schriftstellern *) gleichen, welche Todtengebeine und Todtenköpfe aufs Theater bringen, weil sie nicht geschickt genug sind, das Herz zu rühren, wie Racine und Voltaire. Ich habe schon hie und da gesagt, man müsse zur Seele reden. Aber meine Kameraden haben mir diese Phrasis durch zu öfteres Wiederholen verleidet. Ich habe irgendwo in diesem Werke gesagt, man müsse zur Nase

 reden;

*) Dieß ist in Rücksicht auf beide Nationen eine kleine Ungerechtigkeit, und zumal gegen die deutsche. Die grellen Trauerspiele, die in einer gewissen Periode, die nicht lange dauerte, zum Vorschein kamen, haben keinen sonderlichen Beifall gefunden, und sind sehr bald wieder von der Bühne verdrängt worden. Der angehängte Vorwurf könnte selbst durch viele Theaterstücke widerlegt werden, welche rührend sind, ohne Trauerspiele zu seyn. A. d. Ueb.

reden; denn ich habe eine Mischung der Wohlgerüche der Blumen anempfohlen. Ich sage auch hier noch: redet zu den Augen. Ergötzt sie durch liebenswürdige Nichts. Jetzt werde ich sagen: redet zu den Ohren: lasset eure Glöckchen nicht unbenutzt an euern chinesischen Pavillons hängen. Ordnet sie so, daß ihre Töne mit einander zusammen stimmen, damit sie, wenn der Wind sie bewegt, einem ziemlich harmonischen Glockenspiel gleichen. Und so sucht auch, wenn ihr könnt, das Gemurmel eurer Gewässer durch verschiedene Töne abzustufen. Euch, ihr Metaphysiker, fodere ich auf, euch sowohl als eure Ideen in einem kleinen amüsanten Garten von einem halben Viertel-Morgen Landes zu verlieren. Ihr witzigen Köpfe, die ihr weder Meer noch Berge seht, ihr habt weder Platz noch Zeit zum Denken. Schöpfet Luft, laßt das Denken seyn, macht euch lustig. Haltet euch über die ganze Welt auf, oder laßt sie gehen, wie sie geht.

Thalwitz zu nennen, was an dem Rande eines sehr lachenden Hügels liegt, bin ich

der

der Nachbarschaft, weil es sich zwischen Wörlitz und Dresden befindet, noch mehr aber dem guten Geschmack schuldig, der in den angefangenen Werken den Vorsitz führt. Die himmlische Besitzerin desselben wird gewiß nichts machen, was nicht himmlisch ist. Sie hat einen Bach, ein andres fliessendes Wasser, Teiche, die schönsten Wiesen, die schönsten Boskets, den größten Ueberfluß an ausländischen Bäumen, an welchen ein alter unwissender Gärtner die Barbarei begangen hatte, sie wie seine garstigen Spalierbäume zu beschneiden: was für Hülfsmittel, um etwas anmuthiges und geistiges zu schaffen! Hier habe ich gefunden, daß zwei schöne französische Parthien ihren Verbesserungen entgehen können. Man braucht sie nur zu verbergen und mit Pflanzungen einzufassen. Die eine ist eine Rundung, die das Ansehn einer Insel hat, an welcher man nur die Hecken vertilgen dürfte; und das andere ein großes längliches Bassin, mit arabesker Mosaik belegt, aus welchem sich zwei sehr reiche Wasserspiele sehr hoch erheben, die eine natürliche Cascade, welche einen ziemlich verhältnißmäßigen Felsen recht gut be-

bedeckt, Tag und Nacht unterhält. Ich begreife, daß man ähnliche Parthien, ob sie schon nicht ohne Verdienst sind, nicht erst anzulegen geneigt seyn mag; aber diese ist einmal da und hat mich vermocht, um Gnade für sie zu bitten, und überhaupt zur Regel zu machen: 1.) so wenig als möglich zu zerstören, wie ich bereits gesagt habe; 2.) eine französische Parthie beizubehalten, ja vielleicht selbst anzulegen, so wie etwa eine chinesische Scene, um dadurch Mannichfaltigkeit hervorzubringen, die ich für die Seele der Gärten halte.

Es ist nicht Eifersucht eines Autors, es ist nicht Eigenliebe eines Besitzers, es ist nicht Verkleinerungssucht, die mich veranlaßt hat, in allen Gärten Europens, die ich durchlaufen und von denen ich Rechenschaft gegeben habe, zu tadeln, zu wünschen und zu rathen. Es ist ein Bedürfniß für mich zu bewundern, und endlich habe ich dieses Bedürfniß befriedigen können. Gärtner, Maler, Philosophen, Dichter, gehet nach Wörlitz. Ihr werdet das nämliche Vergnügnügen geniessen. Erwartet keine Lobrede von mir; fürs erste, weil ich euch überraschen will, und dann, weil der Abbé de Lille schon eine Lobrede darauf gemacht hat, ohne es selbst zu wissen. Er hat alles das errathen, was der Herr des schönsten Landes und der glücklichsten Unterthanen des Reichs an diesem schönen Orte gemacht hat. Hier ist der Beweis davon. Leset den Abbé de Lille.

Im ersten Gesang, S. 13. Von Un jardin à mes yeux est un vaste tableau bis auf mais avant de planter, avant que du terrein.

Seite 16. Von Ce que votre terrein adopte avec plaisir bis auf desirez-vous un lieu propice à vos travaux.

Seite 18. Von En lacs pompeux, en rivieres fécondes bis auf mais l'audace est commune.

Seite 21. Von Pour vous dans vos tableaux bis auf là du sommet lointain.

Seite 23. Von Mais les jardins bornés m'importunent encore bis auf oublierois-je ce fleuve.

Seite 28. Von L'Auteur de la nature bis auf chacun d'eux a ses droits.

Seite 31. Von Mais les bois, mais les eaux bis auf c'est là que les yeux pleins.

Im zweiten Gesang, Seite 35. Von Apprenez donc de l'art bis auf montrez ces troncs brisés.

Seite 39. Von Le boccage moins fier bis auf quelquefois cependant.

Seite 43. Von Plus heureux est celui bis auf mais les jardins des Rois.

Seite 48. Von Et les tems, les climats bis auf qui vous empêche encore.

Seite 53. Von Là les plants rassemblés bis auf des champs d'Otaïti.

Im dritten Gesang, Seite 58. Von Achevons cependant bis auf ô! vous dont je foulois.

Seite 62. Von Tous ces rocs varians leurs gigantesques cimes bis auf et vous qui dirigez ces ondes bienfaitrices.

Seite 71. Von Mais vers ces bords riants bis auf si le ruisseau des bois.

Seite 74. Von Autant que la riviere bis auf nos vieux Romans.

Seite 76. Von Pour animer les eaux.

Im

Im vierten Gesang, Seite 80. Von Dirigez les jardins bis auf dans leurs formes encore.

Seite 82. Von Il est des plis heureux bis auf ah! si d'aucun ami.

Seite 88. Von Revenons, il est tems bis auf bannissez les jardins.

Seite 89. Von N'y cherchez pas non plus bis auf soignez donc, protegez.

Seite 94. Von sachez ce qui convient bis auf plus loin une Abbaye.

Ungeachtet dieser schönen Grundsätze des Abbe' und des Fürsten, die zu gleicher Zeit, in der nämlichen Laufbahn, nach der nämlichen Höhe zu schritten, konnte sich dieser, statt der Feder und des Pinsels, mit der Axt, der Schaufel, der Hacke und dem Spaden in der Hand, sehr leicht verirren. Niemand hatte noch vor ihm, weder in Deutschland noch in Frankreich, dergleichen Garten-Anlagen gemacht. Kaum war die Einbildungskraft der Chineser in England ein wenig gezügelt worden. Ich habe in dem Wirthshause von Wörlitz, einem angeneh-

men

men und bequemen vom Fürsten selbst errichteten Gebäude, was zugleich zur Zierde und zu einem Gesichtspunkte dient, ein dickes Buch gefunden, in welches alle, die Wörlitz besuchen, hinein schreiben, was ihnen in den Kopf kömmt. Folgendes habe ich hinein geschrieben:

J'ai vû Wörlitz. J'ai deviné son Maître,
L'ame comme l'esprit se peint dans ce qu'on fait.
Dieu le créa, dit-on, pour nous faire connoître,
En vertus, en jardins, un modele parfait.

Und das will ich nun auch beweisen. Wörlitz würde Ludwig XIV. zwanzig Millionen gekostet haben. Der Fürst, der sich fürchtet, seinen Unterthanen das geringste Leid zuzufügen, hat bei der Schöpfung und Unterhaltung seiner Gärten eine solche Wirthschaftlichkeit beobachtet, daß man mit seinem Bewirthschaftungs-Talent bekannt seyn muß, um es für möglich zu halten, daß ihm dieß alles nur so wenig gekostet habe. Ich habe Unrecht, das einen Garten zu nennen, was ganz als Landschaft behandelt ist, und sich sogar von seiner Residenz Dessau bis nach Wörlitz erstreckt: denn seine Canäle, seine vortreflichen Wiesen, und die Massen von Eichen, Platanen, italienischen Pappeln, Fichten u. s. w. verbinden beide Wohnsitze mit einander. Man kann Wörlitz in fünf Gesänge theilen, worinn sich sieben verschiedene Episoden befinden; oder wenn man die Handlung der Epopöe vorzieht, in fünf Acte, in welchen sich sieben bis acht verschiedene Scenen befinden, 1) das Elysium mit seinen Gegenden, 2) das gothische Haus mit seinen umliegenden Parthien, 3) der Tempel der Venus und das Pantheon, 4) der Vulcan und 5) das Schloß. Von der ersten dieser Promenaden an gehet man durch ein großes Gebäude, was halb von Ziegelsteinen, halb grottenartig gebaut ist, über welchem sich ein kleiner Saal befindet, der für diejenigen, die in Elysium lesen wollen, mit Büchern angefüllt ist. Von da durchwandert man schöne Pflanzungen und Küchenländer, welche dahinter versteckt sind, um sich einzuschiffen. Man fährt dann unter einer mit Blumen besetzten Brücke weg, vertieft sich in einen Canal, über welchem sich Bäume zusammen wölben, und landet bei dem gothischen Hause. Nie hat es etwas so vollkommenes gegeben, nie etwas, das so gut ausgeführt worden: alles ist da so consequent, daß man sich um dreihundert Jahre jünger glaubt. Die alten Harnische, die Gemälde, die Kirchenfenster, die Meublen, die Schreibpulte, die Verzierungen, und selbst bis auf die großen Gläser, die alten Pfänder des Biedersinns unserer Ahnherren, alles ist da an seiner Stelle. Auch die kleinen Thürmchen, und die kleinen Zwinger mit ihrem geheimnißvollen und mißtrauischen Aeußern sind da. Um dieses Schloß herum, welches der Fürst, dem Ritterwerth und Rittertreue zum Erbtheil geworden, zu seiner Hauptwohnung gewählt hat, ist ein Baumgarten, der alles das ist, was die guten Leute jener Zeit für das Schönste gehalten haben.

Tritt man die zweite Promenade an, so führt eine in Ketten hängende Brücke, deren Elasticität demjenigen, der darüber geht,

das

das Ansehn eines Seiltänzers giebt, zum rührenden Grabmal des Vaters des Gärtners, der es mit Thränen im Auge zeigt, und auch, auf Rechnung des Fürsten, der es hat bauen lassen, Andere weichherzig macht. Es hat eines großen felsigten Baues bedurft, um die Brücke so hoch zu spannen, daß sie denen, welche drüber gehen, Furcht einflößt. Aber all das Felsige, was man in Wörlitz findet, hat nicht das Rauhe, was die Contraste zu stark macht. Man zieht alle diese Steine aus einem Eisenbergwerke, daher sie einen besondern Farbenton haben, der, wenn er auf dem Rasen gebraucht, oder in Gebäuden mit Ziegelsteinen vermischt wird, eine angenehme Wirkung macht. Da der Fürst von der Ruhe der Wiesen und Wälder in einem flachen Lande Genuß zu ziehen weiß, so hat er ihm auch nichts drückendes bereiten mögen. Diese Felsen sehen wie ein Haufen Steine aus, die man an dem Orte selbst zusammen gesucht hat, damit sie den Heerden nicht im Wege liegen, und die nur hingestellt sind, um sie zu Gesichtspunkten zu brauchen. Eine Bewegung, die man an den Ufern des schönen See's dem Boden gegeben, war zum

Theater der Pflanzungen nothwendig. Man bewirkte sie durch das Ausgraben der Canäle, die aus demselben heraus gehen, um selbst nach allen kleinen Garten-Parthien bequem auf dem Wasser hin zu fahren.

Nun zur dritten Promenade. Die Dämme, welche die Einfassung zu diesem schönen Gemälde machen, und nothwendig sind, um die Nachstellungen des einzigen Feindes zu verhindern, den ein von allen seinen Unterthanen angebeteter Fürst haben kann, sind ihm nützlich, um verschiedene unumgänglich nöthige Gebäude für die Sicherheit dieser Dämme und zur Wachsamkeit auf die Elbe drauf zu setzen. Sie sind alle von einem besondern und mannichfaltigen Styl und keinen Gebäuden anderer Länder nachgeahmt. Auf diesen nämlichen Dämmen geht man auch, wenn man sie verfolgt, vom Tempel der Venus, welcher zwölf Säulen von einer schönen Ordnung hat, zum prächtigen Pantheon. Bei der Unmöglichkeit, andere Rathschläge hier zu ertheilen, wo mir nichts zu wünschen übrig bleibt, habe ich den Fürsten gebe-

gebeten, es mit Bäumen zu umgeben. Tempel haben immer etwas geheimnißvolles nöthig, und werden von dem großen Luftraume verschlungen, wenn sie nicht mit Gruppen von majestätischen und ernsten Pflanzungen eingefaßt sind.

Die vierte Promenade hebt sich zu Wasser, am Fuße des Pantheon an, und endiget nach einer anmuthigen Fahrt am Fuße des Vulkan. Hier fängt eine wahre Feerei an, wo man die Vorschrift, die alle Werke angeht, beobachtet hat:

Il faut que l'intérêt croisse de scene en scene.

Man kömmt zu Schiffe durch drei Grotten von einem sehr großen und schönen Verhältniß, davon sich Neptun zur ersten, Amphitrite zur andern, und Thetis zur dritten bekennen würde. Man kann sich ihrer zum Baden, oder auch zum Unterbringen der Fahrzeuge bedienen. Man springt aus der seinigen heraus und vertieft sich bei einer fürchterlichen Dunkelheit und entsetzlichen Treppen in Höhlen, Katakomben und andere schreckhafte Scenen. Man kömmt endlich wieder einmal heraus, um Luft zu schöpfen, und findet einen schönen römischen Circus mit einer großen Anzahl von Stufensitzen und den großen Versammlungsplatz der Consuln.

Hier wird man in neue Unruhe versetzt. Man will sich aus dem Staube machen; aber man sieht sich genöthiget, eine kleine Treppe hinauf zu steigen. Die Dunkelheit verdoppelt sich. Endlich hört sie auf. Man wendet sich links, und ein plötzlicher Glanz prallt ins Gesicht. Man wird eine magische Beleuchtung gewahr. Man will wissen, wo sie her kömmt. Es öffnet sich eine Thüre. Eine schöne Statue mitten in einem Sallon wirft die Lichtstrahlen wieder zurück; und man entdeckt endlich, wenn man sich von seinem Erstaunen erholt hat, daß sie durch Sterne von gelbem Glase herabkömmt, womit dieser Sallon überdeckt ist, dessen Bekleidung aus schwarzen Steinen mit hetrurischen Verzierungen besteht. Die Sonne hilft dazu nichts; denn auch in den dunkel-

sten

sten Zeiten ist dieses in seiner Art einzige Cabinet eben so erleuchtet.

Man bewundert den Zauberer. Man segnet den Himmel dafür, daß er die Hexerey nur anwendet, um Vergnügen zu machen und Gutes zu thun. Ungern trennt man sich von dieser erhabenen zauberischen Wirkung. Man kehret rücklings zurück, um ihrer noch so lange als möglich zu geniessen, über seine vorherige Furcht zu lachen, sich seiner gehabten Ueberraschung zu erinnern, und dann einen Ausgang zu suchen, um ganz davon wegzukommen. Man hat da noch nicht das Drittheil seiner Reise vollendet. Man geht hinaus, aber um wieder wo hinein zu gehen. Man kömmt zum Gegenstück dieses Cabinets der Nacht, um das Cabinet des Tages zu sehen, was noch nicht vollendet ist, was aber, wie man sich leicht denken kann, nicht gestirnt seyn wird; es wird einen Glanz bekommen, welcher es der Tausend und einer Nacht würdig machen wird*).

*) Es ist nun längst vollendet. Man lese die Be-

Hierauf kömmt man in ein kleines angenehmes Badezimmer des Fürsten, was eine mannichfaltige und weit umfassende Aussicht hat.

Man ist eine Stunde in diesem Vulkan herum gegangen, ohne zu wissen, wo er ist, wie es damit zugeht, und warum es einer ist. Man hat nichts als den rauchenden Gipfel des Craters gesehen, der halb wie ein Camin, halb wie eine Pyramide aussieht. Man steigt nicht ohne Furcht auf großen Steinen hinauf, und kömmt zu einem Bassin, welches den ersten Glutofen des Vulkans umgiebt, worinn, wenn man ihn will spielen lassen, ein großes Feuer gemacht wird, damit aus den kleinen Röhren Rauch heraus dringe. Klettert man noch ein wenig weiter, so sieht man den Platz, wo das Kunstfeuer ist, welches

Beschreibung von Wörlitz, die der H. Cabinetsrath Rode in Dessau heraus gegeben, und die Beschreibung des Hrn. Prof. Grohmann in Wittenberg, die sich in meinem Taschenbuch für Gartenfreunde von 1795 befindet.

ches aus Schwefel, Kohle und Weingeist gemischt, rings um den Krater herab fällt und eine Art von Lava wird. Dieses Bassin, was noch nicht ganz vollendet ist, wird durch eine Pumpe unterhalten, die ein einziger Mann in Bewegung setzt; und ist es einmal voll, so wird es dann täglich einige Stunden lang über eine ausserordentliche breite Cascade bis an den Fuß des Felsens herab fallen, der von allen vier Elementen vortreflich bedient ist. Man denkt nun, man habe alles gesehen; aber mit nichten. Es folgt nun eine sanftere Scene, die alle Schrecken, Zaubereien und Finsternisse in Vergessenheit bringt. Das gothische hatte nichts als düstere Gemälde dargeboten, die indessen noch durch einige angenehme und erfreuliche Gegenstände gemildert waren. Aber in dieser ungeheuern Masse von schwarzen Felsen, die einen calcinirten Ton haben, herrscht Schrecken und wenigstens furchtbarer Ernst. Man ist ganz verwundert, daß man auf einer andern Ecke dieses nämlichen Felsens, am Ende einer Platteforme, die an einen Wintergarten stößt, eine Wohnung, welche sich da befindet, nicht eher entdeckt hat. Es ist ein

Haus, was äußerlich überaus einfach und artig aussieht, aber von innen ungemein prächtig ist. Es ist ganz im Styl des Herkulanum, und alles ist in dieser Manier mit eben der Vollkommenheit ausgeführt, wie wir die Manier der alten Ritterzeit gefunden. Mit entzückter Betäubung schifft man sich nun wieder ein, und kehrt nach Hause zurück. Man sieht, ich habe Wort gehalten: ich habe nicht ein Wort von Lob mit einfliessen lassen; enthält diese genaue Beschreibung etwas dergleichen, so ist das nicht meine Schuld. Doch kann ich mich nicht enthalten, von der Logik des Fürsten zu reden, die in allem dem herrscht, was er gemacht hat. Dieß sind die einzigen Garten-Anlagen, wo Genie und Vernunft mit einander vergesellschaftet erscheinen. Noch ein anderer Beweis von der weisen Einrichtung und Vollendung, die der Fürst in allem zeigt, ist seine Reitbahn in Dessau. Sie ist mit allen Attributen, historischen Zügen und Sinnbildern der Reitkunst so glücklich bekleidet, daß sich nichts weiter hinzusetzen läßt. Ich habe vergessen, die interessanten Gegenstände zu erwähnen, die man von den Bänken

und

und Ruheplätzen, sowohl in den innern Theilen des Vulcans, als von aussen herum, überall wahrnimmt, nämlich eine sehr artige Meierei, ein italiänisches Haus, die Synagoge, die gothischen Häuser, das Schloß, die Stadt, unser Wirthshaus, zwei Mühlen u. s. w.

Dieses Schloß giebt die Veranlassung zur fünften Promenade. Alles an demselben, bis auf die Nebengebäude, hat Anmuth und Säulen. Die Pflanzungen, die sich um dasselbe herumziehen, sind die einzigen, die nicht von der Hand des Fürsten sind. Der Rasen ist da vortreflich, und erstreckt sich in einem sanften Abhang bis an den überaus großen See, der ganz voll Inseln ist, was man gar nicht erwartet, und dessen Umrisse durchgängig reizend sind. Diese Inseln geben Anlaß zu hübschen und mannichfaltigen Brücken. Die eiserne ist unter andern ein Meisterstück von Leichtigkeit. Nachdem man sehr schöne Gemälde, sehr kostbare Verzierungen, eine zierliche Bibliothek, und ein Belvedere besehen, von welchem man auf funfzehn Stunden in die Runde herum sehen kann, und endlich, ohne aus der Barke zu steigen, zur Rechten vor dem Bade der Venus, der Blumen-Pyramide und dem Nympheum vorbei gekommen ist, kömmt man vollkommen glücklich nach Hause, und überläßt sich ganz der Bewunderung, die der Fürst und seine Werke verdienen.

Ich habe auch Luisium bei Dessau gesehen, wo die Fürstin wohnt. Hier hat meine Bewunderung, die von einer achttägigen Anstrengung ermüdet war, wieder ausgeruht. Luisium hat mir nicht so gefallen, wie das übrige, weder in Absicht auf das Haus, noch in Ansehung der Meublen, noch in Rücksicht auf die Lage *).

Ich bin auch in Oranienbaum gewesen, dessen alter französischer Styl die Traurig-

*) Die Lage kömmt freilich der Wörlitzer nicht bei; aber der Plan des Gartens macht, in Rücksicht auf seine Größe, gewiß ein schönes Ganzes aus. Zwei Beschreibungen davon befinden sich in meinem Taschenbuch für Gartenfreunde, 1796.
A. d. Ueb.

rigkeit und Feuchtigkeit unterhält; was aber der Fürst, der dem Gott des Geschmacks und meinem Herzen lieb ist, auf der rechten Seite durch chinesische Anlagen, die hier an ihrem rechtem Platze sind, bereits aufzuheitern angefangen hat. Der Fürst geht dabei auf eine Art zu Werke, als wenn er lebenslang in Peking gewesen wäre.

Ich habe auch den Silitzerberg, ein kleines Schloß, oder wenn man lieber will, einen Tempel mit vier Säulen am Ufer der Elbe besucht, dessen Sallon und Gemächer sich in der Tiefe befinden. Er ist mit Eichen umgeben, die mehrere Jahrhunderte alt sind, wie denn die Sage einer darunter tausend Jahre giebt. Es ist die reizendste Wildniß, die ich kenne *).

Auch hab' ich (und warum that ich es doch?) die Begräbnißgruft des Fürsten gesehen. Es ist ein offner Sallon unter der

*) S. mein Taschenbuch für Gartenfreunde, 1799.

Wölbung eines Felsen, der mit einer schönen Kuppel überbaut und mit traurigen Bäumen umgeben ist. Sie liegt mitten auf einer schönen Wiese, und man kann sich, da mit dem Tode aussöhnen. Es ist eine ruhige und ernste Scene, die nichts schreckhaftes und nichts übertriebenes hat. Dennoch muß man weinen, und um mit den Thränen des Schmerzes, die nur allzubitter sind, auch zärtliche zu vermischen, giebt es in diesem kleinen Gehölze sieben kleine eingefaßte Rasenplätze, wo die jungen Mädchen und Jünglinge von sieben Dorfschaften, denen die Begräbniß-Spiele übertragen sind, bei der jährlichen Todtenfeier desjenigen, der nie sterben sollte, mit einander tanzen werden *). Eine Art von Circus, dessen Stufensitze von Rasen sind, ist zu Pferderennen bestimmt. Es werden Preise ausgetheilt, u. s. w. **)

Die

*) Diese Spiele sind schon vor vielen Jahren gefeiert worden, und ich erinnere mich mit Vergnügen, denselben einmal beigewohnt zu haben. A. d. Ueb.

**) Laßt uns diese sanfte Freistätte, die endlich das Herz zerreißt, so geschwind als mög-

Die Zeit scheint sich nach dem Zustand unserer Seele zu fügen. Ein an einem Herbstabende etwas dunkler, gewordener Him-

möglich verlassen, und erlaubt mir an denjenigen zu denken, der keine andere hat, als in meinem Herzen. O mein armer Karl, der Rest deiner zermalmten Glieder ist noch in den Händen derer, die dich dem Ruhme, der Freundschaft, den Soldaten und mir entrissen haben. Dein Denkmal ist durch die Ruchlosen entweiht, die itzt in meinen Gärten herum wandeln, und wahrscheinlich den Obelisk, den ich dir gewidmet hatte, niedergerissen haben. Folgendes hatte ich auf selbigen noch zu setzen befohlen:

1.

2.

3.

Les

Himmel ließ die letzten Strahlen der untergehenden Sonne hervordringen. Dieß flößte dem jungen Grafen von Sabran folgende beide Verse ein, die er sogleich hinschrieb:

Ce Prince bien-aimé finira sa carriere,
Ainsi que le Soleil, bienfaiteur de la terre.

Ich

1.

Les Prussiens, les Turcs avoient vû sa valeur.
Temoins de ses talens, comme de son ardeur,
Près de Condé, Longwy, Stenay, Maubeuge, Orchie,
Les rebelles françois respecterent sa vie.
Mais Boux a vû tomber dans le champ de l'honneur,
La moitié de moi-même, avec tout mon bonheur.

2.

Helas! ce monument à sa gloire élevé
Marquera l'affreux jour, qu'il me fut enlevé.
Aux combats consacré, dès l'age le plus tendre,
Il fut aimé, vécut, et périt brillamment:
Le

Ich werde meinen Geist nicht leicht wieder zu einem muntern Stoff erheben. Von traurigen Ideen geht man leichter zu sanften und rührenden über. Folgende sind, dünkt mich, von dieser Art; und ich glaube mich ihnen überlassen zu müssen. Auf dem Lande werdet ihr Mittel finden, Menschlichkeit auszuüben. Ihr werdet sie da näher sehen. Ihr werdet eure beiden Geschmacksneigungen mit einander verbinden. Die eine wird der andern die Hand reichen, und der Himmel wird eure Werke segnen. Uebereilet eure Arbeiten nicht. Nehmet eure Zeit wahr. Wählet den Zeitpunkt, der nach der Aernte folgt. Die große Hitze ist dann vorüber; die Fluren sind leer. Man siehet nicht mehr jene

Le quatorze Septembre, il avoit, en mourant,
L'age de Charles-douze, et celui d'Alexandre.

3.

Qui que tu sois, à moins d'avoir un coeur de pierre,
Méle tes pleurs à ceux d'un ami plus qu'un pere.

L'An 1792.

jene reizende Gemälde, wo der ländliche Liebhaber sein loses verliebtes Mädchen nur darin betrügt, daß er zwei Drittheile ihrer Geschäfte besorgt. Man sieht dann auf den Wiesen nicht mehr jene grünen Berge, auf welchen sich die Unschuld, die Liebe und der Frohsinn mit einander herumwälzen. Der Weinleser ist dann nicht mehr von Zärtlichkeit oder von dem Safte trunken, den die niedlichen Füsse seiner Leserin ausgepreßt haben. Dann also, wenn sie nichts mehr zu thun haben, muß man graben, säen und pflanzen. Erneuert da eure Blumen, pfropfet, hebet auf, trocknet aus, begießet. Die Tage sind kurz; desto besser: diejenigen, die für euer Vergnügen arbeiten, werden ihnen eine längere Dauer verschaffen. Die Abende sind lang; desto besser. Nach empfangenen Lohn für ihr Tagewerk werden sie sich zu ihren alten Verwandten hinsetzen, und ihnen die geringsten Kleinigkeiten, die der Herr des Dorfs oder das Fräulein vom Schlosse, die ihren Arbeiten zugesehen, etwa zu ihnen gesagt haben werden, als Wunderdinge erzählen. Achtet und zieht die Jahreszeiten und das Klima zu Rathe. Entfernt von

eurem

eurem Aufenthalte das traurige Bild der Wirkungen der Armuth. Lasset eure Gartenaufseher sich mit der Gesundheit eurer Arbeiter beschäftigen, befehlt ihnen, daß sie den Eifer derselben bei großer Hitze zurückhalten, und sie unter den größten Bäumen ausruhen lassen, wo ihr sie mit Brod und Milch erquicken werdet. Diese durch die brennende Sonnenhitze ausgetrockneten Körper erregen Mitleid. Abgezehrt von der Hitze und der Arbeit, stören die armen Unglücklichen das Glück dessen, der sie arbeiten läßt, durch alles, was ihr Elend sie zu erdulden nöthiget. Im Frühling oder im Herbst tröstet man sich wegen der Beschwerden, die man von ihnen übernehmen sieht; man fürchtet nicht für ihre Gesundheit, denn wenn ihr Tagewerk vollendet ist, so suchen sie sich im fließenden Wasser wieder zu erholen, und ziehen oft das junge Bauermädchen mit hinein, was ihnen doch während der Arbeit Erleichterung verschafft hat, indem es ihnen ihre ländliche Kost überbrachte und vielleicht ihre Körbe mit Erde füllen half. Dieses in Vergleichung mit dem unsrigen schwache Geschlecht, welches, indem es seine

Schwä-

Schwäche oft zu benützen sucht, sie von Tage zu Tage vermehrt, ist in Gärten vortreflich zu brauchen. Die Gartenwerkzeuge stehen diesen Armen, welche die Hitze der Sonne nur noch belebter macht, sehr gut, und alle nicht zu schwere Arbeiten können jungen Mädchen anvertraut werden, welche unter Singen doch immer etwas verdienen, womit sie eine alte Mutter unterhalten können, die zwar zuweilen ein wenig brummt, aber gegen ihre Familie eben so zärtlich ist, als sie es gegen denjenigen gewesen war, der blos die Liebe und die Natur zu Rathe gezogen und keine Rücksicht auf die Mittel genommen hatte, wovon die Früchte dieser Liebe ernährt werden sollten.

Laßt uns auch dieß auf uns nehmen. Lasset diese kleine Pflanzschule nicht aus den Augen. Sind diese Kinder sieben Jahre alt, so können sie schon des Morgens die Blätter, die der Wind während der Nacht abgestreift hat, zusammen lesen, und das Unkraut, was die Schaafe zuweilen auf dem Rasen nicht fressen mögen, heraus reis-

sen.

sen. Denn den Luxus in Ansehung der guten Unterhaltung eines Gartens empfehle ich am allermeisten; und ein dreißig Menschen aus eurem Dorfe, sie mögen groß oder klein seyn, können davon leben. Ein jährlicher Aufwand von fünf bis sechshundert Ducaten wird euch die Schönheit und Unterhaltung eurer Besitzungen sichern, und ist ein Tribut, den ihr der Dürftigkeit schuldig seid. Man nehme Leute von alten Aeltern dazu; anstatt aber einigen alten Soldaten, die ihrer Wunden und ihres Alters wegen in ihre Hütten zurück gekehrt sind, zu harte Arbeiten aufzulegen, so stellt sie lieber als Aufseher an, daß die Kinder nicht spielen, die jungen Mädchen nicht schäkern und plaudern statt zu arbeiten, und die andern Arbeiter sich nicht zu lange beim Frühstück und Vesperbrod aufhalten. Einige können allenfalls mit langsamen aber sichern Schritten einen Schubkarren führen, um die Wagengleise auf den Wegen innerhalb des Parks auszubessern. Des Sonntags können sie Achtung geben, daß die Spaziergänger keine Blumen abpflücken, daß keine ungezogenen Leute durch die Gesträuche laufen, sen, und daß die kleinen unbedachtsamen Mädchen die anhebenden Concerte der Vögel nicht stören und eine gute Mutter nicht in ihrem Neste beunruhigen.

Eine weise Regierung sollte darauf denken, die Gartenkunst und diejenigen, welche ihr ergeben sind, zu beschützen, und die Guthsbesitzer zu vermögen, daß sie ein halbes Jahr auf ihren Güthern zubrächten. Man schickt sie aber zu ihren Regimentern, und nie auf ihre Güther, wo sie weit nützlicher wären. Sie würden alles geschehene Uebel wieder ausgleichen, und den Geistlichen und den Amtmann oder Schösser, die sich wegen der Nichte des erstern, oder weil etwa der eine bei ihrem kleinen Piketspiel eine abgelegte Karte wieder zurückgenommen, entzweit haben, wieder mit einander aussöhnen. Sie würden den Eifer eines jungen Arztes, der erst anfängt seine Kunst auszuüben, zurückhalten, und ihm verwehren, nicht an den armen Landleuten seine Versuche anzustellen, um alsdenn den Doctor in der Stadt zu machen. Sie würden alsdenn

dem-

demjenigen, der den Ausschuß von den Chemikern der Städte bei sich in Verwahrung hat, sagen: gebet Niemanden diese schädlichen Mischungen von Säften und Tropfen von Amerika, sondern geht in meinen kleinen Garten, und holet einige einheimische und heilsame Pflanzen. Sie würden den Pfarrer bitten, wenig theologische Bücher, wohl aber viel im Evangelium zu lesen, um es gehörig auslegen und erklären zu können, und es nicht nach ihrer gewöhnlichen Weise zu thun; und wenn sie die Religionsgeheimnisse zu heilig fänden, um sich daran zu vergreifen, so würden sie zum Gehorsam gegen den Landesherrn, gegen den Guthsbesitzer, gegen den Geistlichen, gegen den Amtmann, gegen die Aeltern, zur Erfüllung der Pflichten und zur Eintracht in der Gemeine anhalten.

Beim Spazierengehen, beim Jagen, oder beim Besuchen seiner Arbeiter würde dieser Guthsherr oder Edelmann, der auf seinem Landguthe wohnt, einer ganzen Familie mit einem halben Laubthaler helfen;

armen Leuten eine freudige Ueberraschung bereiten, wenn er ohne ihr Wissen eine kleine Summe Geld in einen Winkel ihrer Hütte legte, und sich dann geschwind wieder weg begäbe, um sich den Segnungen zu entziehen, die sie ihm nur vom weiten nachsenden würden.

Meiner Erfahrung zufolge thut man auf diesem Wege einen physischen Schritt zur moralischen Ruhe, und von dieser wirder zur physischen, und deswegen rathe ich, das Gartenvergnügen zu lieben, und zwar so sehr, daß man selbst davon träumt. Der Himmel bewahre euch dafür, daß ihr beim Schlafengehen an Weiber, an Krieg, an den Hof, an Bösewichter, an Narren und an Glücksumstände denkt! Legt sich aber ein Entwurf zu einem Bosket, zu einem Baumgarten, oder zu einem Bach mit euch zu Bette, so werdet ihr eine vortrefliche Nacht haben. Eure Gedanken werden von dem Kreiseln des Wassers, von den goldenen Aehren der Ceres, oder von Blumen, die der leichte Hauch eines kühlen Zephyrs bewegt,

wegt, eingewiegt werden. Ich fühle mich glücklich, wenn ich, der ich sehr oft geschrieben habe, daß man sich Gesetze und selbst eine diätetische Vorschrift in Absicht auf das Glück machen solle, denenjenigen einen Ast zureichen kann, die im Begriff sind, sich in dem Ocean der großen Welt zu ersäufen. Um diejenigen vor Stürmen zu sichern, die sich in das Thal der Thränen geworfen haben, bietet ihnen einen gastfreundlichen Schatten an; und lernet den kurzen Raum, der, wie ich durch meinen allegorischen Garten bewiesen habe, die Wiege der Kindheit von dem Gemach des Todes trennt, mit Blumen besäen.

Glücklich würde ich mich endlich schätzen, wenn ich meine Absicht, die Natur zu verschönern erreicht, oder laßt mich vielmehr sagen, wenn ich mich ihr genähert hätte und andern Sinn und Geschmack dafür einflößen könnte. Von unsern Gärten würde sie uns, wie ich bereits verkündiget habe, schon weiter führen; unsere Gemüther würden ihre Zuflucht nur zu ihrer Macht nehmen; unsere reineren Herzen würden der kostbare Tempel seyn, den wir ihr widmen könnten. Unsere Seelen würden sich an ihrem Werthe erwärmen; die Wahrheit würde unter uns wohnen; die Gerechtigkeit würde vom Himmel herab steigen, und hundertmal glücklicher als im Olymp würden die Götter sich unter den Menschen fühlen, und sie bitten, sie unter sich aufzunehmen.

Abb. 2: Prinz Charles Joseph de Ligne

Nachwort

Wohl kaum einem Buch ist in den letzten Jahrzehnten von Gartenenthusiasten so intensiv und erfolglos nachgespürt worden, wie der vorliegenden zweibändigen deutschen Auflage des Parkomanen, Schriftstellers, Reisenden und Feldmarschalls, des Prinzen Charles Joseph de Ligne über die Gärten zu Beloeil und Europa.

Fast kam der Verdacht auf, es wäre der Ankündigung der ersten deutschen Edition nach drei Veröffentlichungen in französischer Sprache (unter dem Titel »Coup d'Oeil sur Beloeil«) nie eine wirkliche Herausgabe gefolgt. Dem ist glücklicher Weise nicht so, wie der bis hierher vorgestoßene und interessierte Leser bereits feststellen konnte. Eines der seltenen Exemplare tauchte im vergangenen Sommer in einem Antiquariat im Norden Deutschlands auf und soll auf diesem Wege jedem Interessierten zugänglich gemacht werden.

Wie bereits der damalige bekannte Verleger gärtnerischer Schriften und Übersetzer Wilhelm Gottlieb Becker (1753-1813) in der Vorrede des zweiten Bandes (1. Seite) seinen Lesern mitteilte, »verdient dieses Buch allen Freunden der schönen Gartenkunst ohne Unterschied bekannt zu werden, theils weil es eine Beschreibung von den Garten-Anlagen ... zu Beloeil liefert; theils weil es eine Übersicht der neuern Gärten Europens verschafft; theils aber auch, weil es eine Menge von Bemerkungen, Winken, Kritiken und Vorschriften über die Gartenkunst enthält«, welche heute wie vor zweihundert Jahren auch beim deutschsprachigen Leser und Garteninteressierten eine starke Aufmerksamkeit hervorrufen dürfte.

In der Entstehungszeit war das Lesen derartiger Literatur eine Modeerscheinung. Der unterhaltende Aspekt dieser plaudernden Gartenbetrachtung darf nicht übersehen werden. Heute ist deren Studium anstrengend und bereitet neben Entdeckerfreuden selbst speziell Interessierten vor allem Mühe. Dem englischkundigen Leser hat sich das Thema durch die Übersetzung und die kommentierte Neuausgabe des Werkes im Jahre 1991 durch Basil Guy, Professor für Französische Sprache an der Kalifornischen Universität Berkeley erschlossen. Hier findet der interessierte Leser auch eine Fülle von Abbildungen der besprochenen Parkanlagen, eine ausgezeichnete Bibliographie und weitere, fundierte Hintergrundinformationen. Diesen Anspruch kann und will diese vorliegende Edition nicht haben, erschließt sie doch zunächst vor allem eine lange gesuchte Quelle aus der wohl spannendsten Zeit des Umbruchs der Gartenkunst am Ende des 18. Jahrhunderts.

Der Name des Prinzen de Ligne ist nicht nur in Gärtnerkreisen bekannt. Zu seiner Lebenszeit sprach man in ganz Europa von dem geistreichen wallonischen Schriftsteller (dem berühmtesten des heutigen Belgien), dessen Vermächtnis – neben anderem – und ohne seinem unveröffentlichten Nachlaß 34 Bände »Mélanges militaires, littéraires et sentimentaires« zählt. Er war Diplomat und Offizier im

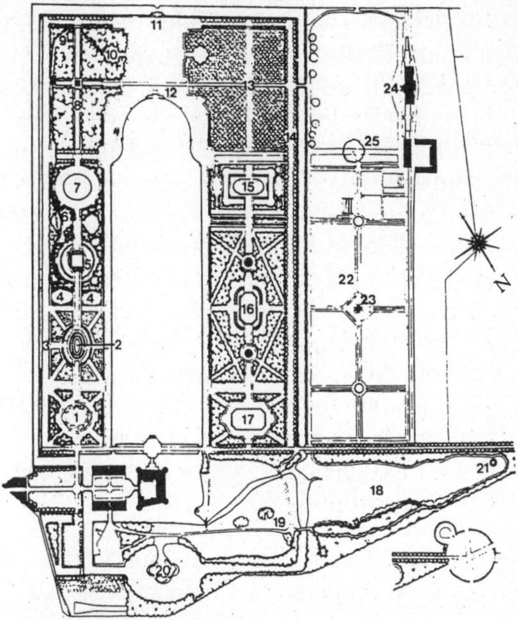

Abb. 3: Plan von Beloeil

1 Bowling Green
2 Rosengarten
3 Allee der Alten
4 Kinderspielplatz
5 Goldfischteich
6 Liebesbach
7 Ovales Bassin
8 Die Spiegel
9 Quelle
10 Teufelssalon
11 Drehbrücke
12 Neptun
13 Quincunx
14 Mailbahn
15 Kloster
16 Damenbassin
17 Eisbassin
18 Hirschgarten
19 Obelisk
20 Florainsel
21 Morpheustempel
22 Küchengarten
23 Pomonatempel
24 Orangerie
25 Blutbuche

Dienste der Habsburger und zeitweilig auch von Katharina II. von Rußland (1729-1796), welche ihn mit dem Titel eines russischen Feldmarschalls und einem Landgut auf der Krim (Teil 1, S. 174) beschenkte. Von Gestalt war der leidenschaftliche Jäger schlank, groß, muskulös und hochnäsig, von Charakter gesellig, tüchtig, charmant und schlagfertig. Man sagte dem von Goethe (1749-1832) als »frohesten Mann des Jahrhunderts« und von Voltaire (1694-1778) als »liebenswürdigsten Menschen Europas« betitelten österreichischen Feldmarschall nach, daß er den Freuden des Lebens und der Liebe nicht abgeneigt und im Umgang mit Waffen außerordentlich geübt war. Am 23. Mai 1735 in Brüssel als Sohn des kaiserlichen Feldmarschalls Claude-Lamoral II., dem 6. Prinzen de Ligne (1685-1766) geboren, heiratete er nach einer leidvollen Kindheit, während der er »mehr Hiebe als Liebe« empfangen habe, zwanzigjährig eine Prinzessin von Liechtenstein, die ihm drei Söhne und vier Töchter gebar. War er nicht im Krieg, den er mit 21 Jahren im Dragonerregiment seines Vaters gegen die Preußen kennenlernte, reiste er privat oder

Abb. 4: Kaiserin Katharina II. von Russland

als Diplomat durch alle Teile Europas. Er berichtet: »Ich habe sechs oder sieben Vaterländer - das Reich, Flandern, Spanien, England, Frankreich, Österreich... ich habe mir die Mühe gemacht, meine Reisen einmal zu zählen. Dabei fand ich allein 34 von Brüssel nach Wien, immer über Paris; während dreier Kriege 12 nach Wien mit der Armee und weitere 18 von Beloeil nach Paris. Ich habe zweimal Rußland durchquert, zweimal Polen, einmal das Moldaugebiet, die Krim und die Provence. Ich habe zweimal die Schweiz gesehen, einmal England sowie Teile von Italien. Ich schätze, ich habe drei oder vier Jahre meines Lebens im Reisewagen zugebracht«. Auf diesen Reisen sieht er die Gärten, die er beschreibt und kritisiert. Nach dem Verlust seiner Besitzungen in Belgien nimmt er seinen Wohnsitz in Wien, hält sich aber lieber eine Stunde entfernt in Klein-Beloeil auf, seinem in einem ehemaligen Karthäuserkloster geschaffenem Refugium am Kaltenberg (Teil 1, S. 134). Oder er besucht seine Freunde in Europa bzw. die Bäder in Böhmen, wo er auch Goethe wiederholt trifft. Seine Schriftstellerei ernährt ihn. Als Altersfreund des verarmten und vereinsamten Casanova (1725-1798) verschafft er diesem ein Gnadenbrot als Bibliothekar bei seinem Neffen, dem Grafen Waldstein in Dux, dessen Park im 2. Teil des »Coup d'Oeil (S. 133) Erwähnung findet. Am 13. Dezember 1814 starb de Ligne nach einer kurzen Krankheit in Wien.

Obwohl sich das Buch gut lesen läßt, ist es nicht einfach, das umfassende Werk des exzellenten Plauderers aufmerksam und im Gedächtnis haftend zu erfassen. Es ist weder ein Reiseführer, noch eine Gartentheorie, weder eine Erzählung, noch eine Handlungsanweisung bei Gärtnern oder auf Gartenreisen. Nur für wenige der erwähnten Anlagen ist es eine detailgetreue Quelle, die für heutige Pflege- oder Wiederherstellungsarbeiten von Nutzen sein kann. Was soll die vorliegende Schrift eigentlich sein? Interessiert es heute überhaupt noch, wenn ein Fürst aus dem 18. Jahrhundert an einigen Dutzend Gärten Europas herumkrittelt und einige wenige in den Himmel hebt, obgleich sie heute ohnehin gänzlich verändert oder ver-

Abb. 5: Schönhof in Böhmen, Rotunde

Vue de la Rotonde à Schoenhoven en Boheme.

schwunden sind? Lassen wir den Autor sprechen, welcher angibt, die »Absicht des Werks gehet dahin, Beispiele und Rathschläge zu geben: es sind nicht die Berichte eines Reisenden, die es enthält; es sind die Vorschriften eines Gartenkünstlers... Bald ist es eine Beschreibung meiner eigenen Gärten und meiner Land- und Jagdhäuser; bald ist es eine Beurtheilung der Gärten verschiedener Nationen; bald ist es wirkliche Darstellung, zuweilen Roman, bald ländliches Gemälde« (Teil 1, S. 4 und 7).

Während der Autor im ersten Teil seine eigenen Anlagen schildert und neben gartentheoretischen Betrachtungen zahlreiche »Naturgärten« anführt, konzentriert sich der zweite Teil auf die von ihm gesehenen sogenannten Kunstgärten. Da es dem Erzähler auf Vollständigkeit bei der Schilderung seiner Wahrnehmungen in

Abb. 6: Pawlowsk, Apollotempel

etwa 130 Gärten ankommt, und ihm nicht alle Details bekannt sind, weiß er nicht bei jeder Anlage Nachhaltiges zu berichten.

Das mit autobiographischen Details gespickte schriftstellerische Werk enthält und belegt den Zeitgeschmack und die Gartenästhetik des späten 18. Jahrhunderts. Die philosophische Betrachtungsweise erschließt uns in einer breiten Einflußphäre das Verständnis vieler Zusammenhänge. Wertvoll ist heute – insbesondere bei der Beschreibung von Beloeil im 1. Teil – die Schilderung des Lebens in den Gärten des 18. Jahrhunderts. Die Gärten waren nicht nur Außenraum zum Spazieren und Lustwandeln, sie waren lebendige Bilder, an denen man sich erfreuen sollte. Der Betrachter war selbst Bestandteil des Lebens im Garten, jeder konnte und sollte den Garten nutzen (im Gegensatz zu heute, wo von April bis Oktober in Beloeil lediglich die barocken Teile der Öffentlichkeit zugänglich gemacht werden). Man wollte das Landvolk beobachten oder die wilden oder nützlichen Tiere, wollte im Garten essen, musizieren, gondeln, segeln oder jagen, hatte Plätze zum Lesen, Baden oder sollte ein vorgegebenes Programm durchdenken. »Ich habe mein ganzes Dorf in meine Gärten gezogen, die ich durch ein unaufhörlich bewegliches Gemälde belebt habe ... auf kleinen Gondeln wird man fahren und an schönen Sommerabenden daselbst speisen, ... kleine Wasserfahrten mit Musik bei Mondenschein sind sehr angenehm...« Die rauschenden Feste des Fürsten mit Booten und Feuerwerken am Ende des 18. Jahrhunderts sind heute Legende.

De Ligne schreibt aus der Begeisterung des unaufhörlich schaffenden Gartenkünstlers. Er ist stolz und beglückt von den Verschönerungen, die er in Beloeil und seinen Landhäusern selbst vorgenommen hat und er sieht zukünftige Veränderungen ebenso bildhaft vor sich, wie er seine Ausführungen beschreibt. Es ist ihm ein Bedürfnis, seine gewonnenen Erkenntnisse und Erfahrungen anderen in der Gartenkunst Dilettierenden mitzuteilen. Da er auf seinen Reisen zahlreiche weniger gut ausgefallene Anlagen kennengelernt hat, und aus seiner eigenen Gestaltungserfahrung ausreichend Beurteilungskraft gewonnen hat, erlaubt er sich, ideenlose oder kleinliche Anlagen zu verteufeln und nur die »besseren« zu loben. Kreatives Gestalten ist eine Lust, aber man muß es beherrschen, das rechte Maß finden, die Kunst meistern, »ohne dabei ins Ängstliche zu fallen« (Teil 1, S. 10 und 9). »Nie gewährt der Aufenthalt auf dem Lande mehr Annehmlichkeit, als wenn man Waldungen, Wiesen und Gewässer täglich unter seiner Hand neue Gestalten gewinnen sieht«.

De Ligne beginnt sein Buch mit der Beschreibung von Beloeil, dem Garten seiner Familie. Er beschrieb, was er vorfand, was er nach 1775 umgestaltete und was er noch zu verändern gedachte. Er begründet seine Entscheidungen und seine Anschauungen, erläutert seine Vorgehensweise. Leider kann man sich die Gestaltung schwer vorstellen, denn es gibt keinen Plan der Anlage aus jener Zeit. Bereits Becker bemängelte das Fehlen

Abb. 7: Laxenburg, Chinesischer Pavillon

Le Pavillon chinois à Laxenbourg.

eines Gartenplans (auf der 3. Seite seiner Vorrede: »Der Beschreibung würde ich noch die planmäßige Verbindung in der Darstellung wünschen, die dem Leser alles so anschaulich macht, als wenn er sich selbst in dem Garten herumgeführt sähe...«), was uns heute noch deutlicher wird, weil die Anlage nie in der beschriebenen Form wirklich existiert hat und heute gänzlich verändert ist. Der Autor hat, wie die meisten seiner Dilettantenkollegen in den Gärten Europas aus jener Zeit mit Axt, Spaten und Leiter in der freien Landschaft gewirkt. Lediglich für den Zeitraum seiner Abwesenheit im Türkenkrieg hat er auf einem riesigen Gartenmodell seine Vorstellungen festgehalten, um währenddessen den Weiterbau anderen übertragen zu können.

Landschaftliche Vorstellungen wurden damals meist direkt im Gelände umgesetzt; Entwurfspläne sind bis dahin nur auf der britischen Insel üblich, wo zu dieser Zeit bereits Gartengestalter berufsmäßig entwerfen (»Capability« Brown) und mit ihren Vorstellungen Auftraggeber begeistern müssen. Die überlieferten Gartenpläne der Zeit zeigen das Entstandene nach der Ausführung; für Beloeil fehlt diese Zustandszeichnung, war es doch auch noch nicht fertig. »Beloeil würde unter die merkwürdigsten neuern Gartenanlagen gehören, wenn das Schicksal dem Herrn Fürsten vergönnt hätte, sein Werk ganz zu vollenden und in einem vollkommenen Zustand zu erhalten,« urteilt Becker (2. Seite der Vorrede) und de Ligne (Teil 1, Seite 3) klagt, »ich weiß nicht, ob meine eigenen Gärten noch in dem Zustande sind, wie ich sie ... verlassen habe.« Der Prinz hat auf Grund der politischen Veränderungen des späten 18. Jahrhunderts seine Planungen nicht vollenden können; durch die französische Revolution und durch die Herrschaft Napoleons verlor de Ligne seine Besitzungen in Wallonien und Frankreich; in den Schlachten gegen die Franzosen verlor er außerdem seinen Lieblingssohn Charles, dem er in seinen Gärten und Schriften (Teil 1, Seite 35, Teil 2, Seite 187) ein Denkmal setzt. Bis zu seinem Tod 1814 sah er Beloeil nicht wieder. Weitere Verluste am Anfang unseres Jahrhunderts wurden durch einen Brand hervorgerufen. Die Natur und spätere Pfleger taten das ihre.

Der Verfasser erweitert und verändert den von seinem Vater geschaffenen Garten, ohne die Grundkonzeption der barocken Anlagen am Schloß mit dem fast 6 Hektar großen Wasserbecken zu zerstören. Claude Lemoral de Ligne hatte den uralten Familienbesitz unter Mithilfe Michel Chevolets (1696-1772), dem Gartenarchitekten Ludwigs XV., zu einem der besten des französischen Stils umgestalten lassen. »Der Ruhm meines Beloeil gebührt meinem Vater ... alles, was darin groß, erhaben und edel ist, gehöret ihm zu« (Teil 1, S. 9).

Der Sohn steht zu diesem Garten und er steht auch zum französischen Gartenstil. »Einfachheit, Natur und Regellosigkeit, gehören den Engländern, so wie die geraden Linien, durchbrechenden Richtungen und großen Parthien den Franzosen. Ohne zu entscheiden, ... welche Gärten die schöneren sind, halte ich viel mehr dafür, daß man sich nach Lage und Umständen zu richten habe... Versailles muß kein Coventgarten sein... Bedankt euch bei mir, Besitzer oder Anleger französischer Gärten. Ich lehre euch der Anglomanie

Abb. 8: Schloß Beloeil aus dem Garten

Trotz zu bieten...« (Teil 1, S. 8 und 44). Immer wieder meint sich der Verfasser entschuldigen zu müssen, daß er eine für diese Zeit unübliche Meinung zum französischen Gartenstil vertritt. Er betont, daß »mein Verstand für keinen Partei nimmt, obwohl mein Herz sich mehr für das Unregelmäßige bestimmt fühlt...« (Teil 1, S. 57). Und er verteidigt seinen Stilpluralismus gegen mögliche Angriffe: »Man wird vielleicht sagen, warum hast Du so viele Dinge aufeinander gehäuft?... Meine Absicht ist, daß diese Gärten, die ich jedoch keine englischen Gärten nennen will,... geschmückt und meubliert seien wie ein Saal... In diesem ganzen Raume, ... machen die Brücken, Büsten, und artigen Gedanken und Anspielungen weder Verworrenheit noch zu viele Ansprüche (Teil 1, S. 40).« Die vom Vater geschaffenen Anlagen werden in die Umgestaltungen einbezogen. Hundert Arbeiter gestalten etwa 200 Morgen Garten; etwa 555 000 Gulden kosten die nie abgeschlossenen Umgestaltungsarbeiten. Sie werden schließlich auf den ganzen Besitz und die umgebende Landschaft erweitert. »Man wird bemerken, daß vom Schlosse Beloeil an, über drei Jagdhäuser

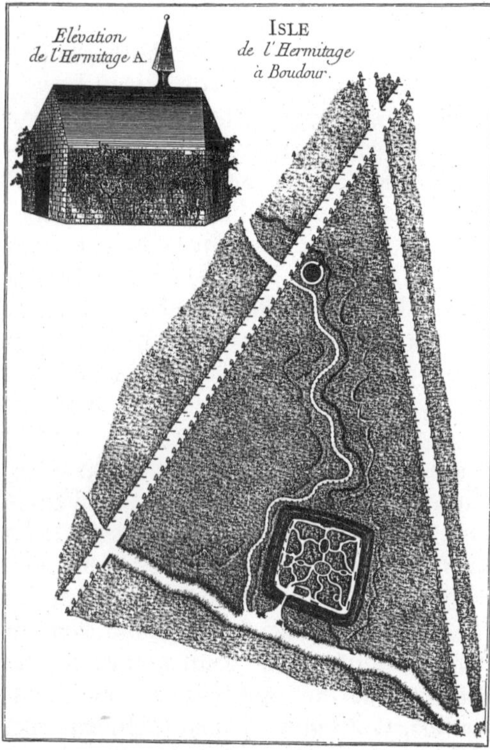

Abb. 9: Baudour, Eremitage

und das Schloß Baudour hin, ... in einem Bezirk von drei Stunden umher, alles Garten ist« (Teil 1, S. 88).

Der Autor, der von seinen Auffassungen überzeugt ist, verlangt von seinen Lesern ernst genommen zu werden (Teil 2, S. 63): »Leset mich nicht nur obenhin, ihr Gartenkünstler. Verwischt meine Beschreibungen nicht, indem ihr darüber weg spaziert ...«. Wirklich ertappt man sich nach einiger Zeit beim Überfliegen des Textes, zu viel Unbekanntes und Nebensächliches ermüdet; die ausschweifenden Gedanken und Belehrungen, die den damaligen Leser unterhalten haben mochten (obwohl sie bereits Becker kritisiert), stoßen in der heutigen Zeit kaum auf Verständnis. Einige der erwähnten Gärten und Personen sind unbekannt, heute zerstört oder überbaut und selbst ihre Namen sehr schwer wiederzufinden. Man müßte andere Quellen parallel lesen, sollte weitere Beschreibungen der Gartenanlagen zur Verfügung haben, Abbildungen und Pläne suchen, um sich ein ausreichendes Bild machen zu können. Der Prinz macht es

Abb. 10: Hohenheim, Brücke am Wasserfall

Die Brücke bey dem Wasserfall in Hohenheim.

seinen Lesern nicht leicht; insbesondere im zweiten Teil ist seine Beschreibung der einzelnen Anlagen oft lediglich eine Aufzählung der enthaltenen Sehenswürdigkeiten; der Name der Anlage wird in dem erzählenden Text nur beiläufig erwähnt, es fehlt uns an Sachkenntnis, (die der Autor voraussetzt und über die der zeitgenössische Leser sicherlich eher verfügte) und man weiß nicht, befindet sich der Verfasser noch im eben beschriebenen Garten, theoretisiert er, oder wendet er sich schon wieder dem nächsten Garten zu. Der Leser muß sehr aufmerksam sein, um de Lignes Gedanken zu folgen und seine Wertung der Anlagen und seinen immer wieder begründeten Standpunkt zwischen »Le Nôtre und Kent« zu begreifen.

Es sollen hier nicht alle, mitunter etwas gegensätzlichen Anschauungsweisen des Verfassers untersucht oder gar gewertet werden. De Lignes A und O der Gartenkunst beginnt mit Beloeil und endet mit Wörlitz. Nach seinem Besuch im Gartenreich von Anhalt-Dessau im Jahre 1794 arbeitet er an einer Neufassung seines Gartentraktats und schreibt an die russische Kaiserin Katharina II., der geborenen Prinzessin Sophie Friederike von Anhalt-Zerbst: »Ich wußte wohl, daß das Haus Anhalt im Lexikon aufgrund der alphabetischen und sogar der genealogischen Anordnung das erste ist; aber ich hatte ihm nicht solchen Geschmack für die Gartenkunst zugetraut. Was haben Ew.

Maj. für einen Vetter!... Ich gebe Ew. Maj. den Rat, eine neue Ausgabe meines »Blick auf Beloeil« zu erwerben, wo Ew. Maj. die Beschreibung von Wörlitz finden werden, das in der Tat einer der schönsten Plätze der Welt ist.«

Abb. 11: Wörlitz, Kettenbrücke

»Gärtner, Maler, Philosophen, Dichter, gehet nach Wörlitz!« Dieser Aufforderung des Fürsten de Ligne in seiner Überleitung zum Wörlitz-Teil (Teil 2, S. 168) nachzukommen, wird noch heute allen Interessenten herzlich empfohlen. Die Pfleger von Wörlitz mühen sich seit etwa 13 Jahren, das Gedankengut der Entstehungszeit und des aufgeklärten Fürsten Leopold Friedrich Franz von Anhalt-Dessau (1740-1817) wieder in der Weise erkennbar und verstehbar zu machen, wie es de Ligne vor 200 Jahren erlebte und beeindruckte.

Ludwig Trauzettel
Wörlitz, im Januar 1995

Zitierte und weiterführende Literatur:

🕮 Der Dessau-Wörlitzer Kulturkreis, Wörlitzer Beiträge zur Geschichte, Wörlitz 1965.

🕮 Gerard, Jo: Die Prinzen von Ligne und Europa, Schloßführer Beloeil, o.J.

🕮 Guy, Basil (translated and edited): Charles Joseph de Ligne, Coup d'Oeil at Beloeil, University of California 1991.

🕮 Kleßmann, Eckart: Joseph de Ligne..., FAZ Magazin 29.10.1993.

🕮 Lope, Hans-Joachim: Coup d'oeil sur Beloeil ..., in: Französische Literatur im Zeitalter der Aufklärung, Frankfurt/Main 1983.

Personen-, Orts- und Sachregister

Im Falle einer heute stark abweichenden Schreibweise der Begriffe steht diese an erster Stelle. Auf die Aufnahme von in jedem Garten wiederkehrenden Sachbegriffen und Namen wurde verzichtet, nur wichtige *Hauptbegriffe aus de Lignes Gliederung* wurden aufgenommen.

Abbildungsverzeichnis

Inhaltsübersicht

1. Teil

2. Teil

Aus dem Verlagsprogramm:

Rode, August: Leben des Herrn von Erdmannsdorff, Dessau 1801. (Reprint)
257 Seiten, 5 Abbildungen
1994

Reil, Friedrich: Leopold Friedrich Franz, Fürst und Herzog von Anhalt-Dessau, eine Biographie, Dessau 1845 (Reprint, ungekürzt)
ISBN 3-930696-01-0
Ca. 350 Seiten, 5 Abbildungen.
Erscheint Mai 1995

Rode, August: Beschreibung des Landhauses und Englischen Gartens zu Wörlitz, Dessau 1814. (Reprint)
ISBN 3-930696-02-9
Ca. 320 Seiten, 6 Abbildungen.
Erscheint Mai 1995

Kettmann-Verlag
Markt 12
06786 WÖRLITZ